林业政策与实用技术

——“96355”林业服务热线1000例

李建民　杨旺利　主编

中国林业出版社

图书在版编目(CIP)数据

林业政策与实用技术——“96355”林业服务热线1000例/李建民，杨旺利主编. —北京：中国林业出版社，2009. 12
ISBN 978-7-5038-5526-9

Ⅰ. 林… Ⅱ. ①李… ②杨… Ⅲ. 林业政策-中国 ②林业-基本知识
Ⅳ. F326. 20 S7

中国版本图书馆CIP数据核字（2009）第201429号

中国林业出版社·环境景观与园林园艺图书出版中心
责任编辑：于界芬 吴金友
电话：83229512 传真：83286967

出版 中国林业出版社(100009 北京西城区刘海胡同7号)
E-mail cfphz@public. bta. net. cn 电话 83224477
网址 www. cfph. com. cn
发行 新华书店北京发行所
印刷 中国农业出版社印刷厂
版次 2009年12月第1版
印次 2009年12月第1次
开本 787mm×960mm 1/16
印张 23. 5
字数 422千字

定价 45. 00元

本书编委会

主　任： 李建民

副主任： 程树平　施晓华

主　编： 李建民　杨旺利

副主编： 潘标志　缪妙青

编　委（按姓氏笔画排序）：

李建民（福建省林业科技推广总站站长、教授级高级工程师）

齐清琳（福建省林业科技推广总站副站长、教授级高级工程师）

杨旺利（福安市林业科技推广中心主任、工程师）

施晓华（福安市林业局局长）

程树平（宁德市林业局局长）

缪妙青（福安市林业局副局长、高级工程师）

潘标志（福建省林业科技推广总站科长、高级工程师）

序　一

在全国上下实践科学发展观、实施“科技服务林改”和“百县千村万户”之际，欣喜地看到了福建省林业科学技术推广总站组织编写的《林业政策与实用技术——“96355”林业服务热线1000例》书稿。该书集林业法律法规政策、林政资源管理、造林绿化种苗管理、林地林权管理、野生动植物保护、森防检疫、森林防火以及林业实用技术于一体，是一部覆盖面广、实用性强、通俗易懂的林业服务指南。

作为在全国率先进行集体林权制度改革的福建省，林业科技推广工作及时顺应了改革后的新形势，率先进行了林业科技推广功能性改革，实施了“1355”工程，即建立一个体系(通过深化改革，逐步建立起一个适应需求、服务林业、手段先进、灵活高效的林业科技推广社会化服务体系)，创新三项工作(创新科技入户活动、创办“96355”林业服务热线、实施项目带动战略)，提升五大能力(林业科技服务“三农”能力、林业重点工程科技支撑能力、林业科技成果转化能力、林业科技推广持续发展能力、人才兴林能力)，实现五大突破(在林业科技推广模式、推广先进适用技术、科技产业化建设、示范基地建设、多元化的林业科技服务体系建设上取得新突破)。该项改革取得了明显的阶段性成果，逐步适应了林改后林业生产单位、各类经营组织和广大林农对林业政策、信息和科学技术的需求，真正发挥了科学技术在农村经济发展中的引领和支撑作用。

《林业政策与实用技术——“96355”林业服务热线1000例》的出版，是福建省深化林权配套改革、加快推进海峡西岸现代林业建设、促进林区繁荣和农民增收的又一有效举措。我相信这本书不仅能为福建林业科技人员和林业服务热线从业人员提供许多指导和帮助，而且能为全国“科技服务林改”工作提供有益的借鉴。

国家林业局科学技术司司长 张永利

2009年1月

序 二

福建省是我国南方重点集体林区之一，森林覆盖率达62.96%，素有“八山一水一分田”之称，林业在福建省农村经济中占有重要地位。近几年来，福建省林业在各级领导和部门的关心支持下，不断创新思路，率先推进了以集体林权制度改革为核心的一系列配套改革，创造出许多典型经验与模式，成为我国林业改革与发展的一面旗帜，出现了人才、资本、科技等各种生产要素向林业集聚的现象，极大地促进了海峡西岸现代林业的发展。

面对林改后出现的前所未有的“争山争苗争地造林”的大好形势，围绕广大林农与涉林企业对林业科技、政策与信息的迫切需求，福建率先在全国开展了林业科技推广功能性改革，创办了“96355”林业服务热线。对于广大林农而言，“96355”可说是我省林业部门在林业科技服务上的创新之举，采用电话问答、现场指导等方式，无偿为林农、林业生产经营者开展林业科技、政策、信息咨询服务，帮助解决技术问题。为提高我省林业服务的质量和效益，福建省林业厅组织有关技术人员编写的《林业政策与实用技术——“96355”林业服务热线1000例》，不仅内容丰富、实用性强，而且通俗易懂，能够方便广大林农、林业生产经营者和基层林业工作人员及时了解林业政策，掌握林业实用技术，提高他们科学种植和产业发展水平，推动海峡西岸现代林业建设快速健康发展。同时，本书的出版，是福建省林业部门深化林权制度改革的又一重要成果，推进林业部门职能向服务方向转变的具体体现，也为其他省（自治区、直辖市）乃至全国林业部门“服务林改”工作提供有益的借鉴。

福建省林业厅副厅长 黄（签名）

2009年6月

前言

福建省是我国南方重点集体林区，素有“八山一水一分田”之称，林业资源是我省最具优势的资源，也是我省发展的优势和潜力所在。全省林业用地面积1.36亿亩*，有林地面积1.15亿亩，森林覆盖率达62.96%，居全国第一；活立木蓄积量4.97亿立方米；竹林面积1327万亩，居全国首位，约占全国竹林面积的1/5。

近几年，在福建省委、省政府的正确领导下，认真贯彻落实中共中央、国务院《关于加快林业发展的决定》精神，在全国率先进行了集体林权制度的改革，随着我省集体林权制度改革的完成和配套改革的不断深入，林权已分配到户、到人，还山、还林、还利于民的“二到三还”的政策逐步落实到位，林改后林业经营的主体转变为千家万户，林业部门的职能已由管理为主向服务为主转变，对林农的技术指导、技术咨询服务、政策信息提供、林业科技成果和林业实用技术推广应用等提出了新的课题。鉴于此，福建省林业厅切实转变观念，创新机制，2004年率先在全国创建了林业服务热线，全面服务“科技服务林改”战略。2008年国家林业局开始全面实施“科技服务林改”行动。

对于广大林农而言，“96355”可说是福建省林业部门在林业科技服务上的创新之举，采用电话问答、现场指导等方式，无偿为林农、林业生产经营者开展林业科技、政策、信息咨询服务，帮助解决技术问题。为方便广大林农和林业生产经营者在林业生产时能够充分了解林业政策，掌握林业实用技术，我们组织专业技术人员编写了《林业政策与实用技术——“96355”林业服务热线1000例》，旨在以其为载体，使林业政策家喻户晓，林业实用技术人人皆知，充分调动全社会参与造林、育林、护林的积极性，推动海峡西岸现代林业跨越发展。

本书编写过程中，得到了福建省林业厅、福安市林业局的大力支持，福建省林业厅法规处、林政处、造林处、林权登记中心、防火办、绿化办、种

---

* 1公顷=15亩。

苗站、森防检疫总站、执法总队以及宁德市林业局、厦门市林业局、莆田市林业局等单位领导、专家认真审阅了书稿，并提出了许多宝贵意见。宁德市林业局吴勇副局长、黄焬增主任、黄界水主任、陈希英高级工程师，福安市林业局陈述副局长，福安市人民检察院吴桂祥，福安市部分乡镇林业站干部、福建农林大学林学院2007级农业推广硕士班同学等同志为本书编写提供了帮助并提出了宝贵的意见。国家林业局人事司司长(原科学技术司司长)张永利、福建省林业厅副厅长兰思仁为本书作序，在此一并致以诚挚的谢意。

本书第一章由杨旺利编写，第二章由杨旺利、丁金生、郑少华、范振富、游月娥编写；第三章由杨旺利、宋滔滔、黄迪安、高瑞龙、吴光华编写；第四章由杨旺利、缪仙顺、王梓根编写；第五章由杨旺利、詹长英编写；第六章由杨旺利、黄瑞伟编写；第七章由黄铃荣、杨旺利编写；第八章由潘标志、杨旺利编写，第九章由杨旺利、许剑斌编写，第十章至第十七章由缪妙青、潘标志、杨旺利编写；林惠桂、姚克平、宋滔滔参与第十五章部分内容的编写；黄铃荣参与第十六章的编写，陈贵兰参与部分内容的编写，封面图片由黄海提供。全书由程树平、施晓华、齐清琳审阅，最后由李建民审定、统稿。在此也对不辞辛苦编写此书的编者致以诚挚的谢意。

全书分为上、下两篇，上篇包括林业执法、林政资源管理、造林绿化种苗管理、林地林权管理、野生动植物保护、森防检疫、森林防火、林业科技管理等有关的林业法律法规政策，下篇包括林木种苗培育、用材林培育、竹林培育、生态公益林培育、珍贵树种培育、经济林培育、森林病虫害防治、林业灾后恢复技术等林业实用技术。本书所涉及的相关法律、法规及规范性文件以2009年8月以前正式发布的为准。本书内容丰富，实用性强，通俗易懂，适合于林业管理人员、科技推广人员、林农使用，是一本服务林农、服务林业、服务林改的工具书。由于编者水平有限，书中的遗漏、不妥之处在所难免，敬请读者批评指正。

编　者

2009年8月

目　录

下篇 实用技术

十二、杉木丰产林培育技术

十三、马尾松丰产林培育技术

上篇　林业法律法规政策

第一章　综合部分

1. 福建省林区范围包括哪些县(市、区)?

根据《福建省森林条例》的规定和福建省林业厅相关文件(闽林〔2002〕策1号、闽林〔2002〕策11号)公布了全省林区范围：南平、三明、龙岩、漳州、泉州、宁德6个市所属的所有县、市、区；莆田市的仙游县、涵江区、城厢区、荔城区、秀屿区；福州市的马尾区、晋安区；福清市、长乐市、闽清县、闽侯县、连江县、永泰县、罗源县、平潭县；厦门市的同安区、集美区、杏林区、思明区、开元区。

2. 福建省各级林业行政主管部门行政许可的项目共有哪几项?

(1)野生动植物及其产品、珍贵树木或者其制品和衍生物进出口许可；

(2)外国人在中国境内对国家重点保护野生动植物进行野外考察、标本采集或者在野外拍摄电影、录像审核；

(3)猎捕(采集)、驯养繁殖、出售、收购、利用野生动物及其产品许可；

(4)建立固定狩猎场所许可；

(5)运输、携带国家重点保护野生动物或者其产品出县境许可；

(6)非国家重点保护野生动物及其产品的年度经营利用限额指标审批；

(7)猎捕、驯养繁殖和经营利用省重点保护野生动物和蛇类、蛙类及其产品许可；

(8)采集国家重点保护野生植物许可；

(9)在国家级、省级自然保护区内建立机构或修筑设施许可；

(10)外国人申请进入自然保护区审批；

(11)林木种子的生产和经营许可；

(12)收购珍贵树木和限制收购的林木种子审批；

(13)主要林木品种推广应用前的审定；

(14)林木采伐许可；

(15)珍贵树木(含名木古树)的采伐许可；

(16)建设工程占用或者征用林地许可；

(17)临时占用林地许可；

(18) 森林经营单位在所经营的林地范围内修筑直接为林业生产服务的工程设施占用林地许可；

(19) 在林区经营（含加工）木材许可；

(20) 木材运输证许可；

(21) 引进林木种子、苗木及其他繁殖材料许可；

(22) 森林植物检疫（包括产地检疫和调运检疫）许可；

(23) 野外用火审批；

(24) 在沿海防护林内开展旅游活动许可。

3. 林业部门收费种类及依据有哪些？

(1) 育林费。依据：《中华人民共和国森林法》（以下简称《森林法》）第八条：国家对森林资源实行以下保护性措施：（四）征收育林费，专门用于造林育林。

(2) 森林植被恢复费。依据：《森林法》第十八条：进行勘查、开采矿藏和各项建设工程，应当不占或者少占林地；必须占用或者征用林地的，经县级以上人民政府林业主管部门审核同意后，依照有关土地管理的法律、行政法规办理建设用地审批手续，并由用地单位依照国务院有关规定缴纳森林植被恢复费。

(3) 野生动物资源保护管理费。依据：《中华人民共和国野生动物保护法》（以下简称《野生动物保护法》）第二十七条：经营利用野生动物或者其产品的，应当缴纳野生动物资源保护管理费。

(4) 种子许可证工本费。依据：《中华人民共和国种子法》（以下简称《种子法》）第五十八条：农业、林业行政主管部门在依照本法实施有关证照的核发工作中，除收取所发证照的工本费外，不得收取其他费用。

(5) 保护区管理费。依据：《森林和野生动物类型自然保护区管理办法》第十三条第三款：经批准进入自然保护区从事上述活动的，必须遵守本办法和有关规定，并交纳保护管理费。

《福建省森林和野生动物类型自然保护区管理条例》第十八条：进入保护区从事考察等活动，需要保护区管理机构提供资料的，应交纳资料费。从事考察等活动结束后，应向保护区管理机构提交一份考察资料。第十九条：经批准进入保护区从事各项活动的，必须遵守国家有关保护区管理规定和本办法，并交纳保护管理费。

(6) 绿化费。依据：《国务院关于开展全民义务植树运动的实施办法》第九条：对义务植树，各单位每年都要进行检查，并将完成情况据实上报。绿化委员会应当定期组织评比，成绩优异的，要给予表扬和奖励；年满18岁的成年公民无故不履行此项义务的，所在单位要进行批评教育，责令限期补栽，或者给予经济处罚。整个单位没有完成任务的要追究领导责任，并由当地绿化委员会收缴一定数额的绿化费。

《福建省开展全民义务植树运动实施细则》第五条：因特殊情况不能直接参加义务植树劳动，而自愿以缴纳绿化费的形式履行植树义务的单位和村（居）民委员会，应在上一年12月31日前后提出书面申请，经当地绿化委员会（或绿化领导小组）审查批准后，缴纳绿化费。绿化费缴纳批准，每个公民每年4～8元。具体收缴、管理和使用办法，由县、市（区）人民政府制定。

第十七条：对无故不履行植树义务的十八岁以上公民和没有完成任务的单位，由当地绿化委员会（或绿化领导小组）按本实施细则第五条第三款规定的收费标准，收缴绿化费。

《中共福建省委、福建省人民政府关于加快造林绿化、大力发展林业的决定》第九条：城乡干部群众必须切实履行公民义务，完成好每人每年义务植树3～5株的法定任务，因特殊情况无法完成任务的单位和个人，应按每人每年一个工日的标准，缴纳义务植树费。

（7）检疫费及检疫证工本费。依据：《植物检疫条例》第十一条：植物检疫机构执行检疫任务可以收取检疫费。具体办法由国务院农业主管部门、林业主管部门制定。

《植物检疫条例实施细则（林业部分）》第二十一条：未取得《植物检疫证书》调运应施检疫的森林植物及其产品的，森检机构应当进行补检。在调运途中被发现的，向托运人收取补检费；在调入地被发现的，向收货人收取补检费。

《国内森林植物检疫收费办法》第二条：各级森林植物检疫部门（以下简称森检部门）对森林植物、林产品进行产地检疫或调运检疫时，按照本办法和所附的《国内森林植物检疫收费标准表》，收取检疫费。

第三条：调运森林植物、林产品的单位和个人，应主动向调出地区的森检部门申请检疫；森检部门根据有关法规和调入地区森检部门查核直接签发检疫证书的，只收取证书工本费。对违章调出的应施检疫的森林植物、林产品，在途中被发现后，由途中所在地森检部门补检，收取托运人3～5倍检疫费；在调入地被发现后由调入地森检部门补检，收取收货单位（或收货人）3～5倍检疫费。

（8）林权证工本费和林权勘测费。依据：《财政部、国家计委关于批准收取林权证工本费和林权勘测费的复函》（财综〔2001〕43号）。

4. 木材税费征收标准如何？

福建省（闽政办〔2001〕75 号）规定的木材税费征收标准见表 1-1。

表 1-1　福建省木材税费征收标准

征收项目	征收机关	征收标准	备注
生产环节特产税			已取消
购销环节特产税			已取消
增值税	税务机关	一般纳税人按 13% 税率计算销项税额，进项按 10% 的税率扣减；小规模纳税人按销售额的 6% 征收率计算应纳税额	
城建税	税务机关	按增值税税额的一定比例（城市 7% 、县城镇 5% 、其他 1% ）征收	
教育费附加	税务机关		已取消
社会事业发展费	税务机关	企业按木材统一计征价的 1‰征收，其他按木材统一计征价的 2‰征收	
育林费	林业部门	按统一计征价的 12% 征收；中幼林间伐材检尺口径在 12 厘米以下（含 12 厘米）的减征 50%	
维简费	林业部门	按统一计征价的 8% 征收；中幼林间伐材检尺口径在 12 厘米以下（含 12 厘米）的减征 50%	
森林植物检疫费	林业部门	按调运木材统一计征价的 2‰征收	
林业保护建设费			已取消

5. 森林植被恢复费征收标准如何？

财政部、国家林业局（财综〔2002〕73 号）规定的森林植被恢复费标准见表 1-2。

表 1-2　各地类缴纳森林植被恢复费标准

地类		城市规划区（元/平方米）	非城市规划区（元/平方米）
防护林林地	国家级	20	10
	省级以下	16	8
特用林林地	国家级	20	10
	省级以下	16	8
用材林林地		12	6
竹林林地		12	6
经济林林地		12	6

（续）

薪炭林林地		12	6
苗圃地		12	6
疏林地		6	3
灌木林地		6	3
未成林造林地		8	4
无林地		4	2

6. 毛竹税费征收标准如何？

福建省（闽政办〔2001〕75 号）规定的毛竹税费征收标准如表 1-3。

表 1-3　福建省毛竹税费征收标准

征收项目	征收机关	税（费）率	征收标准		备　注
			计征价（元/根）	金　额（元/根）	
育林费	林业部门	12%	3	0.36	
林业保护建设费					已取消
森林植物检疫费	林业部门	货值 2‰		0.01	
生产环节特产税					已取消
经营环节特产税					已取消
农村教育费附加					
市场管理费					已取消

7. 竹笋税费征收标准如何？

根据福建省（闽政办〔2001〕75 号）规定，竹笋税费征收标准见表1-4。

表 1-4　福建省竹笋税费征收标准

征收项目	征收机关	税（费）率	征收标准						备　注
			计 征 价（元/千克）			金额（元/吨）			
			冬笋	春笋		冬笋	春笋		
				春分前	春分后		春分前	春分后	
育林费	林业部门	12%				18	18	18	
林业保护建设费									已取消
森林植物检疫费	林业部门	货值 2‰				0.5	0.5	0.5	
特产税									已取消
农村教育费附加	财政部门	2%	2	1	0.6	40	20	12	已取消

注：每 2 吨鲜笋折 100 根毛竹；立春前为冬笋，立春后为春笋。

8. 国内森林植物检疫收费标准如何?

林业部、国家物价局、财政部(林护字〔1988〕492 号)规定的国内森林植物检疫收费标准见表 1-5。

表 1-5　森林植物检疫收费标准

种类	免费限量	调运检疫		产地检疫	
		收费起点额(元)	按货值的百分比(%)	收费起点额(元)	按货值的百分比(%)
苗木(包括花卉及观赏苗木)及其他繁殖材料	造林苗木及繁殖材料 10 株(根),花卉及观赏苗木 2 株	0.50	0.80	1.00	0.40
林木种子	大粒种子 300 克,中粒种子 100 克,小粒种子 50 克	0.50	0.20	1.00	0.10
木材		1.00	0.20		
药材	1000 克	1.00	0.50	2.00	0.30
果品	2500 克	1.00	0.10	2.00	0.05
盆景	2 盆				
竹类及其产品	2500 克,5 株(根、小件)	1.00	0.20		

说明:

1. 省际间的调运检疫必须按照本表所列的收费标准执行;省内的调运检疫收费各省(区)可根据具体情况,在不超过本规定的收费标准以内,作适当调整。

2. 每份检疫证书(包括正本一份,副本两份)工本费 3 角。已收取检疫费的,不再收取证书工本费。

3. 苗木检疫费超过 1 元/株的,按 1 元/株收;种子检疫费超过 10 元/吨的,按 10 元/吨收;盆景检疫费超过 2 元/盆的,按 2 元/盆收。

4. 表中的货值指第一道销售环节的价格。

5. 检疫费应由供方负担。

9. 林权证工本费和林权勘测费标准如何?

根据国家发展计划委员会、财政部(计价格〔2001〕1998 号)和福建省物价局、福建省财政厅(闽价〔2001〕费字 586 号)规定,林权证工本费和林权勘测费标准如下:林权证工本费每证 5 元,对已取得林权证的单位和个人在原林权证上进行林权变更登记时,不得收费(表1-6)。

表 1-6　林权勘测费标准

林权登记面积（公顷/宗）	收费标准（元/公顷）	备　注
1000 以下	3	不足 100 公顷的，按 100 公顷计收
1000（含 1000）~ 3500	2	
3500（含 3500）~ 7000	1.5	
7000（含 7000）~ 50000	1.0	
50000 以上	1.0	按 50000 公顷计算

林权勘测费对农村集体经济组织和林农拥有的森林、林木和林地所有权或使用权进行现场勘测时，免收林权勘测费。对已有林权历史记录或林权关系明确，不需要进行林权现场勘测的单位和个人，不得收费。

10. 陆生野生动物资源保护管理费收费标准如何？

根据《林业部、财政部、国家物价局关于发布〈陆生野生动物资源保护管理费收费办法〉的通知》（林护字〔1992〕72 号），《林业部、国家计委、财政部关于执行〈陆生野生动物资源保护管理费收费办法〉有关问题的通知》（林护字〔1993〕74 号），《国家计委、财政部关于第一批降低 22 项收费标准的通知》（计价费〔1997〕2500 号），《国家计委、财政部关于第二批降低收费标准的通知》（计价格〔1999〕1707 号），《国家计委、财政部关于陆生野生动物资源保护管理费收取范围有关问题的通知》（计价格〔2002〕599 号）等文件的规定，陆生野生动物资源保护管理费收费标准如下（表 1-7）：

（1）对批准捕捉、猎捕的国家重点保护野生动物的，按表 1-7 的收费标准向申请捕捉、猎捕者收费。

（2）对批准出售、收购、利用的国家一级和国家二级保护野生动物或其产品，分别按其成交额的 6%、4% 向供货方收取，对受货方不予收费；对中药生产企业的收费标准按销售额的 1%~2% 收取。

（3）对批准利用国家重点保护野生动物或其产品在国外举办的表演、展览等活动，按其纯收入（捐赠的捐款除外）的 50% 向国内承办单位收费。

（4）对动物园自行繁殖的野生动物，或从野外捕捉已经缴纳过野生动物资源保护管理费的野生动物，在国内动物园间进行调剂交流的，免缴野生动物资源保护管理费。

（5）对以保护野生动物为目的的科学研究、资源调查或其他特殊情况，需要捕捉、猎捕国家重点保护野生动物的，经批准，可以酌情减免野生动物资源保护管理费。

(6)每核发一份特许猎捕证，收取工本费5元；驯养繁殖许可证工本费10元；狩猎证工本费5元。

表1-7　捕捉、猎捕国家重点保护野生动物资源保护管理费收费标准

国家一级保护野生动物：

国家一级保护野生动物	管理费(元/只)	国家一级保护野生动物	管理费(元/只)
蜂猴(所有种)	300	藏羚	2000
熊猴	1000	高鼻羚羊	6000
台湾猴	2000	扭角羚	30000
豚尾猴	1000	台湾鬣羚	2000
叶猴(所有种)	5000	赤斑羚	2000
金丝猴(所有种)	50000	塔尔羊	2000
长臂猴(所有种)	8000	北山羊	1000
马来熊	2000	河狸	3000
大熊猫	100000	短尾信天翁	900
紫豹	500	白腹军舰鸟	900
貂熊	1000	白鹳	1000
熊狸	1000	黑鹳	2000
云豹	3000	朱鹮	100000
豹	6000	中华秋沙鸭	10000
虎	48000	金雕	1000
雪豹	10000	白肩雕	1000
亚洲象	50000	玉带海雕	2000
蒙古野驴	5000	白尾海雕	2000
西藏野驴	50000	虎头海雕	2000
野马	60000	拟兀鹫	900
野骆驼	50000	胡兀鹫	900
鼷鹿	500	细嘴松鸡	500
黑麂	2000	斑尾榛鸡	500
白唇鹿	2000	雉鹑	400
坡鹿	6000	四川山鹧鸪	400
梅花鹿	3000	海南山鹧鸪	400
豚鹿	3000	黑头角雉	1000
麋鹿	6000	红胸角雉	1000
野牛	6000	灰腹角雉	1000
野牦牛	6000	黄腹角雉	1000

（续）

国家一级保护野生动物	管理费（元/只）	国家一级保护野生动物	管理费（元/只）
普氏原羚	3000	虹雉（所有种）	2000
褐马鸡	2000	赤颈鹤	6000
蓝鹇	2000	鸨（所有种）	3000
黑颈长尾雉	2000	遗鸥	1000
白颈长尾雉	2000	四爪陆龟	2000
黑长尾雉	2000	鳄蜥	3000
孔雀雉	2000	巨蜥	900
绿孔雀	1000	蟒	900
黑颈鹤	6000	扬子鳄	3000
白头鹤	2000	中华蛩蠊	900
丹顶鹤	2000	金斑啄凤蝶	900
白鹤	3000		

国家二级保护野生动物：

国家二级保护野生动物	管理费（元/只）	国家二级保护野生动物	管理费（元/只）
短尾猴	250	马鹿（包括白臀鹿）1500	
猕猴	250	水鹿	600
藏酋猴	250	驼鹿	700
穿山甲	100	黄羊	100
豺	500	藏原羚	600
黑熊	1500	鹅喉羚	200
棕熊（包括马熊）	1500	鬣羚	600
小熊猫	1500	班羚	600
石貂	250	岩羊	300
黄喉貂	250	盘羊	900
斑林狸	100	海南兔	50
大灵猫	600	雪兔	50
小灵猫	250	塔里木兔	50
草原斑猫	250	巨松鼠	100
荒漠猫	600	角䴙䴘	80
丛林猫	250	赤颈䴙䴘	80
猞猁	1500	鹈鹕（所有种）	250
兔狲	250	鲣鸟（所有种）	80
金猫	900	海鸬鹚	250
渔猫	600	黑颈鸬鹚	250

（续）

国家二级保护野生动物	管理费(元/只)	国家二级保护野生动物	管理费(元/只)
麝(所有种)·	600	黄嘴白鹭	50
河麂	300	岩鹭	50
海南虎班鳽	50	姬田鸡	50
小苇鳽	50	棕背田鸡	50
彩鹳	1500	花田鸡	50
白鹮	600	铜翅水雉	50
黑鹮	600	小杓鹬	50
彩鹮	600	小青脚鹬	50
白琵鹭	250	灰燕鸻	50
黑脸琵鹭	900	小鸥	50
红胸黑雁	250	黑浮鸥	50
白额雁	80	黄嘴河燕鸥	50
天鹅(所有种)	80	黑嘴端凤头燕鸥	50
鸳鸯	80	黑腹沙鸡	200
其他鹰类	200	绿鸠(所有种)	80
隼科(所有种)	200	黑颏果鸠	80
黑琴鸡	200	皇鸠(所有种)	80
柳雷鸡	200	斑尾林鸽	80
岩雷鸟	200	鹃鸠(所有种)	80
镰翅鸟	200	鹦鹉(所有种)	80
花尾榛鸡	80	鸦鹃(所有种)	50
雪鸡(所有种)	100	鸮形目(所有种)	80
血雉	80	灰喉针尾雨燕	50
红腹角雉	200	凤头雨燕	50
藏马鸡	500	橙胸咬鹃	50
蓝马鸡	250	蓝耳翠鸟	50
黑鹇	200	鹳嘴翠鸟	50
白鹇	80	黑胸蜂虎	50
原鸡	50	绿喉蜂虎	50
勺鸡	80	犀鸟科(所有种)	200
白冠长尾雉	250	白腹黑啄木鸟	50
锦鸡(所有种)	80	阔嘴鸟科(所有种)	50
灰鹤	600	八色鸫科(所有种)	80
沙丘鹤	900	凹甲陆龟	200
白枕鹤	900	大壁虎	50

（续）

国家二级保护野生动物	管理费（元/只）	国家二级保护野生动物	管理费（元/只）
蓑羽鹤	600	虎纹蛙	50
长脚秧鸡	50	伟铗虮	50
尖板曦箭蜓	50	彩臂金龟（所有种）	50
宽纹北箭蜓	50	叉犀金龟	50
中华缺翅虫	50	双尾褐凤蝶	80
墨脱缺翅虫	50	三尾褐凤蝶	80
拉步甲	50	中华虎凤蝶	80
硕步甲	50	阿波罗绢蝶	250

11. 福建省林业服务机构中介服务费收费标准如何？

根据《福建省物价局关于重新核定林业服务机构中介服务费收费标准的通知》（闽价〔2003〕服398号）的规定：

（1）木材检验费：第一道检验（即林区公路边或木材生产单位货场原木销售交货检验）每立方米8元；第二道检验（即木材经营、加工单位木材进出仓及销售检验）每立方米4元。

（2）伐区调查设计费：①采用全林分每木调查法调查林木蓄积量的，按林木蓄积量每立方米8元收取。②采用标准带或标准地调查法调查林木蓄积量的，按林木蓄积量每立方米6元收取。③采用其他方法调查林木蓄积量的，按林木蓄积量每立方米4元收取。

（3）森林资源资产评估费：评估收费采用差额定率累进收费办法，按不同评估值分别为0.1‰～6‰，具体见表1-8。

（4）上述木材检验费和伐区调查设计费的收费标准为中准收费标准，可上浮20%，下浮不限；森林资源资产评估费为最高收费标准，下浮不限，具体收费标准由执收单位与委托人在省定的最高收费标准范围内协商确定。

表1-8　森林资源资产评估费

评估值（万元）	费率
100以下	6‰
101～1000	2.5‰
1001～5000	0.8‰
5001～10000	0.5‰
10001以上	0.1‰

12. 与林业有关的常用电话号码是什么?

林业服务热线(福建省统一)：96355；
森林火灾报警电话(全国统一)：12119；
天气预报电话：121；
消费者申诉举报电话：12315。

第二章　林政资源管理

13. 森林资源具体包括哪些内容？

《中华人民共和国森林法实施条例》(以下简称《森林法实施条例》)规定：森林资源，包括森林、林木、林地以及依托森林、林木、林地生存的野生动物、植物和微生物。森林，包括乔木林和竹林。林木，包括树木和竹子。林地，包括郁闭度0.2以上的乔木林地以及竹林地、灌木林地、疏林地、采伐迹地、火烧迹地、未成林造林地、苗圃地和县级以上人民政府规划的宜林地。

14. 森林覆盖率是指什么？

森林法所称森林覆盖率，是指以行政区域为单位森林面积与土地面积的百分比。森林面积，包括郁闭度0.2以上的乔木林地面积和竹林地面积、国家特别规定的灌木林地面积、农田林网以及村旁、路旁、水旁、宅旁林木的覆盖面积。

15. 福建省森林法规规定的木材包括哪些内容？

根据《福建省森林条例》第五十一条的规定，木材包括：原木、锯材、竹材、木片、胶合板、商品薪材、木炭、大宗木竹半成品。

大宗木竹半成品指每一宗折合原木材积0.5立方米、毛竹50根以上。木竹半成品名录及折率由福建省林业主管部门另行规定。目前福建省林业厅尚未制定统一的木竹半成品名录，暂由各设区市林业主管部门制定。

16. 林木采伐许可证件种类有哪些？

采伐证是采伐(含采挖、移植)森林、林木的法律凭证。采伐证分林木采伐许可证和特许采伐许可证两种。

采伐一般森林、林木使用林木采伐许可证，采伐珍贵树木和名木古树使用特许采伐许可证。

采伐证发证机关栏须加盖本级林业主管部门的林木采伐管理专用章后方可生效。

17. 林木采伐许可的依据是什么?

《森林法》第三十二条规定：采伐林木必须申请采伐许可证，按许可证的规定进行采伐；农村居民采伐自留地和房前屋后个人所有的零星林木除外。

18. 采挖、移植非保护树木应如何办理手续?

根据《福建省森林条例》规定：采挖、移植非保护树种的林木，应当报经县级以上人民政府林业主管部门批准，但农民采挖、移植自留地或者房前屋后自有零星的非保护树种的林木除外。

具体程序根据《福建省林业厅关于转发〈国家林业局关于规范树木采挖管理有关问题〉的通知》(闽林综〔2003〕63 号)文件办理。

19. 办理林木采伐许可证须提供哪些材料?

根据《福建省森林采伐管理办法》(闽林〔2002〕4 号)和《福建省调整商品林采伐管理政策的意见》(闽政办〔2003〕86 号)等文件的规定：

(1)采伐、采挖和移植零星(面积 1 亩以下)林木的须提交以下材料：①林木采伐申请书；②有法律效力的山林权属证明；③符合规定的伐区调查设计文件；

(2)采伐成片(面积 1 亩以上)林木的，除提交①、②、③项材料外，还须提交以下材料：④上年度采伐迹地更新验收合格证明；

(3)因征用占用林地需要采伐林木的，除提交①、②、③项材料外，还须提交以下材料：⑤使用林地审核同意书；⑥临时占用林地和森林经营单位在所经营的林地范围内修筑直接为林业生产服务的工程设施需要占用林地的应提交县级以上林业主管部门的批准文件。

(4)因特殊情况需要采伐重点保护的野生珍贵树木及胸高直径 36 厘米以上的人工珍贵树木，须办理特许采伐证，除提交①、②、③项材料外，还应提交以下材料(征占用林地的还须第 3 项材料)：⑦珍贵树木的全景彩色照片；⑧县级林政资源管理机构的调查报告；⑨珍贵树木属病虫害枯死，应提交县级森防检疫机构的证明；⑩珍贵树木属农村村集体所有，应提交村民会议或村民代表会议同意采伐的证明材料。

(5)因自然灾害等特殊情况需要采伐生态公益林，除提交①、②、③项材料外，还应提交以下材料：⑪县级以上林业主管部门的灾害调查报告。

20. 林木采伐许可证审批权限有何规定？

《森林法》、《福建省森林条例》、《福建省森林采伐管理办法》、国家林业局《关于采集（采伐）国家一级保护野生动物（树木）有关问题的复函》（林策发〔2008〕189号）等法律、法规和规范性文件规定：

（1）采伐国家一级保护、国家二级保护、省重点保护的野生珍贵树木、名木古树和胸高直径36厘米以上的人工珍贵树木，国家级自然保护区内实验区的毛竹，省属国有林场和设区市属国有林业企事业单位的林木及生态公益林的林木，由福建省林业厅或其委托的林业主管部门核发；

（2）采伐胸高直径36厘米以下的人工珍贵树木，省级自然保护区内实验区的毛竹，国有林经营所、县级林业主管部门管理的零星国有林、省属或设区市属非林业企业事业单位的林木，由所在地的设区市林业局或其委托的林业主管部门核发；

（3）采伐国有林业采育场及其他县属国有企业事业单位、集体单位的林木，由所在地的县级林业主管部门核发。农村居民采伐自留山的林木、个人所有的林木、竹林、经济林、农民自用材和烧材，县级林业主管部门可委托乡（镇）林业工作站（非派出机构除外）核发；

（4）更新采伐城市绿化林木，由城市绿化行政主管部门核发；

（5）更新采伐铁路、公路护路林林木，属本部门营造的，由有关主管部门核发；非本部门营造的，由县级以上林业主管部门核发；

（6）采伐省内插花山林木的，属于行政区域边界插花的，由拥有山林所有权的行政区域县级林业主管部门核发；属于飞山的，由山林所在地的县级林业主管部门核发。

21. 集体单位、个人申领林木采伐许可证的程序如何？

具体程序见图2-1。

22. 更新采伐城市绿化林木如何办理林木采伐许可证？

《福建省森林条例》规定：更新采伐城市绿化林木，由城市绿化行政主管部门核发林木采伐许可证。

23. 更新采伐铁路、公路护路林林木如何办理林木采伐许可证？

《森林法》、《福建省森林采伐管理办法》等法律、规范性文件规定：更新采伐铁路、公路护路林林木，属本部门营造的，由有关主管部门核发林木采

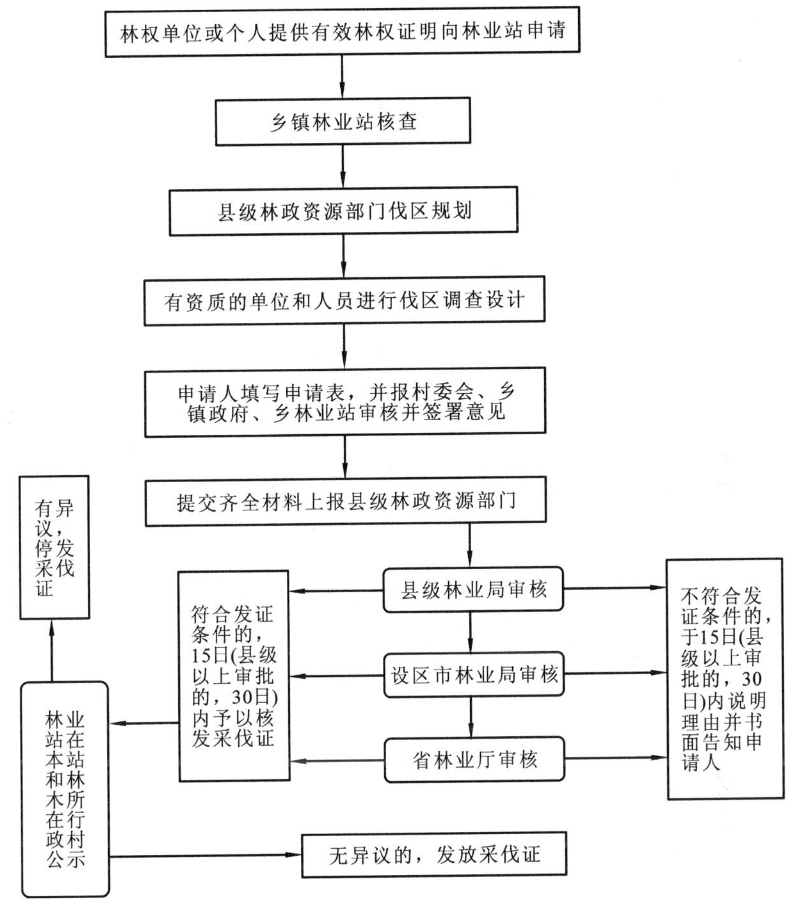

图 2-1　集体单位、个人办理林木采伐许可证流程(福建省)

伐许可证；非本部门营造的，由县级以上林业主管部门核发林木采伐许可证。

24. 采伐插花山的林木如何申领林木采伐许可证？

《福建省森林采伐管理办法》(闽林〔2002〕4 号)、《关于插花山林木采伐审批有关问题的批复》(闽林政〔2007〕40 号)规定：

(1)插花山在省外的，直接由林权所有者所在的县级林业主管部门根据森林资源的实际状况，按福建省采伐管理的规定进行审查，并组织开展伐区调查设计，符合条件的按规定核发采伐许可证，并告知森林、林木所在省相关的县级林业主管部门；

(2)福建省行政区域内，属于行政区域边界插花的，采伐规划应由林权所有者所在地县级以上林业主管部门协调，商请林地林木所在地县级林业主管部门申报、审查(国有林场系统按经营区范围实施管理的除外)，通过伐区资格审查的，林木采伐许可证，由拥有山林所有权的行政区域县级林业主管部门核发；

(3)在福建省内行政区域，属于飞山的，由山林所在地的县级林业主管部门核发。

25. 哪些情况不得核发林木采伐许可证？

《福建省森林条例》、《福建省森林采伐管理办法》等法规、规范性文件规定：有下列情况之一的，不得核发采伐证。

(1)林木权属不清或存有争议的（采伐证核发后，发现山林权属争议的，办证机构应通知暂停采伐；经争议双方共同的上级政府确认存在争议的，办证机构应当注销采伐证，并责令停止采伐。已采伐的林木由受理争议的人民政府调处机构依法处理)；

(2)防护林和特种用途林进行非抚育或者非更新性质采伐的，或者采伐封山育林期、封山育林区内林木的，但因重点工程建设征占用林地的除外；

(3)重点保护的珍贵野生树木和名木古树的，因科学研究、自然枯死和重点工程建设征占用林地等特殊情况需要采伐的除外；

(4)林木未达主伐年龄而申请主伐的，但定向培育、低产林改造、遭受自然灾害及征占用林地需要采伐林木的除外；

(5)申请单位的采伐迹地未及时完成更新造林任务的；

(6)上年度发生重大滥伐案件、森林火灾或者大面积严重森林病虫害，未采取预防和改进措施的；

(7)因征占用林地采伐森林、林木，但未取得使用林地审核同意书或批准文件的。

26. 采伐哪些林木无须办理林木采伐许可证？

《福建省森林条例》规定：农村居民采伐、移植自留地和房前屋后个人所有的零星林木(珍贵树木和古树名木除外)。

27. 哪种情况下，可以先行采伐林木？

《森林法实施条例》规定：因扑救森林火灾、防洪抢险等紧急情况需要采伐林木的，可以先行采伐。但组织抢险的部门和单位应当自紧急情况结束之日起30日内，将采伐森林、林木的情况报告当地县级以上林业主管部门。

28. 采伐商品林中的天然阔叶林和针阔混交林有何规定？

《福建省森林采伐管理办法》规定：商品林中的天然阔叶林和针阔混交林，要严格控制皆伐作业，一般只允许进行择伐或抚育间伐，且择伐蓄积强度不得超过40%，抚育间伐蓄积强度不得超过25%。

29. 采伐生态区位比较重要的人工商品林有何规定？

《福建省森林采伐管理办法》规定：闽江、九龙江、汀江、晋江、赛江、木兰溪和铁路、国道、省道两侧以及城镇周围一重山等生态区位比较重要的商品林中的人工林，严禁大面积皆伐，只能采伐面积不大于3公顷的小块状或带状皆伐及采伐强度不大于40%的择伐和25%的抚育间伐。

30. 申请采伐珍贵树木的条件是什么？

(1)珍贵树木危及群众生命财产安全等特殊情况；

(2)因科学研究、文化交流、人工培育等特殊需要；

(3)因工程建设、火灾、病虫害等特殊原因。

31. 申领特许采伐许可证须提供哪些材料？

《福建省森林采伐管理办法》规定：

(1)林木采伐申请书；

(2)林权单位申请报告；

(3)有法律效力的山林权属证明：珍贵树木属农村村集体所有的，应提交村民会议或村民代表会议同意采伐的证明材料；

(4)符合规定的伐区调查设计文件；

(5)珍贵树木全景彩色照片；

(6)县级林政资源管理机构的调查报告；

(7)珍贵树木属病虫害枯死，应提交县级森防检疫机构的证明；

(8)征占用林地的，提交使用林地审批同意书或批准文件。

32. 特许采伐许可证的审批权限有何规定？

《森林法》、《福建省森林条例》和国家林业局《关于采集(采伐)国家一级保护野生植物(树木)有关问题的复函》、《福建省森林采伐管理办法》等法律法规、规范性文件规定：

(1)采伐国家一级保护的野生珍贵树木，由省级林业主管部门核发。

（2）采伐国家二级保护、省重点保护的野生珍贵树木、名木古树和1998年以前营造的胸高直径36厘米以上的人工珍贵树木，由福建省林业厅或其委托的林业主管部门核发。

（3）采伐1998年以前营造的胸高直径36厘米以下的人工珍贵树木，由所在地的设区市林业局或其委托的林业主管部门核发。

33. 林木采伐实施过程中，发现采伐面积、蓄积或出材量达到采伐证规定的，应当怎么办？

《福建省森林采伐管理办法》规定：林木采伐实施过程中，采伐面积、蓄积或出材量中的一项达到采伐证规定的，应当停止采伐。确需继续采伐的，必须报原办证机构批准办理伐区剩余部分林木的采伐证。

34. 伐区出材量允许误差是多少？

《福建省森林采伐管理办法》规定：伐区调查设计精度和质量不得低于国家和省定的标准。以乡（镇）、场为控制单位，单片伐区出材量正误差不大于10%，且各单片伐区出材量正负误差抵消后、累计正误差不大于5%的，可视为凭证采伐的林木，经县级林业主管部门出具伐区合理误差证明，作为办理木材运输证的依据，但须扣减下一年度采伐限额指标和木材生产计划指标。

35. 伐区已伐倒但至年终未运出的木材应如何办理相关手续？

《福建省森林采伐管理办法》规定：伐区已伐倒但至年终未运出的木材，须库存结转下一年度运输销售的，必须经县级林业主管部门组织有关人员核实后，出具伐区库存木材结转证明，作为下一年度办理木材运输证的依据。

36. 伐区调查设计和木材检验由哪个机构承担？

《福建省森林条例》规定：伐区调查设计和木材检验，应当委托具有相应资质等级的机构承担。

37. 对检验木材行为有何法律规定？

《福建省森林条例》规定：检验木材应当到现场检验，并将检验码单当场交给木材生产经营者。

38. 伐区作业质量和采伐迹地更新面积、质量的检查验收应如何进行？

《森林采伐更新管理办法》第十三条规定：森林采伐后，核发林木采伐许可证的部门应当对采伐作业质量组织检查验收，签发采伐作业质量验收证明。验收证明格式由省、自治区、直辖市林业主管部门制定。

第十八条：森林更新后，核发林木采伐许可证的部门应当组织更新单位对更新面积和质量进行检查验收，核发更新验收合格证。

39. 木材运输行政许可的依据是什么？

(1)《森林法》第三十七条第一款：从林区运出木材，必须持有林业主管部门发给的运输证件，国家统一调拨的木材除外。

(2)《森林法实施条例》第三十五条第一款：从林区运出非国家统一调拨的木材，必须持有县级以上人民政府林业主管部门核发的木材运输证。

(3)《福建省森林条例》第三十条第一款：从林区运出木材或者运输木材经过林区，必须持有县级以上人民政府林业主管部门核发的木材运输证件。林业检查站凭木材运输证件放行。

40. 木材凭证运输的范围包括哪些内容？

《福建省木材凭证运输管理办法》等规定：

(1)原木、锯材、木片、胶合板、商品薪材、木炭、大宗木材半成品(纤维板、刨花板、旧家具除外)，大宗木材半成品指每一宗折合原木材积0.5立方米；

(2)非保护树种林木(活体移植)；

(3)属于国家一、二级和省定地方重点保护的珍贵树木及其制品、衍生物；

(4)因竹材和有的木竹成品、半成品外省仍有检查，货主有要求办运输证的，应当给予办理。

41. 木材运输证件有哪几种？

《福建省木材凭证运输管理办法》规定：木材运输证件有四种：省内木材运输证、出省木材运输证、福建省特殊用材运输证明和木材检尺码单。

省内运输木材须持有省内木材运输证。

运输木材出省的须持有出省木材运输证。

运输国家一、二级和省定地方重点保护的珍贵树木及其制品的，除上述两种证件之一外须同时持有福建省特殊用材运输证明。

采伐山场至办证点或进本县木材加工单位且沿途未经过办证点的木材，木材检尺码单可作为木材运输凭证。

42. 木材凭证运输证件的使用有何规定？

《福建省森林条例》、《福建省木材凭证运输管理办法》规定：

在福建省内运输木材或者运输木材出省，均须持有县级以上林业主管部门核发的木材运输证。但在非林区县(区)内运输木材的除外。

外省运输木材进入或经过本省的，凭出省木材运输证或起运地省级林业主管部门规定的证件放行。

运输进口木材，凭海关证明(原件)放行。

43. 木材运输证件核发的权限有何规定？

《福建省森林条例》、《福建省木材凭证运输管理办法》规定：

(1)省内木材运输证、出省木材运输证由经批准设立的木材运输证办证室、点在批准权限范围内办理。

(2)国家二级和地方重点保护珍贵树木属批准采伐或再次运输的木材，由省林业厅或设区市林业局及个别重点县林业主管部门办理福建省特殊用材运输证明。

(3)国家一级珍贵树木和因案件没收的珍贵树木，由省级林业主管部门办理福建省特殊用材运输证明。

(4)已由省林业主管部门授权设区市林业主管部门批准采伐人工营造的胸径36厘米以下的成片的珍贵树木，可由县级以上办证机构直接办理木材运输证，运输证上应写明树种和材种，备注栏内注明“人工林”字样。

44. 申领木材运输证应提交哪些材料？

福建省林业厅(闽林政〔2002〕46号)等文件规定：

(1)申请者填写木材运输证申请表；

(2)按规定需要提交的检疫证明、育林费、维简费等有关单据或证明；

(3)根据木材来源不同，分别提交下列有关证明文件：

①林权单位或者个人销售其生产的木材(活体)，应当提交本辖区县级以上林业主管部门批准的采伐许可证和木材检验机构现场检验填写的木材检尺码单；

②再次运输木材的，应提交原运输证或者木材交易合法证明，属珍贵树木的，且持省内运输证的同时应提交福建省特殊用材运输证明；木材交易合法证明是指经县级以上林业主管部门批准的木材经营加工单位开出的税务发票或木材检尺码单；

③依法没收的木材，应提交执法机关作出的林业行政处罚决定书或司法机关的结案证明；

④农村居民采伐(移植)自留地及房前屋后的零星木材应提交乡镇林业工作站的证明。属国家和省地方重点保护的珍贵树木按第①项办理。

⑤军队自有的林木(指部队营区内)，铁路、公路护路林和城市绿化林木采伐后需运输的，应提交其有关主管部门核发的林木采伐许可证。属军队自有的林木办证时免征林业金费。

(4)进口木材因批量大，在销售时或加工后需分散运输，海关证明无法随货同行的，可在进口木材落地后，凭海关证明到当地林业主管部门申请换发木材运输证。

45. 如何办理特殊用材运输证明?

《福建省森林条例》、《福建省木材凭证运输管理办法》等法规、规范性文件规定：

(1)在福建省范围内(含国有林场)采伐或移植的珍贵树木，需要运输的凭特许采伐许可证(办理运输凭证联)，办理特殊用材运输证明；属于人工营造，胸径在36厘米以下的珍贵树木，由县级以上办证机构凭特许采伐许可证办理木材运输证。

(2)从福建省其他设区市调进的珍贵树木需要再次运输的，凭特殊用材运输证明和县级以上林业主管部门签发的省内木材运输证办理特殊用材运输证明。

(3)从福建省外调进的珍贵树木，公路运输的凭起运省签发的出省木材运输证随货同行联(加盖进入到货省的第一个林业检查站验讫章)、铁路运输的凭起运省签发的出省木材运输证并附到站火车站提货单办理特殊用材运输证明。

(4)从国外进口的珍贵树木需要运输的，凭海关进关手续和检疫证办理特殊用材运输证明。

除上述四种情形外，其他情形需运输珍贵树木的，特殊用材运输证明仍由福建省林业厅签发。

46. 木材运输证的办理程序如何?

具体流程见图2-2。

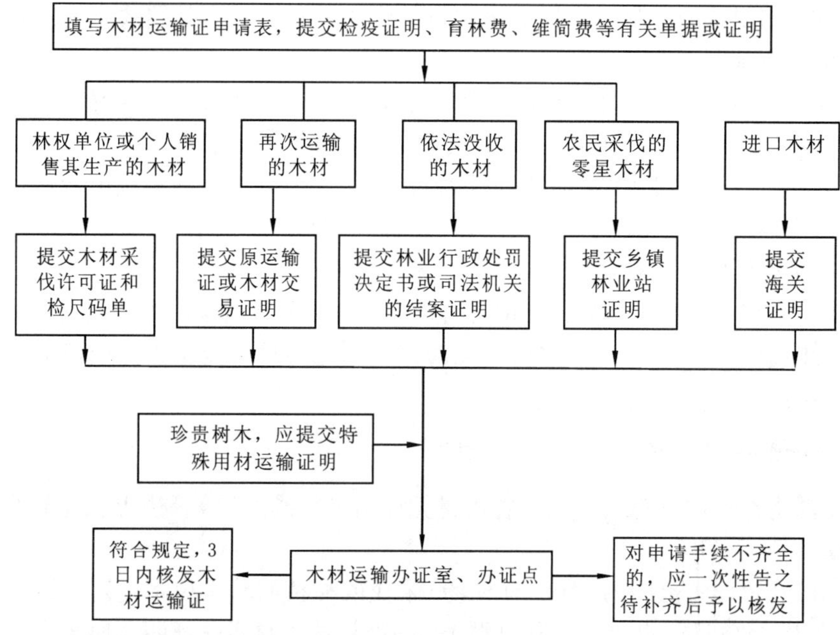

图 2-2　木材运输证办证流程(福建省)

47. 木材检尺码单如何使用?

《福建省木材凭证运输管理办法》规定：

(1)运输的木材品名、规格在运输证上记载不清或不详的，必须附木材检尺码单随货同行。

(2)木材检尺码单可作为县级林业主管部门认定的采伐山场至办证点的木材运输凭证，但自办证点起在县内外运输均需凭木材运输证。

(3)木材检尺码单可作为县内木材加工单位从本县采伐山场直接进仓且沿途未经过办证点的木材运输凭证，但需在两个工作日内申领木材运输证。

48. 哪些情况不得办理木材运输证?

《福建省木材凭证运输管理办法》规定：有下列情况之一的，不得办理木材运输证：

(1)无合法来源证明的木材；

(2)提供的林木采伐许可证不属本辖区有权机关核发的或虽属本辖区有权机关核发但不在本辖区采伐的(插花山除外)；

(3)提供的采伐证号与码单上填写的采伐证号不一致的；

(4)木材未落地在本辖区的；

(5)库存木材未按规定进行核实的；

(6)证明材料系伪造、涂改、重复使用、失效或其他违反规定的。

49. 无效的木材运输证是指哪种木材运输证？

《福建省木材凭证运输管理办法》规定：

(1)不属木材起运地县级以上林业主管部门核发的木材运输证；

(2)超过期限的木材运输证。

50. 超过期限的木材运输证在哪种情况下是有效的？

《福建省木材凭证运输管理办法》规定：在木材运输途中确因交通工具出现故障、公路塌方、交通阻塞、发生事故等客观原因，造成起运后其运输证过期的，经上一个林业检查站签章证实；沿途未经过检查站的，必须取得原发证机关或当地林政资源管理机构签章证实不是重复使用的，视为有效木材运输证。

51. 已申领但未起运的运输证应如何换证？

《福建省木材凭证运输管理办法》规定：已申领运输证的木材，因客观原因造成未起运，需要换发新证的，应由办证机构派人核实，对确属原运输证申请办理的木材；经原办证机构负责人审核同意，可收回原证，换发新证。

52. 林业检查站检查范围包括什么？

根据《森林法》、《森林法实施条例》、《植物检疫条例》、《福建省实施〈中华人民共和国野生动物保护法〉办法》的规定，福建省人民政府批准设立的林业检查站，负责检查的范围包括：木材运输、野生动物及其产品运输、植物检疫。

53. 林业检查站检查范围法律依据有哪些？

林业检查站检查范围的法律依据如下：

《森林法》第三十七条第三款：经省、自治区、直辖市人民政府批准，可以在林区设立木材检查站，负责检查木材运输。对未取得运输证件或者物资主管部门发给的调拨通知书运输木材的，木材检查站有权制止。

《森林法实施条例》第三十七条：经省、自治区、直辖市人民政府批准在林区设立的木材检查站，负责检查木材运输；无证运输木材的，木材检查站应当予以制止，可以暂扣无证运输的木材，并立即报请县级以上人民政府林业主管部门依法处理。

《植物检疫条例》第五条第三款：在发生疫情的地区，植物检疫机构可以派人参加当地的道路联合检查站或者木材检查站；发生特大疫情时，经省、自治区、直辖市人民政府批准，可以设立植物检疫检查站，开展植物检疫工作。

国务院办公厅《关于进一步加强松材线虫病预防和除治工作的通知》(国办发明电〔2002〕5号)第三条规定：木材检查站和森林植物检疫检查站要加强对松科植物及其产品的检疫检查，发现非法调运疫木的必须依法扣留，采取隔离措施，及时就地进行除害处理，不得补开《植物检疫证书》。

《福建省人民政府转发林业部关于进一步加强森林病虫害防治工作的决定通知》(闽政〔1997〕文200号)规定：林业检查站要严格执行两证(运输证、检疫证)查验制度，杜绝疫区的松材线虫病等检病对象传入省内。

《福建省实施〈中华人民共和国野生动物保护法〉办法》第二十四条第四款规定：林业检查站对违法运输的野生动物及其产品，有权依法查处。

54. 办理福建省木材经营加工批准书须提交哪些材料？

《福建省木材经营加工批准和监督办法》(闽林〔2002〕6号)规定：

(1)申请人(单位代表人)的合法身份证明；

(2)经营加工地点及从业人员数量等；

(3)年消耗木材的数量及主要来源；

(4)经营加工产品的品名、年生产能力及技术装备情况；

(5)符合国家产业发展政策和县级以上规划布局的文件材料；

(6)符合环保、消防安全要求的证明材料。

55. 经营加工国家和省重点保护的珍贵树木应具何手续？

《福建省木材经营加工批准和监督办法》规定：经营加工属于国家和省重点保护的珍贵树木，必须持有经省林业行政主管部门或其委托单位批准的证明文件。委托木材加工企业代为加工的，委托人应按上述规定提供有关证明。

56. 福建省木材经营加工批准书的审批权限有何规定？

《福建省森林条例》、《福建省木材经营加工批准和监督办法》等法规、规范性文件规定：

(1)申请经营木材和加工木材年消耗折合材积不足2万立方米的单位或个

人，由县级林业主管部门审核批准；

(2)申请设立大型木材林产品市场的，由县级林业主管部门审核同意后，报设区市以上林业主管部门批准；

(3)申请加工木材年消耗折合材积在2万立方米以上的单位或个人，经县级林业主管部门审核同意后，报设区市林业主管部门批准；

(4)经批准的木材经营加工单位或个人，需要设立分厂的，其分厂地点在本县行政区域内的，由原批准机关审核批准；分厂地点跨县的，由该分厂所在地县级以上林业行政主管部门审核批准；

(5)农村居民加工自留地和房前屋后采伐的林木以及经批准采伐的自用材，不列入木材加工批准范围。

57. 哪些情形不得批准经营加工木材？

《福建省木材经营加工批准和监督办法》规定：有下列情形之一的，县级以上林业主管部门不得批准其经营加工木材：

(1)经营加工地点在生态公益林、省界、县界范围内，纠纷山场周边，自然保护区(试验区内经营加工毛竹的除外)、森林公园及其他旅游风景区的；

(2)以天然林为原料加工(烧制)木炭的；

(3)经营加工木材无固定场所；

(4)法律、法规、规章规定不得设立木材经营加工的。

58. 木材经营加工批准书办理程序如何？

办理程序见图2-3。

59. 对木材经营加工企业木材进仓管理有何规定？

《福建省木材经营加工批准和监督办法》规定：木材经营加工企业应如实向所在地县级林业局或乡镇林业站申报木材进出仓情况。

木材进仓后，对凭运输证进仓的应在5个工作日内申报，接受申报的单位在登记台账后对申报的材料予以盖章核销；对凭码单从本县采伐山场直接进仓的，在2个工作日内申领木材运输证时予以登记并核销。

木材进仓复检的数量超出木材运输证件记载数量的，应报当地林业执法机构处理。

木材或产品出仓时，属于木材凭证运输范围的，应依法申请办理木材运输证，按办证数量折算出仓数量；不属于凭证运输范围的，企业应在每周的第一个工作日如实向县级林业主管部门或乡镇林业站申报上周的出仓数量。

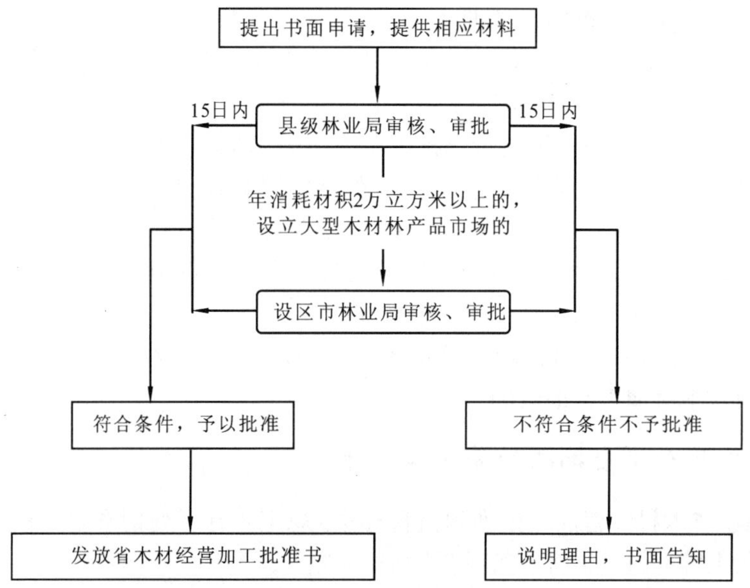

图 2-3　木材经营加工批准书办理流程（福建省）

出仓数量应与企业的市场营销额、生产能力、能源消耗量等相匹配。

60. 木材经营加工企业存在哪些情况应定为年审不合格单位？

《福建省木材经营加工批准和监督办法》规定：企业有下列情况之一的，定为年审不合格单位：

（1）一年内企业相关人员未按通知参加法律培训的；

（2）未按规定申报进出仓情况、出仓应申领木材运输证却不办或申报时提供虚假材料的；

（3）存在收购无合法来源证明木材行为的；

（4）进出仓数量不相符且未查找原因落实整改的。

61. 年审不合格的木材经营加工企业如何处理？

《福建省木材经营加工批准和监督办法》规定：年审不合格的企业，县级以上林业主管部门暂不盖年审合格印章，限期 3 个月整改，整改合格的，年审人员在批准书上签署意见，年审机关加盖年审合格印章；逾期未整改或整改不合格的，加盖年审不合格印章。连续 2 次年审不合格的，注销并收回福建省木材经营加工批准书。

62. 木材经营加工企业的变更事项有何规定？

《福建省木材经营加工批准和监督办法》规定：经批准的木材经营加工企业重组、转让、租赁或规模扩大等原因，致使原批准的主要项目发生重大变化，应当办理变更手续，换发《木材经营加工批准书》。规模扩大，达到上一级林业主管部门批准的，应重新申请核发《木材经营加工批准书》。

第三章　造林绿化种苗管理

63. 我国植树节定于什么时间？

1979年2月，第五届全国人民代表大会常务委员会第六次会议决定每年3月12日为我国植树节。

64. 植树造林情况应由哪个部门检查验收？

根据《森林法实施条例》规定：县级人民政府对本行政区域内当年造林的情况应当组织检查验收。

65. 无法完成义务植树任务的单位和个人，是否缴纳义务植树绿化费？

是。根据《福建省开展全民义务植树运动实施细则》和福建省委、省政府的有关文件规定，因特殊情况不能直接参加义务植树劳动的，应缴纳绿化费，缴纳标准，每人每年4～8元，或按每人每年一个工日的标准缴纳，具体收缴、管理和使用办法，由县级人民政府制定。

66. 林木种子生产、经营行政许可的依据是什么？

《中华人民共和国种子法》（以下简称《种子法》）第二十条规定：主要农作物和主要林木的商品种子生产实行许可制度。

第二十六条规定：种子经营实行许可制度。种子经营者必须先取得种子经营许可证后，方可凭种子经营许可证向工商行政管理机关申请办理或者变更营业执照。

67. 林木种子生产、经营许可证的审批权限有何规定？

根据《种子法》、《林木种子生产、经营许可证管理办法》等法律、规范性文件的规定：

（1）主要林木良种的林木种子生产、经营许可证，福建省区域范围的林木种子经营许可，由种子生产、经营者所在地县级人民政府林业行政主管部门审核，省林业行政管理部门核发；

（2）其他林木种子（包括苗木）的生产、经营许可证由种子生产、经营所在地县级以上地方人民政府林业行政主管部门核发；

(3)实行选育、生产、经营相结合，注册资本金达到2000万元的种子公司和从事林木种子进出口业务的公司的林木种子经营许可证，由其所在地的省林业行政主管部审核，国务院林业主管部门核发。

68. 林木种子生产许可证的申请条件有何规定？

《福建省林木种子生产经营许可证管理办法》(闽林种〔2007〕13号)规定：

(1)具有繁殖种子的隔离和培育条件；

(2)无检疫性病虫害；

(3)具有按照有关标准、规定建立或者确定的种子园、母树林、采穗圃或者其他采种林分；

(4)具有必要的生产、检验设施；

(5)从事籽粒、果实等有性繁殖材料生产的要求具备资金50万元以上，从事苗木生产的要求具备资金5万元以上；

(6)林木良种生产要具有经省级以上林业行政主管部门培训合格取得资格证书的林木种子生产、加工、检验、贮藏、保管技术人员；其他林木种子生产具有经县级以上林业行政主管部门培训合格取得资格证书的林木种子生产、加工、检验、贮藏、保管技术人员或相关专业中专以上学历、初级以上技术人员。

(7)生产籽粒、果实等有性繁殖材料的，除具备前款规定的条件外，还应当具备以下条件：①具有晒场、种子加工和烘干设备、贮藏设施等；②具有恒温培养箱、干燥箱、天平等必要的种子检验仪器设备。

69. 林木种子生产许可证、经营许可证办理程序如何？

具体办理流程见图3-1。

70. 申请办理林木种子生产许可证须提交哪些材料？

《福建省林木种子生产经营许可证管理办法》规定：

(1)注有生产者基本情况、生产品种(学名、拉丁名，空格不足另附名录)、技术人员、设施设备情况等内容的林木种子生产许可证申请表；

(2)林权证、土地使用证或租赁合同等生产用地使用证明、采种林分证明和照片；

(3)法定代表人身份证明和资金证明；

(4)林木种苗生产地点检疫证明；

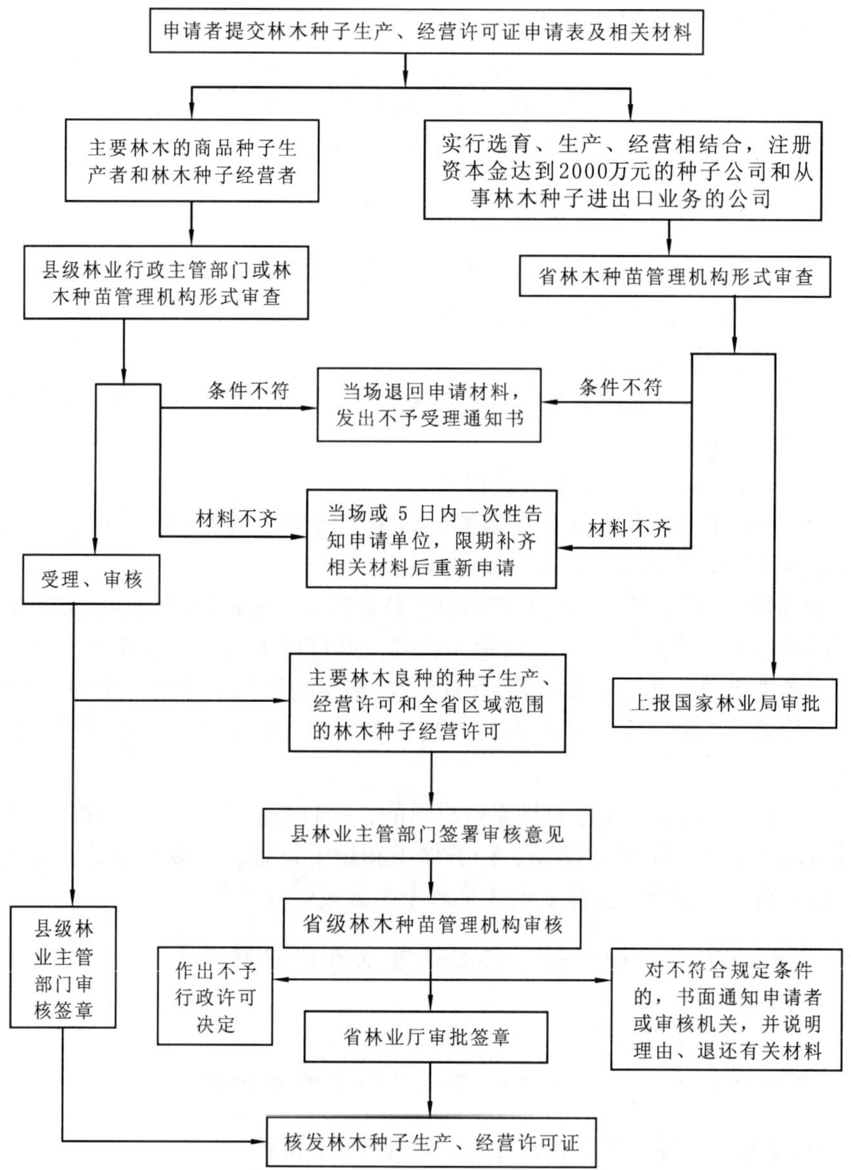

图3-1　林木种子生产许可证、经营许可证办理流程图

(5)林木种苗检验、生产技术人员资格证明(或培训证明)；

(6)林木种子生产、加工、检验、贮藏设施和仪器设备的所有权或者使用权证明(清单、照片、发票复印件)；

(7)申请领取具有植物新品种权的林木种子生产许可证的，应当提供品种权人的书面同意证明或者国家林业局品种权转让公告、强制许可决定。

(8)申请领取林木良种的林木种子生产许可证的，应当提供国家级或者省级林木品种审定委员会颁发的林木良种证书复印件。

71. 林木种子经营许可证的申请条件如何？

《福建省林木种子生产经营许可证管理办法》规定：

(1)具有与经营林木种子的种类和数量相适应的资金及独立承担民事责任的能力，从事林木种子批发的单位或者个人，注册资金在50万元以上；从事林木种子零售的单位或者个人，注册资金在10万元以上；

(2)具有与经营林木种子的种类、数量相适应的营业场所；

(3)具有必要的经营设施；

(4)从事林木种子批发或在全省范围经营的单位或者个人，应具有经省级以上林业行政主管部门培训合格取得资格证书的林木种子检验、加工、贮藏、保管技术人员；其他从事林木种子经营的单位或者个人，具有经县级以上林业行政主管部门培训合格取得资格证书的林木种子检验、加工、贮藏、保管技术人员或相关专业中级以上技术人员。

(5)经营籽粒、果实等有性繁殖材料的，除具备前款规定的条件外，还应当具备以下条件：①具有种子加工和烘干设备、贮藏设施等；②具有恒温培养箱、干燥箱、天平等必要的种子检验仪器设备。

(6)实行选育、生产、经营相结合的，除具备第四、五款规定的条件以外，还应当具备以下条件：①注册资金在2000万元以上；②有固定的种子繁育基地；③有3名以上经省级以上林业行政主管部门考核合格的种子检验人员。

(7)从事林木种子进出口业务的单位除具备第一、二款规定的条件以外，还应当具有固定的种子繁育基地、国务院林业行政主管部门规定的注册资金。

72. 申请办理林木种子经营许可证须提交哪些材料？

《福建省林木种子生产经营许可证管理办法》规定：

(1)注有经营者基本情况、经营品种(学名、拉丁名，空格不足另附名录)、技术人员、设施和设备情况等内容的林木种子经营许可证申请表；

(2)经营场所的照片及使用证明；

(3)林木种子加工、包装、贮藏设施设备和种苗检验仪器设备的所有权或者使用权证明(清单、照片、发票复印件)；

(4)林木种子检验、贮藏、保管等技术人员资格证明；

(5)法定代表人身份证明和注册资金证明材料；

(6)申请领取林木良种的林木种子经营许可证的，应当提供国家级或者省级林木品种审定委员会颁发的林木良种证书复印件；

(7)申请领取选育、生产、经营相结合的林木种子经营许可证的，应当提供自有品种的证明或者选育目的品种情况介绍；

(8)申请领取林木种子进出口业务的林木种子经营许可证的，应当提供具有林木种子进出口贸易许可的证明。

73. 申请办理许可延续、换发新的林木种子生产(经营)许可证应提交哪些材料?

(1) 林木种子生产、经营许可证正副本原件；

(2) 林木种子生产、经营许可证换证申请表；

(3) 换证申请报告书，内容包括：① 登记项目变动及备案情况；② 设立分支机构及登记备案情况；③ 生产或经营条件变化情况；④ 生产或经营档案建立情况；⑤ 生产或经营情况；⑥ 检验、标签、包装等制度的执行情况；

(4) 县级林业行政主管部门出具的依法生产、经营的证明材料。县级核发许可证的，由县本级把关。

74. 申请变更林木种子生产(经营)许可证注明项目应提交哪些材料?

(1) 林木种子生产、经营许可证正副本原件；

(2) 林木种子生产、经营许可证变更申请表；

(3) 相应的变更项目证明材料：① 变更企业名称(企业组织形式不变)。提交企业主管部门同意变更的文件。对于企业组织形式已改变的，应按重新申请处理。② 变更住所。提交住所证明。③ 变更法人代表。提交法人代表任职证明。④ 变更林木种类和品种。提交按规定应增加注册资本的证明材料、应增加仓库面积的彩色照片及产权证明、新增加品种的介绍。⑤ 变更生产地点。提交生产地点的检疫证明和情况介绍。⑥ 变更注册资本。提交注册资本证明材料。⑦ 变更经营范围。提交按规定应增加注册资本的证明材料、应提高检验标准的仪器设施照片及产权证明、应增加检验人员的资格证明和聘用证明、应提高加工水平的设备照片及产权证明、应增加仓库面积的照片及产权证明。

75. 申请办理林木种子生产、经营许可证如何收费？

根据国家发展计划委员会、财政部《关于调整林木种子生产许可证和林木种子经营许可证工本费收费标准的复函》（计价格〔2002〕2672 号）的有关规定，《林木种子生产许可证》和《林木种子经营许可证》工本费的收费标准由每证 1.5 元调整为每套 10 元（包括正本、副本各一本）。

76. 林木良种被依法取消或暂停，其生产、经营许可证如何处理？

《林木种子生产经营许可证管理办法》规定：已经取得林木良种种子生产、经营许可证的，应当自知其生产、经营的良种被依法取消或暂停决定 3 日起 20 日内，将已经取得的林木良种生产、经营许可证交回原发证机关或者办理相应的变更手续；逾期不交或者不办理变更手续的，以未取得林木种子生产、经营许可证论处。

77. 收购珍贵树木和限制收购的林木种子行政许可的依据是什么？

《种子法》第三十三条规定：未经省、自治区、直辖市人民政府的林业行政主管部门批准，不得收购珍贵树木种子和同级人民政府规定限制收购的林木种子。

78. 收购珍贵树木和限制收购的林木种子许可的条件有何规定？

《福建省林木种子生产经营许可证管理办法》规定：

（1）收购用途只能用于科学研究、良种选育或林业重点工程建设；

（2）具有林木种子经营许可证（无证的科研机构需委托有证的林木种子经营单位进行收购）；

（3）须在种子经营许可证的有效区域内收购；超区域的，须委托种子所在区域的单位或个人收购。

79. 申请收购珍贵树木和限制收购的林木种子许可需提交哪些材料？

《福建省林木种子生产经营许可证管理办法》规定：

（1）收购珍贵树木种子和限制收购的林木种子申请表；

（2）法人证书或营业执照复印件，法人身份证明；

（3）林木种子经营许可证的复印件；

（4）委托收购的，必须附上被委托人上述（2）、（3）的材料；

(5)收购用途证明和有关种子采集等批准文件。

80. 申请收购珍贵树木和限制收购的林木种子许可的程序如何?

《福建省林木种子生产经营许可证管理办法》规定：申请人向收购行为所在地县、市林业行政主管部门提出申请，审核通过的，报省级林业行政主管部门审批。

81. 采集或者采伐国家重点保护种质资源如何办理审批手续?

《种子法》及国家林业局有关文件规定：

(1)申请人向所在地省级林业行政主管部门提出申请；

(2)省级林业行政主管部门审核后报国家林业局审批。

82. 主要林木品种推广应用前的审定审批审核的办理程序如何?

《种子法》及福建省有关规定：

(1)申请审定(认定)的单位或个人填写申请登记表，附审定(认定)材料，由育种者所在单位审核签章，送县、设区市林业局签署意见(设区市属单位需经设区市林业局签署意见，省属单位由省主管部门签署意见)，报福建省林木品种审定委员会(以下简称省品审会)办公室，并随交审(认)定费；

(2)省品审会办公室对各单位申报的材料进行审核整理后，组织技术人员进行实地核查，提出意见，报常委会审查，召开审定会并通过无记名投票表决，凡票数超过全体委员三分之二者，通过审定(认定)；

(3)审定(认定)未通过的林木品种，申请人有异议的，可以向原审定委员会或上一级审定委员会申请复审，也可申请下一次省品审会审定(认定)；

(4)时限：一般良种审(认)定会议每2~3年召开一次，审(认)定结果一个月内给予公布。

83. 我国对造林用的林木种苗有何规定?

《种子法》规定，国家投资或者国家投资为主的造林项目和国有林业单位造林，应当根据林业行政主管部门制定的计划使用林木良种。国家对推广使用林木良种营造防护林、特种用途林给予扶持。《造林质量管理暂行办法》规定，坚持适当适树适种源、良种壮苗的原则。推行种子质量负责制，加强种子质量的监督检查管理，把好种子质量关。提倡就地造林、就近育苗，实行定点育苗、合同育苗、定向供应。必须在树种(品质)适生区内调运种子；严格实行种子分级制度。生产单位要按有关规定对种子进行分级，要对种子进行质量检验，确定种子质量等级，核发种子质量检验证书。达不到国家、行业或者地方规定种用标准的，不得用于造林，经检疫和验收合格后可用于造林；国家重点生态建设的造林项目，要优先使用经国家或省级审定的林木良种或者种子生产基地生产的种子，要根据工程设计所要求的等级使用种子；任何部门和单位不得购买、使用无种子生产许可证、种子经营许可证、良种使用证、种子质量检验证、植物检疫证的单位和个人的种子。

84. 用种质量纠纷如何解决?

种子使用者因种子质量问题遭受损失的，出售种子的经营者应当予以赔偿，赔偿额包括购种价款、有关费用和可得利益得失。经营者赔偿后，属于种子生产者或者其他经营者责任的，经营者有权向生产者或者其他经营者追偿。因使用种子发生民事纠纷的，当事人可以通过协商或者调解解决。当事人不愿通过协商调解解决或者协商、调解不成的，可以根据当事人之间的协议向仲裁机构申请仲裁。当事人也可以直接向人民法院起诉。

第四章　林地林权管理

85. 林地范围包括哪些内容?

林地，即林业用地的简称。《森林法实施条例》第二条第四款规定：林地，包括郁闭度0.2以上的乔木林地以及竹林地、灌木林地、疏林地、采伐迹地、火烧迹地、未成林造林地、苗圃地和县级以上人民政府规划的宜林地。

86. 确认林地的依据是什么?

确认林地，依照《森林法》执行。以林权证和经县级以上人民政府批准的《林地保护利用规划》为依据。

87. 何谓林权?

林权是指森林、林木、林地的所有权或者使用权。

88. 林权由什么部门登记造册、发放证书?

《森林法》规定：国家所有的和集体所有的森林、林木和林地，个人所有的林木和使用的林地，由县级以上地方人民政府登记造册，发放证书，确认所有权或者使用权。县级以上林业主管部门依法履行林权登记职责。国家所有的重点林区的林权依照《森林法》规定由国务院授权国务院林业主管部门登记造册、发放证书。

89. 林权登记有哪几种类型?

根据《中华人民共和国物权法》的规定，林权登记包括：设立、变更、转让、消灭、更正、异议、预告登记等七种类型。

90. 依法使用的国家所有的森林、林木和林地应如何进行登记?

《森林法》、《森林法实施条例》等法律法规规定：

(1)使用国务院确定的国家所有的重点林区(以下简称重点林区)的森林、林木和林地的单位，应当向国务院林业主管部门提出登记申请，由国务院林业主管部门登记造册，核发证书，确认森林、林木和林地使用权以及由使用者所有的林木所有权；

(2)使用国家所有的跨行政区域的森林、林木和林地的单位和个人，应当向共同的上一级人民政府林业主管部门提出登记申请，由该级人民政府登记造册，核发证书，确认森林、林木和林地使用权以及由使用者所有的林木所有权；

(3)使用国家所有的其他森林、林木和林地的单位和个人，应当向县级以上地方人民政府林业主管部门提出登记申请，由县级以上地方人民政府登记造册，核发证书，确认森林、林木和林地使用权以及由使用者所有的林木所有权；

(4)未确定使用权的国家所有的森林、林木和林地，由县级以上人民政府登记造册，负责保护管理；

(5)国家级森林和野生动物类型自然保护区、国家级森林公园和国有林场经营的森林、林木和林地，由省人民政府登记造册，发放证书，并通知所在地的市、县人民政府。

91. 集体所有的森林、林木和林地，单位和个人所有的林木如何进行登记？

《森林法实施条例》规定：集体所有的森林、林木和林地，由所有者向所在地的县级人民政府林业主管部门提出登记申请，由该县级人民政府登记造册，核发证书，确认所有权。单位和个人所有的林木，由所有者向所在地的县级人民政府林业主管部门提出登记申请，由该县级人民政府登记造册，核发证书，确认林木所有权。

92. 单位和个人使用集体所有的森林、林木和林地应如何进行登记？

《森林法实施条例》规定：使用集体所有的森林、林木和林地的单位和个人，应当向所在地的县级人民政府林业主管部门提出登记申请，由该县级人民政府登记造册，核发证书，确认森林、林木和林地使用权。

93. 办理林权登记的程序如何？

具体程序见图 4-1。

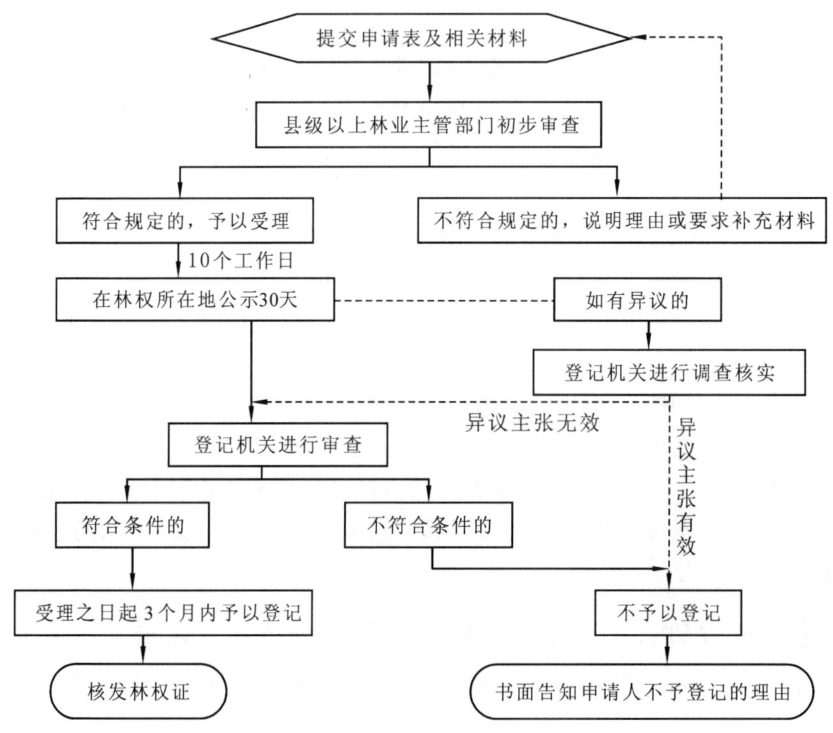

图4-1 福建省办理林权登记流程图

94. 由谁提出林权登记申请?

《林木和林地权属登记管理办法》规定：林权权利人为个人的，由本人或者其法定代理人、委托的代理人提出林权登记申请；林权权利人为法人或者其他组织的，由其法定代表人、负责人或者委托的代理人提出林权登记申请。

95. 林权权利人提出登记申请，应提交哪些材料?

《林木和林地权属登记管理办法》(国家林业局第1号令)规定：

(1)林权登记申请表；

(2)个人身份证明、法人或者其他组织的资格证明、法定代表人或者负责人的身份证明、法定代理人或者委托代理人的身份证明和载明委托事项和委托权限的委托书；

(3)申请登记的森林、林木和林地权属证明材料；

(4)省级林业主管部门规定要求提交的其他有关文件。

96. 林权发生变更的，应如何办理手续？

《林木和林地权属登记管理办法》规定：林权发生变更的，林权权利人应当到林权登记机关申请变更登记。

97. 林权灭失的，应如何办理手续？

《林木和林地权属登记管理办法》、《福建省林地管理办法》规定：林地被依法征用、占用或者由于其他原因造成林地全部或者部分灭失的，或放弃林地使用权以及经营的期限已满的，原林权权利人应当到林权登记机关申请办理注销登记。

98. 申请办理变更登记或者注销登记时，应当提交哪些材料？

（1）林权登记申请表；
（2）林权证及其复印件；
（3）林权依法变更或者灭失的有关证明文件。

99. 符合哪些条件的，登记机关应当予以登记？

《林木和林地权属登记管理办法》规定：符合下列全部条件的林权登记申请，登记机关应当予以登记并核发林权证：

（1）申请登记的森林、林木和林地位置、四至界限、林种、面积或者株数等数据准确；
（2）林权证明材料合法有效；
（3）无权属争议；
（4）附图中标明的界桩、明显地物标志与实地相符合。

100. 林木、林地作为抵押物时，如何办理林权登记相关手续？

《福建省林地管理办法》规定：林木、林地作为抵押物时，当事人应持合法有效的抵押合同、林权证到县级以上林业主管部门进行抵押登记。

101. 发现林权证错、漏登记的或者遗失、损坏的，该如何办理？

《林木和林地权属登记管理办法》规定：林权权利人和利害关系人，发现林权证错、漏登记的或者遗失、损坏的，有关林权权利人可以到原林权登记机关按规定申请更正或者补办。

102. 哪些人可以参加集体林地承包？

《中华人民共和国农村土地承包法》（以下简称《农村土地承包法》）、《福建省实施〈中华人民共和国农村土地承包法〉若干问题的规定》的规定：村集体经济组织、村民委员会或者村民小组按照规定统一组织发包农村土地时，下列人员有权依法以家庭承包方式承包农村土地：

（1）本村出生且户口在本村的人员；

（2）与本村村民结婚且户口迁入本村的人员；

（3）本村村民依法收养且户口迁入本村的子女；

（4）原户口在本村的在校大中专学生、服兵役的义务兵和士官；

（5）原户口在本村的服刑人员；

（6）其他依法将户口迁入本村且履行与本集体组织成员同等义务的人员。迁入时另有约定的，从其约定，但约定不得违反法律、法规规定。

（7）按照规定统一组织承包结束后，承包方家庭增加的人口，有权以家庭承包方式相应承包本村集体经济组织、村民委员会或者村民小组依法预留的机动地、增加的土地以及承包方依法、自愿交回的土地。

103. 农村妇女是否享有和男子平等的林地承包经营权？

《农村土地承包法》规定，集体林地承包，妇女与男子享有平等的权利。承包中应当保护妇女的合法权益，任何组织和个人不得剥夺、侵害妇女应当享有的林地承包经营权。

104. 个人承包的集体林地能否用于非林业建设？

《农村土地承包法》、《森林法》规定，个人向集体所承包的林地，应当遵守法律、法规，保护林地资源的合理开发和可持续利用。未经依法批准不得改变林地用途，将承包的林地用于非林业建设。国家鼓励承包者增加对林地的投入，培肥地力，提高生产力。

105. 承包集体林木林地是否受法律保护？

《农村土地承包法》规定，国家保护集体林木、林地所有者和使用者的合法权益，保护承包方的林地经营权，任何组织和个人不得侵犯。国家保护承包方依法、自愿、有偿地进行林地承包经营权流转。

106. 集体林地承包方有什么权利？

《农村土地承包法》规定，

(1)依法享有承包土地的使用、收益和土地承包经营权、流转的权利，有权自主组织生产经营和处置产品；

(2)承包的土地被依法征用、占用的，有权依法获得相应的补偿；

(3)法律、行政法规规定的其他权利。

107. 集体林地承包方应承担哪些义务?

《农村土地承包法》规定，

(1)维护林地的林业用途，不得用于非林业生产建设；

(2)依法保护和合理利用林业用地，不得给林地造成永久性损害；

(3)法律、行政法规规定的其他义务。

108. 林地承包的程序如何?

《农村土地承包法》规定，

(1)本集体经济组织成员的村民会议选举产生承包工作小组；

(2)承包工作小组依照法律、法规的规定拟订并公布承包方案；

(3)依法召开本集体经济组织成员的村民会议或村民代表会议讨论通过承包方案；

(4)公开组织实施承包方案；

(5)发包方与承包方签订承包合同。

109. 林地承包期为多少年?

《农村土地承包法》规定：林地承包期为30～70年；特殊林木的林地承包期，经国务院林业主管部门批准可以延长。

110. 集体林地承包合同应包括哪些主要条款?

《农村土地承包法》规定：

(1)发包方、承包方的名称，发包方负责人和承包方代表的姓名、住所；

(2)承包林地的名称、座落、面积等；

(3)承包的期限和起止日期；

(4)承包林地用途；

(5)发包方和承包方的权利和义务；

(6)违约责任。

111. 集体林地承包合同签订后何时生效？

《农村土地承包法》规定：集体林地承包合同自成立之日起生效。承包方自承包合同生效时取得林地承包经营权。县以上人民政府应当向承包方颁发林权证，并登记造册，确认林地承包经营权。

112. 如何保护林地承包经营权？

《农村土地承包法》等法律法规规定，承包期内，发包方不得调整承包地。承包合同生效后，在承包期内，发包方不得因承办人或负责人的变动而变更或者解除，也不得因集体经济组织的分立或者合并而变更或解除。

承包期内，发包方不得收回承包地。

承包期内，承包方全家迁入城镇落户的，应当按照承包方的意愿，保留其承包经营权或者允许其依法进行承包经营权流转。

承包期内，承包方因各种原因不愿意承包，可以自愿将承包的林木、林地交回发包方。但承包方在这期内不得再要求承包林木、林地。

承包期内，承包人死亡，其继承人可以在承包期内继续承包。

承包期内，妇女结婚、在新居住地未取得承包地的，发包方不得收回其原承包地；妇女离婚或者丧偶，仍在原居住地生活或者不在原居住地生活但在新居住地未取得承包地的，发包方不得收回其原承包地。

113. 重新划给自留山或原划定自留山现有变化的，其林权证由谁制发？

《关于进一步稳定、落实自留山政策实施办法》(闽政〔1996〕28 号)等规定：凡自留山有作调整变更的和新划定的自留山，应重新发给林权证书。林权证书由全国统一印制，由县级人民政府核发。

114. 个人承包经营的责任山与自留山有何区别？

自留山与承包经营的责任山是性质不同的两个概念。自留山虽然林地所有权仍属集体，但农户享有无偿使用权且长期不变，并对其种植的林木享有所有权，在自留山采伐的木材销售时还有优惠政策；而个人承包经营的责任山，其林地所有权属集体，个人只享有承包经营管理权，双方的责权利以合同形式确立。

115. 有自留山但无证的该如何处理？

《关于进一步稳定、落实自留山政策实施办法》等规定：有山无证的，要查看林业“三定”时的档案。如当时已经过县级政府登记造册的，应认定为自留山，并及时发放林权证。如未经登记造册，但大多数村民认可或经村民会议（村民代表会议）同意，可以确认为自留山。

116. 有自留山证但无山的该如何处理？

《关于进一步稳定、落实自留山政策实施办法》等规定：有证无山的，应重新补划给自留山。

117. 承包经营的林地被他人非法占用的应如何处理？

村集体发现非法占用他人所承包经营林地的行为，应及时制止，切实维护承包者的承包经营权。对承包林地被他人非法占用并已营造林木的，村集体和当事人双方要以保护森林资源为前提，可以由当事人双方协商解决，也可以由村集体出面调解解决。协商调解不成，还可以依法向所在地人民法院起诉，通过诉讼渠道处理。

118. 集体林地承包经营者未按合同上缴承包款或实物的，林地上林木所有权归谁？

林地承包经营者在其承包的集体林地上营造的林木，归承包者所有。承包经营者未按合同上缴承包款或实物属违约行为，应按合同约定和有关法律规定处理。

119. 生态公益林中的无林地是否可以承包经营？

《福建省生态公益林管理办法》（闽林〔2005〕1 号）等文件精神：为了鼓励全社会投资营造生态公益林，个人和企业可以利用生态公益林经营区内的无林地进行植树造林，并有权接受国家给予的补助或补偿，但所营造的林木为生态公益林，要依法进行保护和经营。

120. 村集体要求收回原拨交给国有林业单位经营的林地，应如何处理？

《福建省森林条例》第十条第二款规定：国有林场、采育场经营区内，属于集体拨交国有单位经营的林地，应维持现状，继续由国有单位经营。因此，村集体不能要求收回已拨交的林地。但国有单位经营集体拨交的林地，应按规定支付林地使用费。

121. 林业“三定”时或之后由公社管理委员会盖章发放的自留山证是否合法有效，能否换证？

根据《福建省人民政府关于稳定山权林权若干具体政策的规定》、《福建省人民政府批转林业厅关于进一步稳定、落实自留山政策实施办法的通知》等地方法规、规章的规定，由公社管委会盖章发放自留山证属主体不合法，不具备法律效力。但在林业“三定”时或之后已经发给农户，且农户也以此开发经营，当地群众没有异议，也不存在重复发证的，村集体组织出具证明，可将其原证收回，并依法重新确权登记换发林权证。

122. 原自留山户主因造林失败，后被其他农户造林种果经营的，应如何确权登记发证？

根据《福建省林业厅关于进一步稳定、落实自留山政策几个问题的解答》(闽林策法〔1997〕9号)等规定：应根据实际情况区别处理：凡属双方同意，由自留山主将自留山转由他人造林种果的，可按合作或合资经营处理，有合同(协议)的按其约定，申请确权登记，林权证注明自留山及收益比例；没有合同(协议)的，必须依法补签合同(协议)后，再申请确权登记，在林权证上注明自留山及双方主要权利，也可按转让处理。凡擅自在他人自留山造林种果的，自留山主可依法收回自留山，其开发管护费用由双方商定，并依法确权登记发证。

123. 已划定的自留山被村集体转让的，自留山主要求换证的，如何办理？

按照《福建省森林条例》、福建省人民代表大会常务委员会、福建省人民政府有关自留山政策规定，依法划定的自留山，其林地使用权和林木所有权归自留山主所有，村集体转让已划定给农户的自留山的，属侵权行为，应停止侵害。尚未造成损失的，要依法恢复原状，归还自留山，由自留山主申请登记换证；造成损失的，村集体要依法照价赔偿，并签订书面合同约定归还日期或重新划给自留山后，进行确权登记发(换)证。

124. 户与户的自留山合在一起共同经营，没有分清各自界线，应如何登记发证？

（1）实行联户经营的自留山，如农户要求单独发证的，应分清各自界线后再登记发证；无法分清界线的，应举荐其共同代表人提出申请，出具联户所有人委托书、原自留山证、联户经营协议书，进行联户登记换发证，并在林权证上注明“自留山联户”。

（2）对连片经营的自留山，但实际经营中已各自单独经营的，因面积小、地物标不明显、四至无法表述的，且不易或无法在附图上确定界线的，经自留山户主之间同意，并签订协议，可委托共同代表人提出实行联户同宗地申请换发新的林权证，也可分户发给同一证号的林权证，并在林权证上注明“自留山联户”；或在宗地附图作位置记号，林权证栏目中填写面积的办法予以单独发证。

125. 森林、林木和林地使用权多次流转如何登记发（换）林权证？

根据《福建省人民政府关于开展登记发换全国统一式样林权证的通知》（闽政文〔2002〕74 号）精神，森林、林木所有权和林地使用权依法多次流转的，应以最后一次流转合同约定事项确权登记，核发（换）林权证。以前各次依法流转的协议书、合同书、原林权证、有关部门的批准书、林地所有者的证明书、以及林业“三定”以来林权变更材料等权利依据，均作为林权登记发（换）证的权源依据。已核发新林权证后依法流转的，现有林权权利人应按新林权证、合同（协议）等相关权利依据申请办理林权变更登记。

126. 工程建设征占用林地审核审批权限有何规定？

根据《森林法实施条例》、《福建省林地管理办法》等法规、规范性文件规定：

（1）国家林业局审核权限：①防护林林地或者特种用途林林地面积 10 公顷以上的；②用材林、经济林、薪炭林林地及其采伐迹地面积 35 公顷以上的；③除上述外，其他林地面积 70 公顷以上的。

（2）福建省林业厅审核审批权限：①防护林林地或者特种用途林林地面积 10 公顷以下的；②省属国有林场经营区范围内林地的；③用材林、经济林、薪炭林林地及其采伐迹地面积 1 公顷以上不足 35 公顷的；④其他林地面积 1 公顷以上不足 70 公顷的。

(3)设区市林业局代审批权限：除防护林、特种用途林和省属国有林场经营区范围内的林地外，占用或者征用林地面积0.2公顷以上不足1公顷的。

(4)县(市、区)林业局代审批权限：除防护林、特种用途林和省属国有林场经营区范围内的林地外，占用或者征用林地面积不足0.2公顷的。

127. 临时占用林地审核审批权限有何规定?

根据《森林法实施条例》、《占用征用林地审核审批管理办法》的规定：

(1)临时占用防护林或者特种用途林林地面积5公顷以上，其他林地面积20公顷以上的，由国家林业局审批；

(2)临时占用防护林或者特种用途林林地面积5公顷以下，其他林地面积10公顷以上20公顷以下的，由省林业厅审批；

(3)临时占用除防护林和特种用途林以外的其他林地面积2公顷以上10公顷以下的，由设区市林业局审批；

(4)临时占用除防护林和特种用途林以外的其他林地面积2公顷以下的，由县(市)林业局审批。

128. 森林经营单位在所经营的范围内修筑直接为林业生产服务的工程设施需要占用林地的审核审批权限有何规定?

根据《森林法实施条例》、《福建省林地管理办法》的规定：

(1)凡需要占用生态公益林林地的，由省林业主管部门审批；

(2)国家级自然保护区、森林公园、省属国有林场需要占用林地的，由省林业主管部门审批；

(3)其他国有森林经营单位需要占用林地的，由省林业主管部门委托设区市林业主管部门审批；

(4)其他森林经营单位需要占用林地的，由县级林业主管部门审批。

129. 林业主管部门受理占用征用林地审请的时限及有关规定如何?

《占用征用、审核审批林地管理办法》、《福建省林地管理办法》规定：

(1)县级林业主管部门在受理用地申请后，应在5个工作日内对用地单位送审的材料进行初步审查。送审材料不齐全的，应一次性告知用地单位，并限期补齐。

(2)送审材料齐全的，应派出不少于两名林地管理人员或林业调查规划设计人员会同用地单位和被用地单位，对拟用林地范围进行现场查验，并对项目使用林地可行性报告内容进行核实。

（3）县级林业主管部门对建设项目类型、占用或者征用林地面积、位置、地类、林种、树种、权属以及补偿问题进行初步审查核实并同意后，应当在10个工作日内制定植树造林、恢复森林植被的措施（异地恢复措施）。

（4）县级以上林业主管部门在收到用地申请后，经审核，对符合用地规定且材料齐全的，应在15个工作日内予以审核；需要报上级林业主管部门的，也应当在15个工作日内在使用林地申请表上签署审查意见后，逐级上报。对不符合用地规定的，应在15个工作日内将申请材料退还用地单位或下一级林业主管部门，并在使用林地申请表上明确记载不同意的理由。

（5）占用或者征用林地未被批准的，有关林业主管部门应当自接到不予批准通知之日7日内按规定将收取的森林植被恢复费如数退还。

130. 申请临时占用林地须具备哪些条件？

《森林法实施条例》规定：

（1）临时占用林地的期限不得超过2年；

（2）不得在临时占用的林地上修筑永久性建筑；

（3）占用期满后，用地单位必须恢复林业生产条件。

131. 工程占用征用林地应提交哪些材料？

根据《占用征用林地审核审批管理规范》、《福建省林地管理办法》等规定：

（1）由设区市、县级林业主管部门代审核审批的项目：①使用林地申请表；②项目批准文件；③与被用地单位签订林地，林木补偿费和安置补助费的协议或付款凭证复印件；④缴纳森林植被恢复费的票据复印件；⑤被占用征用林地权属证明；⑥异地恢复森林植被措施（永久占用）；⑦用地单位与县（市、区）林业局签订的占用期滞后恢复林业生产条件的合同（临时）。

森林经营单位在所经营的林地范围内修筑直接为林业生产服务的工程设施的提交第②⑤⑥项材料。

（2）由省林业厅直接审核审批的项目须增加以下材料：⑧有资质的设计单位作出的项目使用林地可行性报告；⑨涉及生态公益林林地的，应有“占一补一”调整材料。

森林经营单位在所经营的林地范围内修筑直接为林业生产服务的工程提交第⑨项材料。

(3)报国家林业局审核审批的项目还须增加以下材料：⑩建设单位法人证明；⑪省级林业主管部门组织乙级以上资质的林业调查规划设计单位作出的现场查验报告；⑫省级林业主管部门关于项目建设占用征用林地的审查报告。

132. 占用征用林地申报流程如何?

具体内容见图4-2。

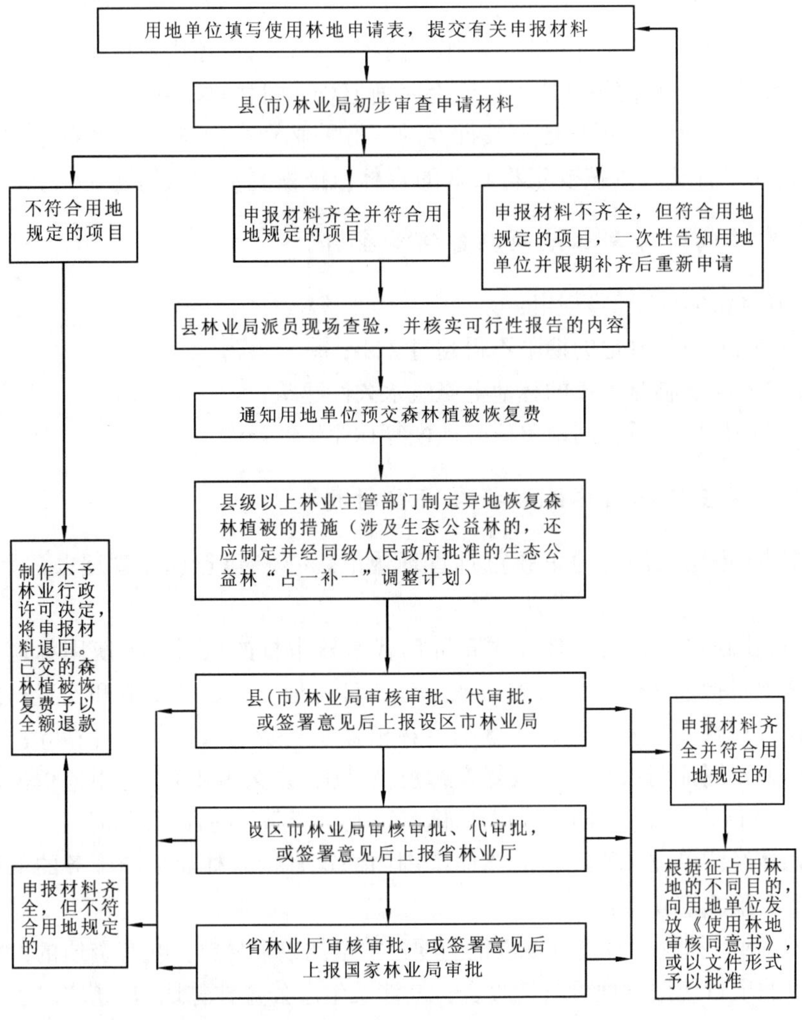

图4-2 福建省占用征用林地申报流程图

133. 林地补偿费的标准如何？

按照《福建省实施〈中华人民共和国土地管理法〉办法》第二十七条的规定，土地补偿费按下列标准计付：

(1)征用耕地，属水田、菜地、鱼塘的，按同类土地被征用前3年平均年产值的8~10倍补偿；属其他耕地的，按该耕地被征用前3年平均年产值的6~8倍补偿；

(2)征用果园或者其他经济林地，按水田补偿费的60%~70%补偿；原属耕地的，按同类土地补偿标准补偿；

(3)征用非经济林地，按水田补偿费的40%补偿；

(4)征用养殖生产的水面、滩涂，按水田补偿费的60%~70%补偿；

(5)征用盐田，按水田补偿费的50%补偿；

(6)征用其他未利用土地，按水田补偿费的15%补偿。

134. 林木补偿费的标准如何？

按照《福建省实施〈中华人民共和国土地管理法〉办法》第三十条和《关于贯彻国务院对征占用林地收取四项费用的实施办法》(闽价〔1993〕费字78号)的规定，征占用林地的林木补偿费标准如下：

地上附着物为林(果、竹)木的，征用后砍伐的林(果、竹)木，归原所有者所有。其补偿费按下列标准计付：

(1)用材林中的幼林按造林工本费的2倍补偿，中龄林按成熟林亩材积产值的40%~60%补偿，成熟林按其亩材积产值的30%补偿；

(2)竹林按产值的2倍补偿；

(3)果树和其他经济林按征用前4年平均年产值的2~7倍补偿，但果树未产果的，按工本费的2倍补偿；已产果的，应当根据果树的生长周期和树势的盛衰，按其产值的4~7倍补偿；

(4)特种用途林、防护林按用材林同类林木标准的4~7倍补偿；

(5)薪炭林按用材林同类林木标准的40%~60%补偿；

(6)苗圃除按当年当地同类苗价补偿苗木损失外，还应按苗圃地内基本建设和设施的现值进行补偿；

(7)林地上其他附着物的补偿由双方协商按现值给予补偿；

(8)违法建筑物和征地公告发布后抢栽、抢种的农作物，不予补偿。

135. 林地安置补助费的标准如何？

按照《福建省实施〈中华人民共和国土地管理法〉办法》第二十九条和《关于贯彻国务院对征占用林地收取四项费用的实施办法》的规定：征用果园和其他经济林地的安置补助费，按该土地被征用前4年平均年产值的3～5倍补助；其他林地按林地补偿费的50%计算安置补助费。

136. 森林资源流转的范围包括哪些内容？

《福建省森林资源流转条例》规定：

公民、法人和其他组织依法取得的权属明确的下列森林资源可以流转：

(1)用材林、经济林、薪炭林；

(2)用材林、经济林、薪炭林的林地使用权；

(3)不在公益林经营区内的灌木林地、疏林地、采伐迹地、火烧迹地、未成林造林地、苗圃地和县级以上地方人民政府规划的宜林地的使用权；

(4)法律、法规规定的其他可以流转的森林资源。

137. 森林资源流转可采取哪些方式？

《福建省森林资源流转条例》规定：森林资源流转可以采取承包、拍卖、招标、协议或者其他方式进行，但国有森林资源流转应当采取拍卖或者招标的方式进行。

138. 办理森林资源流转的程序如何？

具体程序见图4-3。

139. 集体森林资源流转应遵守哪些规定？

《福建省森林资源流转条例》规定：

(1)集体森林资源流转及其流转方式、流转保留价等，应当经本集体经济组织成员的村民会议2/3以上成员或者2/3以上村民代表同意；

(2)集体林地使用权流转给本集体经济组织以外的单位或者个人的，还应当报经乡(镇)人民政府批准；

(3)农村集体经济组织成员通过家庭承包取得的林地使用权的流转，依照《农村土地承包法》等有关法律、法规的规定执行。

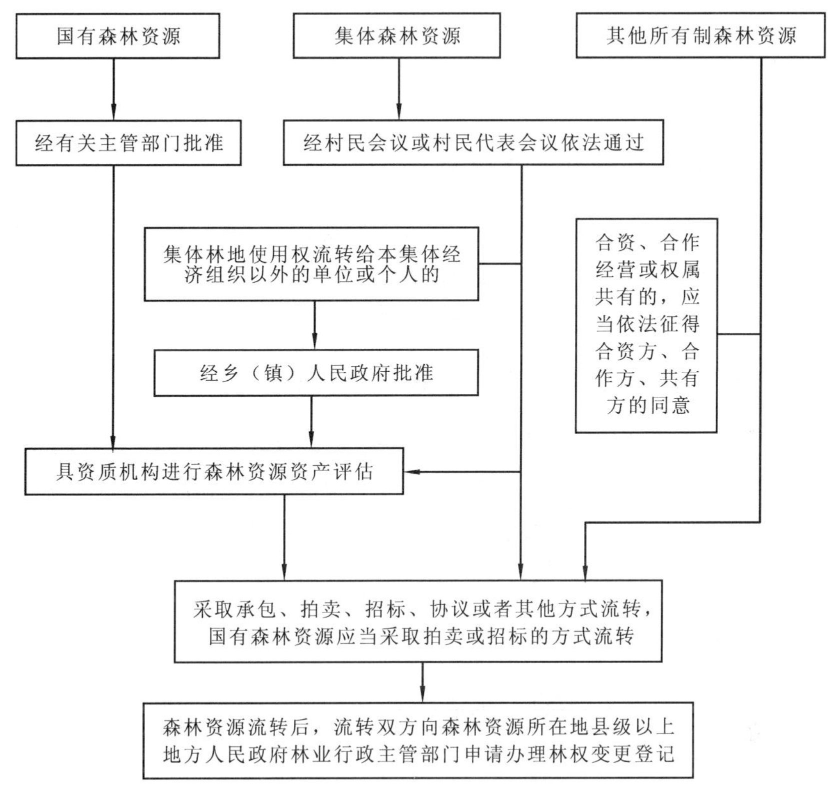

图 4-3 福建省办理森林资源流转的流程图

140. 集体森林资源流转是否要进行森林资产评估？

《福建省森林资源流转条例》规定：集体森林资源采取家庭承包方式流转的，是否进行森林资源资产评估，由本集体经济组织成员的村民会议或者村民代表会议讨论决定；集体森林资源采取拍卖、招标、协议或者其他方式流转的，应当进行森林资源资产评估，评估价可以作为森林资源流转保留价。

141. 森林资源流转合同应具备哪些主要条款？

(1)流转双方名称；

(2)流转的森林资源的林种、树种、林龄、地点、面积、四至、蓄积量或者株数；

(3)流转价款、付款方式和付款时间；

(4)森林管护责任、风险承担；

(5)流转期限、用途和更新造林责任；

(6)违约责任；

(7)争议的解决方式。

142. 森林资源流转的期限多长？

根据《农村土地承包法》、《福建省森林资源流转条例》的规定：森林资源流转的期限一般不超过70年，再流转的期限不得超过原流转的剩余期限。经营特殊林木的，经国务院林业主管部门批准可以延长。

143. 森林资源流转后如何办理林权变更登记？

《福建省森林资源流转条例》规定：森林资源流转后，流转双方向森林资源所在地县级以上地方人民政府林业行政主管部门申请办理林权变更登记，经审查符合条件的，县级以上地方人民政府应当在20日内进行变更登记，但国家规定需要公示的，从其规定。

144. 森林资源流转后申请森林资源变更登记的应当提交哪些材料？

《福建省森林资源流转条例》规定：

(1)所流转的森林、林木、林地的林权证；

(2)流转双方依法签订的流转合同；

(3)国有森林资源的，须主管部门的批准文件；集体森林资源的，需村民会议或村民代表会议的决定、决议等相关材料，流转给本集体以外的单位(个人)的还需乡(镇)政府的批准文件；合资经营、合作经营或权属共有的，应提交双方依法签署的意见。

(4)法律、法规规定的其他材料。

145. 林木林地权属争议工作由哪个部门负责？

《福建省林木林地权属争议处理条例》规定：地方各级人民政府依法处理本行政区域内的林木林地权属争议。县级以上地方人民政府处理林木林地权属争议的具体工作，由本级人民政府林木林地权属争议调处工作机构或者林业主管部门负责；乡(镇)人民政府处理林木林地权属争议的具体工作，由乡(镇)人民政府指定的机构负责。

县级以上地方人民政府国土资源、农业、水利、海洋、渔业、民政、公安、信访等有关部门依照各自职责，协助做好林木林地权属争议处理工作。

146. 林木林地权属争议发生后，对山场的活动有何限制性规定？

根据《森林法》、《福建省森林条例》、《福建省林木林地权属争议处理条例》等法律法规的规定：

(1)有关县级以上人民政府不得对争议山场发放《中华人民共和国林权证》，有关主管部门不得发放林木采伐许可证、批准使用林地或者办理相关林木林地权属变更登记手续。

(2)林木采伐许可证核发后，发现有林权争议的应当由发证机关通知暂停采伐。林权争议经有关人民政府受理后发证单位应当注销采伐许可证，并责令停止采伐。已采伐的林木由受理争议的人民政府调处机构依法处理。

(3)当事人不得进入争议区域砍伐林木和从事与争议山场林木林地所有权、使用权有关的活动。

(4)必要时，当事人所在地人民政府共同的上一级地方人民政府可以对争议山场采取临时封闭措施，并予以公告，同时书面告知有关利害关系人。

147. 争议山场发生森林病虫害，应如何处理？

《福建省林木林地权属争议处理条例》规定：因防治森林病虫害等特殊情况需要进入争议山场从事与林木林地所有权或者使用权有关活动的，由当事人所在地人民政府共同的上一级地方人民政府组织实施。

148. 依法征收、征用争议山场应如何办理相关手续？

《福建省林木林地权属争议处理条例》规定：

(1)林权有争议的，在争议解决之前，任何一方不得采伐林木、不得占用或征用林地。但如因国家重点工程建设急需占用或征用的，可先审核同意；

(2)依法征收、征用争议山场的，在当事人所在地人民政府共同的上一级地方人民政府组织下，办理征收、征用相关手续；

(3)征收争议山场的林地补偿费、林木补偿费、安置补助费和征用争议山场的补偿费，以及变卖木材、果实所得收益等应当设立财政专户保管，不得挪作他用；

(4)争议解决并明确权属后，当事人所在地人民政府共同的上一级地方人民政府林权争议调处部门应当依法或者依照双方协议，将林地补偿费、林木补偿费、安置补助费和征用争议山场的补偿费，以及变卖木材、果实所得收益等一次性足额支付权利人。

149. 处理林木林地权属争议的依据有哪些？

《福建省林木林地权属争议处理条例》规定：

(1)县级以上地方人民政府依法登记造册的林木林地权属登记簿是确认林木林地所有权或者使用权的根据。

(2)县级以上地方人民政府依法颁发的《中华人民共和国林权证》是处理林木林地权属争议的依据。

(3)未取得《中华人民共和国林权证》，在县级行政区域内发生的林木林地权属争议，以林业“三定”时期县级以上地方人民政府依法颁发的林权证及其之后依法变更的林木林地权属证书作为处理依据。

(4)未取得《中华人民共和国林权证》，跨县级行政区域发生的林木林地权属争议，以土地改革时期县级以上地方人民政府依法颁发的土地证作为处理依据。

(5)没有(1)至(4)点的处理依据的，下列材料可以作为处理林木林地权属争议的依据，当事人分别提出不同材料(或协议)的，以最后生效的材料(协议)作为处理林木林地权属争议的依据：①人民法院作出的有关林木林地权属的生效法律文书；②当事人所在地人民政府共同的上一级地方人民政府作出的涉及林木林地权属的决定；③当事人之间依法达成的协议、赠与凭证；④乡有林、村有林的土地改革清册或者林改清册；⑤土地改革时期林木林地收归国有的国有林清册或者林改清册。

(6)土地改革后营造的林木，仅林木所有权发生争议的，投资、造林、管护的凭证可以作为处理依据。但明知林地权属有争议或者未依法取得林地使用权抢造林木的除外。

(7)行政界线勘定时，依法调整并达成协议的林木林地权属界线可作为处理林木林地权属争议的依据。

150. 可作为处理林木林地权属争议的参考依据有哪些？

《福建省林木林地权属争议处理条例》规定：

(1)土地改革、合作化时期和“四固定”期间有关林木林地权属的其他有效凭证可以作为处理林木林地权属争议的参考。

(2)处理国有单位与其他单位、个人之间的林木林地权属争议还可以参考国有单位设立时总体设计书载明的经营范围、林业“三定”时期确定的经营区界线。

151. 林木林地权属证明的四至范围或面积，如何认定？

《福建省林木林地权属争议处理条例》规定：

（1）林权证记载的四至范围以附图为准，附图四至界线不清的以记载的面积为准；林权证记载林木株数的以记载的株数为准。

（2）林业“三定”时期县级以上地方人民政府依法颁发的林权证及其之后依法变更的林木林地权属证书，以权属凭证或者经核准的林权清册记载的四至为准。

（3）自留山以县级以上地方人民政府依法颁发的自留山证或者林权证记载的面积为准。

（4）土地证或者其他权属凭证记载四至清楚的，以四至为准；四至载明的地物标不明确的，按四至载明的最近的地物标确定四至；无法确定地物标的，以记载的面积为准。

152. 各方均无法提供有效权属凭证的争议林木林地应如何处理？

《福建省林木林地权属争议处理条例》规定：权属争议当事人均无法提供有效权属凭证，又无第三方提出权属主张的，林权争议调处部门经核实后，应当在林木林地所在地进行权属主张公告，公告期限为一年。公告期满无人提出有效权属凭证的，由当事人协商解决；协商不成的，由当事人所在地人民政府共同的上一级地方人民政府确定委托管理者，并依法制定收益处置办法。

153. 林木林地权属争议的管辖权限有何规定？

《福建省林木林地权属争议处理条例》规定：

（1）乡（镇）行政区域内发生的个人之间的林木林地权属争议由林木林地所在地的乡（镇）人民政府依法处理。

（2）县级行政区域内发生的单位之间、单位与个人之间，以及跨乡（镇）发生的个人之间的林木林地权属争议，由林木林地所在地县级人民政府依法处理。

（3）跨县（市、区）行政区域发生的单位之间、单位与个人之间、个人之间的林木林地权属争议，由林木林地所在地设区的市人民政府依法处理。

（4）跨设区的市行政区域发生的单位之间、单位与个人之间、个人之间的林木林地权属争议，由福建省人民政府依法处理。

154. 林木林地权属争议处理申请符合哪些条件的，应当予以受理？

(1)申请人与争议的林木林地有利害关系的；

(2)调处对象、调处请求明确的；

(3)有权属凭证和事实依据的。

155. 林木林地权属争议处理申请有哪些情形的不予受理？

《福建省林木林地权属争议处理条例》规定：

(1)已经当事人所在地人民政府或者共同的上一级地方人民政府依法调解并达成协议或者依法作出处理决定的；

(2)人民法院已经就有关林木林地权属争议作出判决、裁定的；

(3)属于林木林地流转过程中发生的承包经营权、处置权、收益权等纠纷的；

(4)属于民事侵权行为的；

(5)无法提供林木林地权属凭证的；

(6)法律、法规规定的其他情形。

156. 处理林木林地权属争议的程序如何？

具体程序见图4-4。

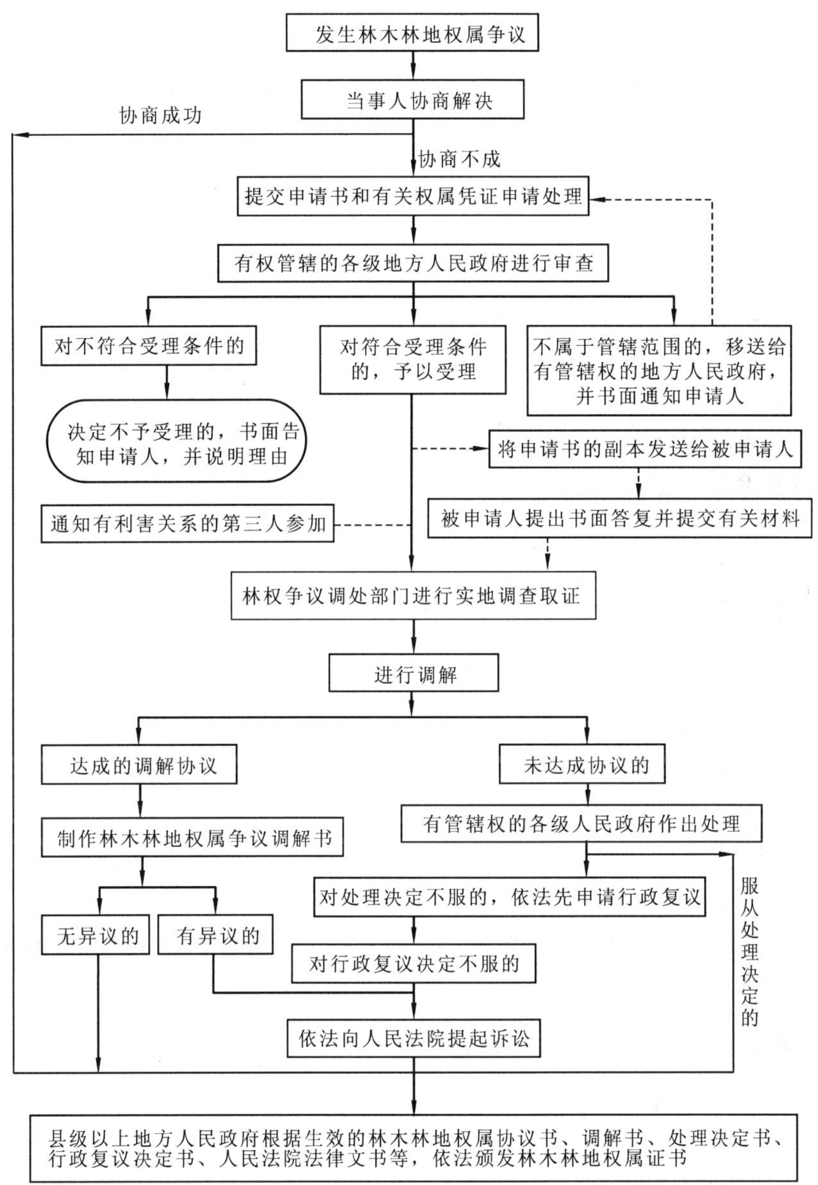

图 4-4　福建省处理林木林地权属争议的程序

第五章　野生动植物保护

157. 福建省的爱鸟周、保护野生动物宣传月定于什么时间？

根据福建省地方法规的规定，每年的3月25日至31日为福建省爱鸟周，10月份为福建省保护野生动物宣传月。

158. 野生动物是指哪些动物？

《福建省实施〈中华人民共和国野生动物保护法〉办法》规定，野生动物，是指国家和省重点保护野生动物；国家和省保护的有益的或者有重要经济、科学研究价值的陆生野生动物（以下简称一般保护野生动物）；我国缔结或参加国际条约限制进出口的野生动物和经批准从国外引进的野生动物。

野生动物产品，是指野生动物的任何部分及其衍生物。

159. 野生动物猎捕许可证有哪几种？

根据《中华人民共和国野生动物保护法》（以下简称《野生动物保护法》）等法律法规的规定，野生动物猎捕许可证有两种：特许猎捕证和狩猎证（福建省也称“猎捕证”）。

猎捕国家重点保护野生动物的，须申领特许猎捕证；猎捕非国家重点保护野生动物的，须申领狩猎证。

特许猎捕证由国家林业局统一印制；狩猎证由省林业厅按照国家林业局的规定印制。

160. 申请狩猎证、特许猎捕证的条件是什么？

（1）为进行野生动物科学考察、资源调查，必须猎捕的；

（2）为驯养繁殖国家重点保护野生动物，必须从野外获取种源的；

（3）为承担省级以上科学研究项目或国家医药生产任务，必须从野外获取野生动物的；

（4）为宣传、普及野生动物知识或教学、展览的需要，必须从野外获取野生动物的；

（5）因国事活动的需要，必须从野外获取野生动物的；

（6）为调控野生动物种群数量和结构，经科学论证必须猎捕的；

（7）因其他特殊情况，需要猎捕的。

161. 申请狩猎证、特许猎捕证须提交哪些材料？

《关于进一步加强对野生动物许可证的审批管理及日常监督工作的通知》（闽林动〔1999〕65号）规定：

（1）申请人的书面申请报告和猎捕证申请表；

（2）实施猎捕的工作方案，包括申请猎捕的种类、数量、时限、地点、工具和方法等；

（3）证明猎捕目的的有效文件和说明材料；

（4）证明申请人身份资格的有效文件或材料；

（5）猎捕地点资源调查报告；

（6）猎捕者为外省的，还应提交所在地省级林业主管部门的审核意见。

162. 野生动物猎捕许可证的审批权限有何规定？

根据《野生动物保护法》及其实施条例、《福建省实施〈中华人民共和国野生动物保护法〉办法》等法律法规的规定：

（1）捕捉国家一级保护野生动物的，由国家林业局核发特许猎捕证。

（2）猎捕国家二级和省重点保护野生动物以及蛇、蛙等省控种类的，由福建省林业厅核发特许猎捕证或狩猎证；需要跨省猎捕国家二级保护野生动物的，由申请人所在地的省林业行政主管部门签署的意见后，向猎捕地的省林业行政主管部门申请特许猎捕证。

（3）动物园需要申请猎捕国家一级保护野生动物的，在向国家林业局申请特许猎捕证前，须经国务院建设行政主管部门审核同意；需要申请猎捕国家二级保护野生动物的，在向申请人所在地的省林业行政主管部门申请特许猎捕证前，须经省建设行政主管部门审核同意。

（4）需要猎捕一般保护野生动物的，由县级林业行政主管部门审批核发“狩猎证”。

（5）需要在禁猎（捕）区和禁猎（捕）期或使用禁用工具和方法猎捕野生动物的，需经福建省林业厅批准后，办理有关猎捕手续。

163. 申请办理野生动物猎捕许可证的流程是什么？

具体流程见图5-1。

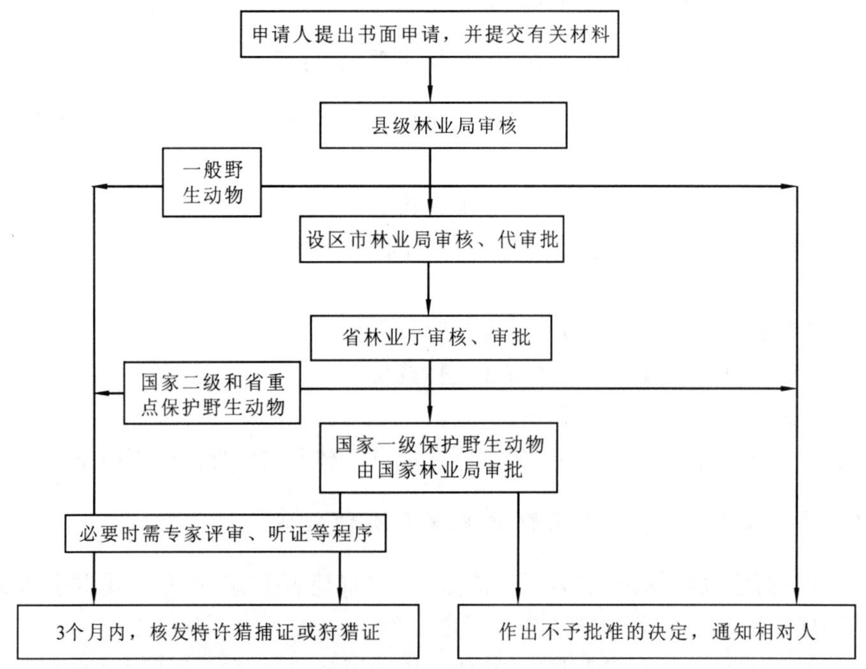

图5-1　福建省野生动物猎捕证办证流程图

164. 狩猎场配置猎枪手续该如何办理？

《中华人民共和国枪支管理法》第九条规定：狩猎场配置猎枪，凭省级以上人民政府林业行政主管部门的批准文件，报省级以上人民政府公安机关审批，由设区的市级人民政府公安机关核发民用枪支配购证件。

165. 有哪些情形不准发放猎捕许可证？

《陆生野生动物保护实施条例》规定：

(1)申请猎捕者有条件以合法的非猎捕方式获得国家重点保护野生动物的种源、产品或者达到所需目的的；

(2)猎捕申请不符合国家有关规定或者申请使用的猎捕工具、方法以及猎捕时间、地点不当的；

(3)根据野生动物资源现状不宜捕捉、猎捕的。

166. 福建省的禁猎区包括哪些地方？

福建省的禁猎区：自然保护区、旅游区、风景区、名胜古迹区、公园、城镇市区、工矿区、学校、机关、部队营区、国营和集体林场、采育场、经营所。

167. 福建省的禁猎期是定于什么时间？

福建省禁猎期：繁殖种类为每年的2月至8月；越冬为每年的10月到翌年的4月，具体种类的禁猎期由县级林业行政主管部门根据当地实际规定并公布。

168. 猎捕野生动物禁用的工具和方法有哪些？

福建省猎捕野生动物禁用的工具和方法包括：军用武器、汽枪、毒药、炸药、地枪、排铳、非人为直接操作并危害安全的狩猎装置、夜间照明行猎、歼灭性围猎、火攻、烟熏，以及县林业行政主管部门规定禁止使用的其他猎捕工具和方法。

169. 误捕重点保护野生动物该怎么办？

《福建省实施〈野生动物保护法〉办法》规定：误捕国家和省重点保护野生动物的，应当立即放回原生息场所；误伤的应当及时救护，并及时报告所在地野生动物主管部门，如不采取救护措施造成死亡的，视同违法捕杀行为。

170. 申请办理建立固定狩猎场所须提交哪些材料？

(1)申请报告；

(2)证明申请人身份、资格的有效文件或材料(如身份证、护照、工商营业执照等)；

(3)证明其对固定狩猎场所的土地具有相应使用权的有效文件或材料；

(4)建立固定狩猎场所所需资金来源证明；

(5)固定狩猎场所管理人员技术能力证明；

(6)固定狩猎场的野生动物资源调查报告；

(7)可行性研究报告；

(8)固定狩猎场所的总体规划(应明确猎捕的种类、年度数量、猎捕期、猎捕路线、工具、方法和猎捕活动的组织方式等)。

171. 办理建立固定狩猎场所的程序有何规定?

(1)申请人向固定狩猎场所所在地县级以上林业部门提出申请，经其签署审核意见后，报省林业厅。

(2)省林业厅或其委托的单位可根据需要组织听证、招标、拍卖、检验、检测、检疫、鉴定和专家评审;

(3)审查合格的，由省林业厅向申请人作出准予行政许可的决定;审查不合格的，由省林业厅书面通知申请人并说明理由，告知复议或诉讼权利。

(4)时限:20 日内，经批准可延长 10 日。

172. 申请野生动物驯养繁殖许可证要求什么条件?

(1)有适宜驯养繁殖野生动物的固定场所和必需的设施;

(2)具备与驯养繁殖野生动物种类、数量相适应的资金、人员和技术;

(3)驯养繁殖野生动物的饲料来源有保证。

173. 申请野生动物驯养繁殖许可证须提交哪些材料?

《关于进一步加强对野生动物许可证的审批管理及日常监督工作的通知》等文件规定:

(1)申请人的书面申请报告和驯养繁殖许可证申请表;

(2)与申请驯养繁殖的野生动物种类、规模相适应的驯养繁殖场所使用权、固定场所和必需的设施、资金储备和固定资产投入、饲养人员技术能力等证明文件及相关照片;

(3)项目可行性研究报告或者总体规划;

(4)申请驯养繁殖的野生动物种源来源证明材料;

(5)申请增加驯养繁殖野生动物种类的，需提交原有驯养繁殖的野生动物种类、数量和健康状况的说明材料，及已经取得的驯养繁殖许可证复印件和相关批准文件;

(6)申领野生动物园的驯养繁殖许可证的，还需附有国家林业局批准立项文件的复印件。

174. 野生动物驯养繁殖许可证的审批权限有何规定?

根据《陆生野生动物保护实施条例》和福建省林业厅的有关规定:

(1)驯养繁殖国家一级保护野生动物的，由国家林业局审批核发野生动物驯养繁殖许可证。

（2）驯养繁殖国家二级保护、重点保护野生动物以及蛇、蛙等省控种类的，由省林业厅审批核发野生动物驯养繁殖许可证。

（3）驯养繁殖一般保护野生动物的，由市（地）级林业行政主管部门审批并报省林业厅备案，由县级林业行政主管部门核发野生动物驯养繁殖许可证。

175. 野生动物驯养繁殖许可证的办理程序如何？

具体流程见图5-2。

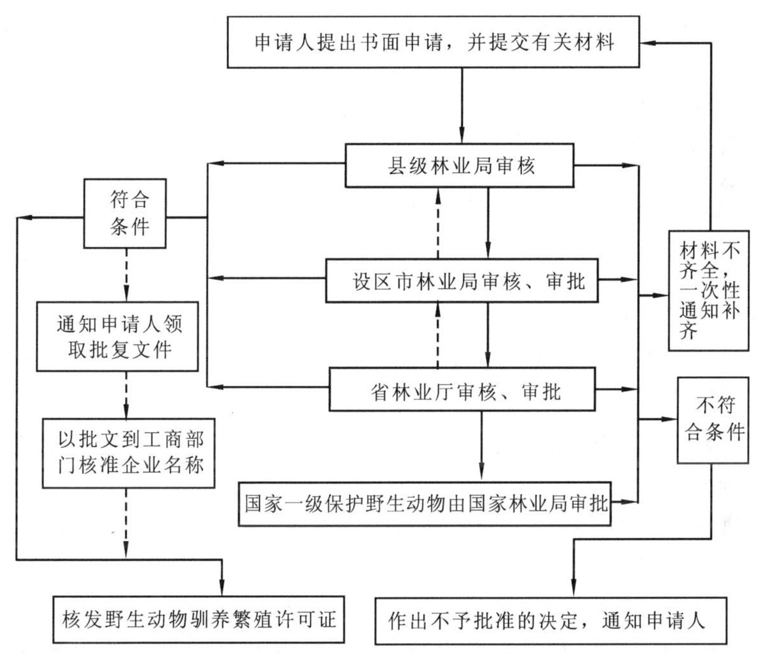

图5-2　野生动物驯养繁殖许可证办理流程（福建省）

申请人向驯养繁殖所在地县级以上林业部门提出申请，经其签署审核意见后，逐级上报审批。国家一级保护野生动物报国家林业局批准；国家二级和省重点保护野生动物以及蛇、蛙等省控种类报省林业厅批准。必要时需进行专家评审、听证等程序。时限：20个工作日内。经批准可延长10日。

176. 申领福建省陆生野生动物经营加工许可证须提交哪些材料？

《关于印发〈福建省陆生野生动物经营加工管理规定〉的通知》（闽林动〔1999〕86号）的有关规定：

(1)申请报告(内容包括经营加工目的、项目介绍、相对人与经营加工有关的历史介绍、申请经营的种类和年经营数量、产值及效益分析等);

(2)法人代表简介(必要时还应提供主要技术人员简介及相关的资格证明);

(3)验资证明和经营加工场所或土地所有权(使用权)证明(涉及林地应申明);

(4)野生动物合法来源证明或说明;

(5)必要的还应提交有关生产、加工技术资料和项目可行性报告(需要保密部分相对人在提交时应予以申明);

(6)填报完整、清晰的福建省野生动物经营加工许可证申请表;

(7)根据规定应提交的其他附加材料。

177. 野生动物经营加工许可证的申请权限有何规定?

根据《陆生野生动物保护实施条例》和《福建省陆生野生动物经营加工管理规定》等法规和规范性文件的规定:

(1)经营加工国家一级重点保护野生动物的逐级报请国家林业局批准后,由省林业厅核发许可证;

(2)经营加工国家二级重点保护野生动物的,报请省林业厅审批核发许可证;

(3)经营加工省重点保护野生动物的,报请省林业厅批准后,由设区市林业行政主管核发许可证;

(4)经营加工除省控种类以外的省一般保护野生动物的,经设区市林业行政主管部门批准后,由县级林业主管部门负责核发许可证,并报省林业厅备案;

(5)经营加工省控种类的,报请省林业厅批准后,由县级林业主管部门负责核发许可证。设区市林业行政主管部门可根据本地实际情况,制订市控种类,并报省林业厅备案。

178. 野生动物经营加工许可证申领的程序如何?

具体程序见图 5-3。

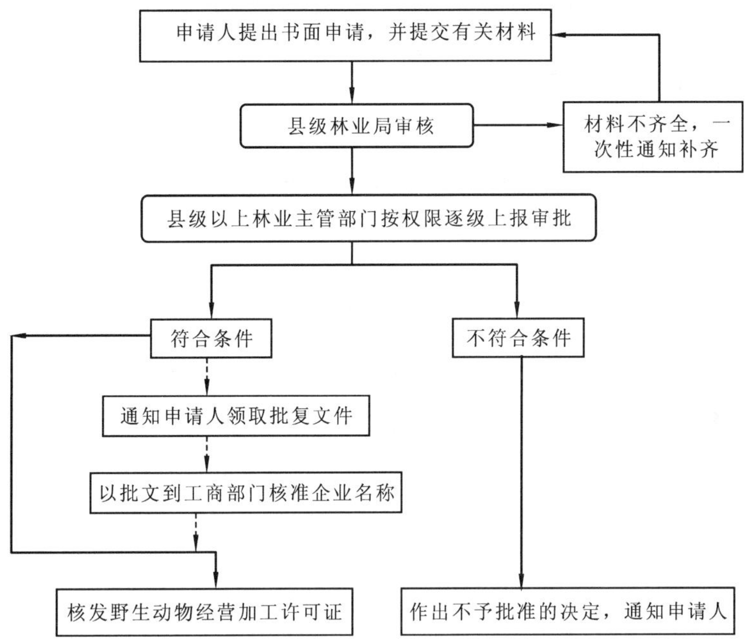

图 5-3 野生动物经营加工证办理流程(福建省)

179. 哪些情形可不予发放野生动物经营加工许可证?

《福建省陆生野生动物经营加工管理规定》规定：有下列情形之一的，有权审批机关可不予审批发放野生动物经营加工许可证：

(1)所需野生动物资源无法提供或可能对野生资源造成严重破坏的；

(2)经营加工技术不过关，资源浪费严重，且经济效益明显差的；

(3)涉嫌非法经营加工野生动物正在被调查或处理的；

(4)相对人因违反有关规定，被吊销许可证不满 2 年的。

180. 野生动物运输证件有哪几种?

目前福建省使用的野生动物运输证件有两种，分别是陆生野生动物或其产品出省运输证明和福建省野生动物准运证。

运输证明由国家林业局统一印制；准运证由省林业省统一印制，限省内使用。

181. 申请野生动物运输证须提交哪些材料?

(1)申请报告和野生动物运输证申请表；

(2)证明申请人身份、资格的有效文件或材料(如：身份证、护照、驯养繁殖许可证、经营加工许可证、工商营业执照等)；

(3)依法批准猎捕、驯养繁殖、出售、收购、利用野生动物及其产品的文件；

(4)依法缴纳野生动物资源保护管理费的凭证。

182. 野生动物运输证的办理程序如何?

《福建省实施〈野生动物保护法〉办法》及福建省林业厅有关规范性文件规定：

(1)申请人向启运地县级林业主管部门提出申请；

(2)在省内运输的，由启运地的县级以上野生动物主管部门核发运输证；

(3)运输出省的，由设区市以上野生动物主管部门核发运输证；

(4)外省过境的，凭起运省的准运证和进入福建省第一个林业检查站的过境签证通行；

(5)交通、铁道、航运、邮电等部门，凭野生动物准运证受理运输邮寄业务。

183. 办理非国家重点保护野生动物及其产品年度经营利用限额指标须提交哪些材料?

(1)申请人的书面申请报告；

(2)非国家重点保护野生动物经营加工许可证；

(3)工商营业执照；

(4)本年度依法缴纳野生动物资源保护管理费的凭据；

(5)年度经营加工情况和下一年度经营加工计划报告。

184. 办理非国家重点保护野生动物及其产品年度经营利用限额指标的程序有何规定?

(1)申请人于每年11月，按年度向经营利用所在地县级以上林业部门提出申请，经其签署审核意见后，报福建省林业厅。

(2)福建省林业厅或其委托的单位可根据需要组织听证、招标、拍卖、检验、检测、检疫、鉴定和专家评审。

(3)审查合格的，由福建省林业厅向申请人作出准予行政许可的决定；审查不合格的，由省林业厅书面通知申请人并说明理由，告知复议或诉讼权利。

(4)期限：20 日内。经批准可延长 10 日。

185. 采集哪些植物须申领野生植物采集证?

《野生植物保护条例》、《森林法》规定:

(1)因科学研究、人工培育、文化交流等特殊需要采集国家一级或者二级保护野生植物的;

(2)采集珍贵野生树木的或者林区内具有特殊价值的野生植物。

186. 申领野生植物采集证须提交哪些材料?

《关于实行国家重点保护野生植物采集证有关问题的通知》(林护发〔2001〕551 号文件)及福建省林业厅有关规范性文件规定:

(1)申请人的申请报告和国家重点保护野生植物采集证申请表;

(2)证明申请人身份的有效文件或材料;

(3)证明其采集目的的有效文件和材料;

(4)本行政区域及拟采集地点被采集物种的资源情况，实施采集的工作方案，包括申请采集的种类、数量、时限、地点和方法;

(5)用于人工培育的，提交培育基地规模、技术力量、市场预测等可行性研究报告、相关背景材料及采集作业办法；用于科学研究、文化交流等其他用途的，提交相关背景资料;

(6) 因工程或其他原因需移植的，须提供移植技术方案(含移植地的自然条件)。

187. 申领野生植物采集证的程序如何?

《野生植物保护条例》、《国家林业局关于实行国家重点保护野生植物采集证有关问题的通知》(林护发〔2001〕551 号文)等法规及规范性文件规定:

(1)申请人向采集地县级以上林业部门提出申请，经其签署审核意见后，逐级上报审批；国家一级保护野生植物报国家林业局批准；国家二级保护野生植物报省林业厅批准;

(2)采集自然保护区、城市园林或风景名胜区内的国家重点保护野生植物的，须征得自然保护区、城市园林或风景名胜区管理机构同意后，分别依照(1)款的规定申请采集证;

(3)采伐国家重点保护野生树木的，在申请采集证的同时，应依照国家有关规定申请办理林木采伐许可证;

(4)经批准采集国家一级保护野生植物的，由采集地省级林业行政主管部门核发采集证；国家二级保护野生植物的，由采集地县级林业主管部门核发采集证；

(5)必要时需进行科学论证程序。

188. 采集或者采伐国家重点保护种质资源的审批程序如何？

(1)申请人向所在地省级林业行政主管部门提出申请；

(2)省级林业行政主管部门审核后报国家林业局；

(3)审查合格的，由国家林业局作出准予行政许可的决定，并通知申请人；审查不合格的，由国家林业局书面通知申请人并说明理由，告知复议或者诉讼权利。

189. 进口濒危野生动植物及其产品的应具备哪些条件？

《中华人民共和国濒危野生动植物进出口管理条例》规定：

(1)对濒危野生动植物及其产品的使用符合国家有关规定；

(2)具有有效控制措施并符合生态安全要求；

(3)申请人提供的材料真实有效；

(4)根据国家有关规定允许从事进出口活动的公民、法人或者其他组织；

(5)国务院野生动植物主管部门公示的其他条件。

190. 出口濒危野生动植物及其产品的应具备哪些条件？

《濒危野生动植物进出口管理条例》规定：

(1)符合生态安全要求和公共利益；

(2)来源合法；

(3)申请人提供的材料真实有效；

(4)不属于国务院或者国务院野生动植物主管部门禁止出口的；

(5)根据国家有关规定允许从事进出口活动的公民、法人或者其他组织；

(6)国务院野生动植物主管部门公示的其他条件。

191. 办理进出口濒危野生动植物及其产品的程序如何？

《濒危野生动植物进出口管理条例》及有关规范性文件规定：

(1)申请人向省野生动植物行政主管部门提出申请；

(2)省野生动植物行政主管部门审核后报国务院；

(3)确需进行专家论证的，由国务院野生动植物行政主管部门或其委托的单位组织进行专家论证；

(4)审查合格的，由国务院野生动植物行政主管部门作出准予行政许可的决定(按照有关规定由国务院批准的，应当报经国务院批准)，并告知申请人向中华人民共和国濒危物种进出口管理办公室申领允许进出口证明书；审查不合格的，由国家林业局书面通知申请人并说明理由，告知复议或者诉讼权利。

(5)时限：省林业厅审核10日，国家林业局20日内审批，经批准可延长10日。

192. 办理进出口濒危野生动植物及其产品行政许可的流程如何？

办理进出口濒危野生动植物及其产品行政许可的流程见图5-4。

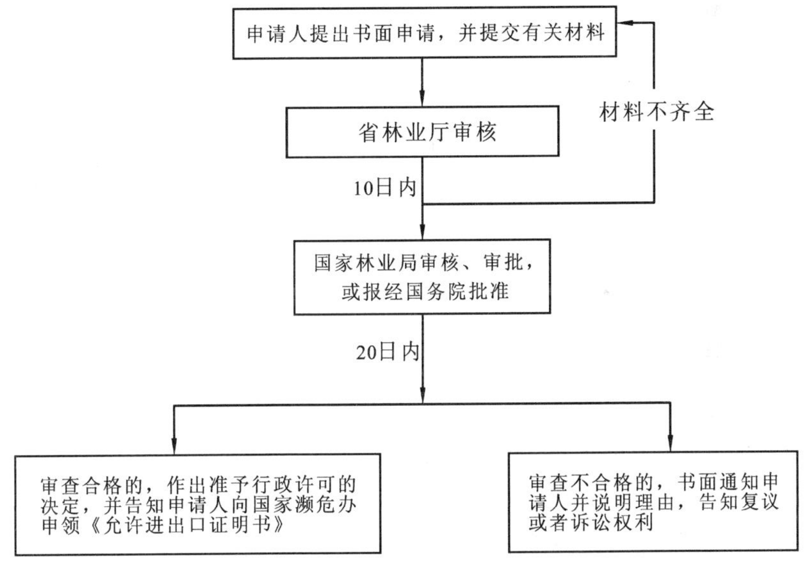

图5-4 办理进出口濒危野生动植物及其产品行政许可的流程

193. 出口珍贵树木或其制品、衍生物须提交哪些申请材料？

《濒危野生动植物进出口管理条例》及有关规范性文件规定：

(1)野生植物进出口管理行政许可事项申请表；

(2)当年首次申请的，需提交证明申请人身份、资格的有效文件或材料，以及野生植物进出口行政许可申请人基本情况备案表；

(3)申请报告和进出口申请表；

(4)出口合同或协议：商业性出口的，提交出口合同或协议；属于委托出口的，还应提供委托代理合同或协议；科学研究等非商业性出口的，提交合作研究等有关协议、工作方案及其他相关说明材料；委托代理出口的，须提交申请人与代理人双方签订的代理或委托出口协议；

(5)证明其出口珍贵树木或其制品、衍生物来源的有效文件或材料，包括国家重点保护野生植物采集证、林木采伐许可证、发票、人工培植基地(场)基本情况说明等；

(6)出口珍贵树木或其制品、衍生物的其他说明材料，包括成分、含量、规格、工艺技术等。

194. 办理外来陆生野生动物物种野外放生许可的程序如何?

《陆生野生动物保护实施条例》及有关规范文件规定：

(1)申请人向省林业行政主管部门提出申请；

(2)经省林业行政主管部门指定的科研机构进行科学论证后，省林业行政主管部门报国家林业局；

(3)审查合格的，由国家林业局向申请人作出准予行政许可的决定；审查不合格的，由国家林业局书面通知申请人并说明理由，告知复议或诉讼权利。

195. 出口国家重点保护陆生野生动物或其产品须提交哪些申请材料?

《国家林业局行政许可事项公示内容》(2006 年第 6 号公告)和福建省林业厅规定：

(1)野生动物保护管理行政许可事项申请表；

(2)当年首次申请的，需提交证明申请人身份、资格的有效文件或材料，以及从事相关活动的背景材料或年度报告；

(3)商业性出口的，提交出口合同或协议；属于委托出口的，还应提供委托代理合同或协议；

(4)科学研究等非商业性出口的，提交合作研究等相关协议、工作方案、证明文件，包括目的、内容、期限、地点、技术路线、组织方式、权益分配方式等；

(5)证明出口国家重点保护陆生野生动物或其产品来源的有效文件或材料，包括特许猎捕证、驯养繁殖许可证、经营许可证明、执法查没物品处理文书、发票、个体谱系等相关材料；

(6)产品说明，包括产品成分、构成等。

196. 出口国家重点保护野生植物须提交哪些申请材料？

《国家林业局行政许可事项公示内容》和福建省林业厅规定：

（1）野生植物进出口管理行政许可事项申请表；

（2）当年首次申请的，需提交证明申请人身份、资格的有效文件或材料，以及野生植物进出口行政许可申请人基本情况备案表；

（3）申请报告和进出口申请表；

（4）出口合同或协议：商业性出口的，提交出口合同或协议；属于委托出口的，还应提供委托代理合同或协议；科学研究等非商业性出口的，提交合作研究等有关协议、工作方案及其他相关说明材料；委托代理出口的，须提交申请人与代理人双方签订的代理或委托出口协议；

（5）证明其出口野生植物或其产品来源的有效文件或材料，包括国家重点保护野生植物采集证、林木采伐许可证、发票、人工培植场登记材料；

（6）出口野生植物或其产品的其他说明材料，包括成分、含量、规格、工艺技术等。

197. 进出口中国参加的国际公约限制进出口野生植物须提交哪些材料？

《国家林业局行政许可事项公示内容》和福建省林业厅规定：

（1）野生植物进出口管理行政许可事项申请表；

（2）当年首次申请的，需提交证明申请人身份的有效文件或材料，以及野生植物进出口行政许可申请人基本情况备案表；

（3）申请报告和进出口申请表；

（4）出口合同或协议：商业性出口的，提交出口合同或协议；属于委托出口的，还应提供委托代理合同或协议；科学研究等非商业性出口的，提交合作研究等有关协议、工作方案及其他相关说明材料；委托代理出口的，须提交申请人与代理人双方签订的代理或委托出口协议；

（5）证明其出口野生植物或其产品来源的有效文件或材料，包括允许进出口证明书、国家重点保护野生植物采集证、林木采伐许可证、发票、人工培植基地（场）基本情况说明等；

（6）进出口野生植物或其产品的其他说明材料，包括成分、含量、规格、工艺技术等。

198. 办理外来陆生野生动物物种野外放生许可须提交哪些材料？

《国家林业局行政许可事项公示内容》和福建省林业厅的规定：

(1)申请人的书面申请报告；

(2)证明申请人及参与放生活动各方身份、资格的有效文件或材料；

(3)相关放生外来物种的目的说明及实施方案，包括放生种类、放生数量、放生区域、放生时间、组织安排等；

(4)放生物种在原生地的栖息环境、天敌、食性等生物学特性专题报告；

(5)证明放生物种来源的有效文件或材料；

(6)放生物种的检疫合格证明。

199. 办理外国人对国家重点保护野生动植物进行野外考察、标本采集或在野外拍摄电影、录像许可需要提交哪些材料？

《国家林业局行政许可事项公示内容》和福建省林业厅规定：

(1)申请人的书面申请报告；

(2)当年首次申请的，需提交证明申请人、代理人及合作方身份、资格的有效文件或材料；国内中介代理机构具有代理涉外狩猎资格，合作机构具备省级以上科研机构资格；

(3)证明申请人从事相关活动目的的有效文件；

(4)开展相关活动的实施方案，包括实施的对象、种类、数量、期限、地点、工具、方法、权益及活动组织方式；

(5)与申请事项相关的代理协议或合作协议。

200. 办理外国人对国家重点保护野生动植物进行野外考察、标本采集或在野外拍摄电影、录像许可的程序如何？

《陆生野生动物保护实施条件》、《野生植物保护条例》及有关规范性文件规定：

(1)申请人向省林业行政主管部门提出申请，经其审核后报国家林业局；

(2)国家林业局或其委托的单位可根据需要组织听证、招标、拍卖、检验、检测、检疫、鉴定和专家评审；

(3)审查合格的，由国家林业局向申请人作出准予行政许可的决定；审查不合格的，由国家林业局书面通知申请人并说明理由，告知复议或诉讼权利。

201. 自然保护区能否设立检查哨卡？

能。《福建省森林和野生动物类型自然保护区管理条例》第二十二条规定：经省林业行政主管部门批准，在保护区出入口设置的检查哨卡，应当依法对出入保护区的车辆、人员进行检查。

202. 申请在保护区内建立机构或修筑设施须提交哪些材料？

《国家林业局行政许可事项公示内容》和福建省林业厅规定：

（1）拟建立机构或修筑设施的单位或个人的申请文件；

（2）拟建机构或设施的规划或工程设计文件；

（3）环境影响评价文件及其审批文件；

（4）县级以上人民政府及有关部门批准设立机构或修筑设施的文件；

（5）有关国家级、省级自然保护区管理机构对拟建机构或设施的意见及与建设设施单位达成的保护、管理、补偿等协议；如涉及保护区社区的，还应有与社区签署的补偿、安置等协议，以及协议公证书；

（6）拟建机构或修筑设施对自然保护区自然资源、自然生态系统和主要保护对象的影响的评价报告，包括减轻影响、生态恢复措施等；

（7）有关省、设区市林业行政主管部门的审核意见，并附专家论证意见和相关利益群体意见；

（8）有关部门的审查、审批文件；

（9）涉及征占用生态公益林地的“占一补一”材料。

203. 在保护区内建立机构或修筑设施的申请程序如何？

《中华人民共和国自然保护区条例》、《森林和野生动物类型自然保护区管理办法》等法规、规范性文件规定：

（1）申请人向所在地县级以上林业行政主管部门提出申请；

（2）省级林业行政主管部门进行审核、论证，并听取相关利益群体意见后，国家级自然保护区内的，报国家林业局；省级自然保护区内的，审核合格的，由省林业行政主管部门向申请人作出准予行政许可的决定；审查不合格的，由省林业行政主管部门书面告知申请人并说明理由，告知复议或者诉讼权利；

（3）国家林业局进行审核，必要时组织论证；

（4）审查合格的，由国家林业局向申请人作出准予行政许可的决定；审查不合格的，由国家林业局书面告知申请人并说明理由，告知复议或者诉讼权利；

(5)期限：20日内，经批准可延长10日。

204. 申请建立国家级、省级自然保护区须提交的材料有哪些？

(1)省或设区市人民政府同意申报国家级或省级自然保护区的正式文件(原件5份)，政府文件中应明确写明拟申报国家级或省级自然保护区的总面积、主要保护对象和四至范围等相关内容；

(2)国有和集体山林权属证明复印件3份，对村、场山林还需提交管护协议等相关材料；

(3)国家级自然保护区申报表(原件35份，复印件35份)或福建省地方级自然保护区申报表(原件5份，复印件30份)；

(4)自然保护区综合科学考察报告(60份，磁盘2份)；

(5)自然保护区总体规划(60份，磁盘2份)；

(6)多媒体视频资料(VCD)(5张盘)；

(7)彩色影集(2册)；

(8)彩色挂图(含位置图、功能区划图、植被图、珍稀野生动植物分布图、卫片或航片、水文地质图等)；

(9)其他申报材料(如申报国家级自然保护区还需省级自然保护区批准文件、机构批复文件、经费来源证明等)。

205. 申请建立国家级、省级自然保护区的程序如何？

《自然保护区条例》、《森林和野生动物类型自然保护区管理办法》、《福建省森林和野生动物类型自然保护区管理条例》等法规规定：

(1)拟建自然保护区所在地县级人民政府向设区市人民政府提出申请；

(2)设区市人民政府向省级人民政府提出申请；

(3)省林业行政主管部门进行初审、论证后，经省环境保护行政主管部门协调，提出审核建议；

(4)省人民政府审批；

(5)国家级自然保护区由省人民政府或国家林业局提出申请，经国家级自然保护区评审委员会评审后，报国务院批准。

206. 办理进入自然保护区申请须提交哪些材料？

(1)申请报告(内容包含拟进入保护区的日期、人数、活动项目、区域、期限、组织单位或个人姓名、地址等)；

(2)入区外国人的护照(复印件)；

(3)入区活动计划；

(4)从事科学研究的还需提供项目批准立项证明。

207. 办理进入自然保护区的程序如何？

《福建省森林和野生动物类型自然保护区条例》规定：需要进入保护区从事科研、教学、参观、拍摄、登山等活动的单位和个人，应在进入保护区前，向保护区管理机构或其主管的林业行政主管部门提出申请，保护区管理机构或其主管的林业行政主管部门应当在接到申请之日起十五日内作出批准或不批准的决定；作出不批准决定的，应向申请者说明理由。

保护区接待境外、国外人士，按国家有关规定办理。

208. 申请设立国家级、省级森林公园须提交哪些材料？

《国家级森林公园设立、撤销、合并、改变经营范围或者变更隶属关系审批管理办法》(国家林业局令2005年第16号)、《关于印发〈国家级森林公园设立、撤销、合并、改变经营范围或者变更隶属关系行政许可申请材料及要求〉的通知》(林物园〔2006〕12号)等文件规定：

(1)申请文件(一式2份，原件)。

(2)森林、林木和林地的权属证明材料(一式2份，原件或复印件)。

(3)符合规定的可行性研究报告(一式2份，A4纸双面印制；同时报送一份电子文档)，要求由具备林业、园林、景观、旅游设计乙级以上资质的单位编写；国家级森林公园可行性研究报告应严格参照国家林业局要求的《拟设立国家级森林公园可行性研究报告(格式)》编写。

(4)森林风景资源的景观照片、光盘等影像资料(一式1份)，照片规格统一为25厘米×29厘米相册，照片大小为10寸(1米=30寸)、光面纸冲印。内容应涵盖各种类型的森林风景资源，数量不少于30张，首页附森林公园简介，每张照片均应标注名称或文字说明，光盘内容须反映公园区内生物、水文、地文、天象、人文五大景观内容及周围旅游环境资源特色，长度10～12分钟；申报国家级森林公园的光盘时长不超过8分钟。

(5)经营管理机构职责、制度和技术、管理人员配置等情况的说明材料(一式2份)。

(6)所在地设区市林业局和县(市、区)人民政府的书面意见。

(7)申请设立国家级森林公园的还须附上省级林业主管部门书面意见(一式2份，原件)。

209. 国家重点保护野生植物的依据是什么?

经国务院批准的《国家重点保护野生植物名录(第一批)》(国函〔1999〕92号)，福建省有分布的属于国家重点保护的珍贵树木共44种，其中Ⅰ级保护有7种，Ⅱ级保护的有37种。

210. 福建省有分布的国家Ⅰ级保护珍贵树木有哪些?

共7种：南方红豆杉、水松、伯乐树(钟萼木)、银杏、苏铁、四川苏铁、台湾苏铁。

211. 福建省有分布的国家Ⅱ级保护的珍贵树木有哪些?

共37种：苏铁蕨、刺桫椤、粗齿桫椤、福建桫椤、针毛桫椤、黑桫椤、笔筒树、金毛狗、福建柏、金钱松、华东黄杉、白豆杉、香榧、长叶榧、秃杉(台湾杉)、酸竹、长柄双花木、半枫荷、香樟(樟树)、舟山新木姜子、闽楠、浙江楠、花榈木(花梨木)、红豆树、地枫皮、鹅掌楸、厚扑、凹叶厚朴、喜树(旱莲木)、香果树、黄檗(黄菠椤)、伞花木、蛛网萼、红椿、毛红椿、土沉香、长序榆。

212. 福建省地方重点保护珍贵树木有哪些?

根据《中华人民共和国植物保护条例》第十条第三款的规定，福建省于2001年公布了第一批地方重点保护珍贵树木名录(25种)如下：

江南油杉、油杉、南方铁杉、长苞铁杉、穗花杉、青钱柳、杜仲、红锥、格氏栲(吊皮锥)、黑锥、福建青冈、乌冈栎、白桂木、黄山木兰、天女花、福建含笑、乐东拟单性木兰、沉水樟、黄樟、刨花润楠、闽半枫荷、粘木、银鹊树、银钟花、柳杉(胸径在80厘米以上)。

213. 福建省常见的国家一级保护野生动物有哪些?

云豹、豹、虎、儒艮、中华白海豚、黑麂、梅花鹿、短尾信天翁、白腹军舰鸟、白鹳、黑鹳、朱鹮、中华秋沙鸭、金雕、白肩雕、白尾海雕、黄腹角雉、白颈长尾雉、鸨(所有种)、鼋、蟒、中华鲟、红珊瑚、金斑喙凤蝶。

214. 福建省国家二级保护野生动物有哪些？

短尾猴、猕猴、穿山甲、豺、黑熊、黄喉貂、水獭、大灵猫、小灵猫、丛林猫、金猫、鲸类、河麂、水鹿、鬣羚、斑羚、角䴙䴘、赤颈䴙䴘、鹈鹕、鲣鸟、海鸬鹚、黄嘴白鹭、岩鹭、海南虎斑鳽、彩鹳、白鹮、白琵鹭、黑脸琵鹭、白额雁、天鹅、鸳鸯、鹰类(一级保护以上的其他种)隼科、白鹇、勺鸡、灰鹤、白枕鹤、花田鸡、小杓鹬、小青脚鹬、黑嘴端凤头燕鸥、绿鸠、鹃鸠(所有种)鹦鹉、鸦鹃(所有种)鸮形目、白腹黑啄木鸟、八色鸫科(所有种)、三线闭壳龟、蠵龟、绿海龟、玳瑁、棱皮龟、大鲵、虎纹蛙、胭脂鱼、唐鱼、花鳗鲡、文昌鱼、拉步甲、硕步甲。

215. 福建省重点保护野生动物有哪些？

(1)陆生部分(79 种)：狼、狐、黄腹鼬、黄鼬、食蟹獴、豹猫、毛冠鹿、棕鼯鼠、低泡鼯鼠、红喉潜鸟、黑喉潜鸟、白嘴潜鸟、小䴙䴘、黑颈䴙䴘、凤头䴙䴘、黑脚信天翁、白额鹱、灰鹱、燕鹱、黑叉尾海燕、斑头鸬鹚、普通鸬鹚、小军舰鸟、白斑军舰鸟、苍鹭、草鹭、大白鹭、白鹭、中白鹭、栗头虎斑鳽、黄斑苇鳽、紫背苇鳽、黑鳽、大麻鳽、黑雁、鸿雁、豆雁、小白额雁、灰雁、树鸭、棉凫、瘤鸭 、黑海番鸭、斑脸海番鸭、斑头秋沙鸭、红胸秋沙鸭、普通秋沙鸭、白额山鹧鸪、中杓鹬、白腰杓鹬、大杓鹬、银鸥、黑嘴鸥、扁嘴海雀、火斑鸠、赤翡翠、栗头蜂虎、三宝鸟、戴胜、大拟啄木鸟、灰沙燕、家燕、金腰燕、毛脚燕、黑枕黄鹂、灰喜鹊、喜鹊、画眉、寿带鸟、紫寿带鸟、挂墩鸦雀、滑鼠蛇、眼镜蛇、眼镜王蛇、崇安髭蟾、黑斑蛙。

(2)水生部分(11 种)：杂色鲍、大竹蛏、双线血蛤、栉江瑶、海龙鱼、海马鱼、鳗尾胡子鲇、香鱼、大刺鳅、龙虾、中国鲎。

216. 福建省常见的一般保护野生动物(有益或有重要经济、科研价值的陆生野生动物)有哪些？

福建省林业厅《关于公布〈福建省一般保护野生动物名录〉的通知》(闽林政〔1993〕88 号文)公布的一般保护野生动物共计 501 种。

兽类(14 种)：貉、鼬獾、狗獾、猪獾、花面狸、小麂、赤麂、豪猪、长吻鼹、臭鼩、福建水麝鼩、灰麝、鼩、白尾梢麝鼩。

鸟类(共 414 种)：鸟类所有种。

爬行类(共 37 种)：蜥蜴目所有种和蛇目所有种。

两栖类(共38种)：无尾目所有种。

昆虫类：蝶类所有种。

以上所述的所有种均不包括国家重点保护和省重点保护的野生动物。

第六章　森林防火

217. 发现森林火灾应当怎么办？

根据《中华人民共和国森林防火条例》(以下简称《森林防火条例》)的规定，任何单位和个人一旦发现森林火灾，应当立即向当地人民政府或者森林防火指挥部报告。

218. 哪些人不能上山扑火？

扑救森林火灾不得动员残疾人员、孕妇和未成年人以及其他不适宜参加森林火灾扑救的人员参加。

219. 森林火险等级如何划分？

森林火险等级划分见表 6-1。

表 6-1　森林火险等级划分

等级	可燃性	防火措施
1 级	不燃烧；无火险	一般不会发生火灾，可以安心生产
2 级	难燃烧；低度火险	很少发生火灾，茂密森林注意防火
3 级	可燃烧；中度火险	危险程度中等，限制火种进入森林，生产用火应注意采取安全措施，禁止其他野外用火
4 级	易燃烧；高度火险	高度危险，禁止火种进入森林，巡山检查，做好防火准备，准备灭火
5 级	强燃烧；极度火险	极度危险，严禁一切火种进入森林，加强巡山检查，做好充分防火准备，灭火队伍随时准备灭火

220. 福建省的森林火险预警信号有几种，其含义分别是什么？

2006 年起，福建省统一将森林火险预警信号划分为黄色、橙色和红色三个等级，并用中英文标识。

黄色预警信号的含义：在未来 24 和 48 小时内，天气条件将导致林内可燃物较易点燃，林火较易蔓延，具有中度危险性。

橙色预警信号的含义：在未来 24 和 48 小时内，天气条件将导致林内可燃物容易点燃，易形成强烈火势，快速蔓延，且可能在本省局部地方造成森林火灾持续发生，并形成较大范围的蔓延，具有高度危险性。

红色预警信号的含义：在未来 24 和 48 小时内，天气条件将导致林内可燃物极易点燃，林火极易迅猛蔓延，扑救难度极大，且可能在全省形成森林火灾暴发性发生，大面积蔓延，具有极度危险性。

221. 森林火灾的级别如何划分？

(1)一般森林火灾：受害森林面积在 1 公顷以下或者其它林地起火的，或者死亡 1 人以上 3 人以下的，或者重伤 1 人以上 10 人以下的；

(2)较大森林火灾：受害森林面积在 1 公顷以上 100 公顷以下的，或者死亡 3 人以上 10 人以下的，或者重伤 10 人以上 50 人以下的；

(3)重大森林火灾：受害森林面积在 100 公顷以上 1000 公顷以下的，或者死亡 10 人以上 30 人以下的，或者重伤 50 人以上 100 人以下的；

(4)特大森林火灾：受害森林面积在 1000 公顷以上的，或者死亡 30 人以上的，或者重伤 100 人以上的。

以上所述的“以上”包括本数，“以下”不包括本数。

222. 什么是森林防火期、森林防火区和森林高火险期、森林高火险区？

《森林防火条例》规定：县级以上地方人民政府，根据本行政区域内森林资源分布状况和森林火灾发生规律，划定森林防火区，规定森林防火期。在森林防火期内，预报有高温、干旱、大风等高火险天气的，由县级以上人民政府划定森林高火险区，规定森林高火险期。

223. 福建省的森林防火期定于什么时间？

根据《福建省森林防火实施办法》的规定：每年 10 月至翌年 3 月为全省森林防火期。

224. 森林防火期内，对野外用火有何规定？

《森林防火条例》规定：森林防火期内，禁止在森林防火区野外用火。

因防治病虫害、冻害等特殊情况确需野外用火的，应当经县级人民政府批准，并按照要求采取防火措施，严防失火；

需要进入森林防火区进行实弹演习、爆破等活动的，应当经省、自治区、直辖市人民政府林业主管部门批准，并采取必要的防火措施；

中国人民解放军和中国人民武装警察部队因处置突发事件和执行其他紧急任务需要进入森林防火区的，应当经其上级主管部门批准，并采取必要的防火措施。

必要时，县级以上人民政府可以根据需要发布命令，严禁一切野外用火；对可能引起森林火灾的居民生活用火严格管理。

225. 森林防火期内，对防火区内的活动有何规定？

根据《森林防火条例》的规定，森林防火期内，在林区内活动应遵守如下规定：

(1)森林、林木、林地的经营单位应当设置森林防火警示宣传标志，并对进入其经营范围的人员进行森林防火安全宣传。

(2)进入森林防火区的各种机动车辆应当按照规定安装防火装置，配备灭火器材。

(3)经省人民政府批准，林业主管部门可以设立临时性的森林防火检查站，对进入森林防火区的车辆和人员进行森林防火检查。

226. 森林高火险期内，对进入森林高火险区内活动有何规定？

《森林防火条例》规定：森林高火险期内，进入森林高火险区的，应当经县级以上地方人民政府批准，严格按照批准的时间、地点、范围活动，并接受县级以上地方人民政府林业主管部门的监督管理。

227. 申请野外用火需提供哪些材料？

(1)提供需要用火的具体地点、时间、面积、山场情况和用火目的等内容；

(2)山场权属证明材料；

(3)村级证明材料。

228. 申请野外用火的程序如何？

在福建省行政区内申请野外用火，按照以下程序办理：

(1)权属单位(个人)向县(市、区)森林防火指挥部或林业主管部门及其授权的单位提出书面申请；

(2)林业站工作人员实地勘查意见；

(3)安全措施落实到位情况；

(4)核发福建省野外用火审批表。

229. 森林火灾发生后，应如何组织扑救？

(1)发生森林火灾，县级以上地方人民政府森林防火指挥机构应当按照规定立即启动森林火灾应急预案；

(2)森林火灾应急预案启动后，有关森林防火指挥机构应当在核实火火准确位置、范围以及风力、风向、火势的基础上，根据火灾现场天气、地理条件，合理确定扑救方案，划分扑救地段，确定扑救责任人，并指定负责人及时到达森林火灾现场具体指挥森林火灾的扑救；

(3)森林防火指挥机构应当按照森林火灾应急预案，统一组织和指挥森林火灾的扑救；

(4)扑救森林火灾，应当坚持以人为本、科学扑救，及时疏散、撤离受火灾威胁的群众，并做好火灾扑救人员的安全防护，尽最大可能避免人员伤亡。

(5)扑救森林火灾应当以专业火灾扑救队伍为主要力量；组织群众扑救队伍扑救森林火灾的，不得动员残疾人、孕妇和未成年人以及其他不适宜参加森林火灾扑救的人员参加。

230. 因扑救森林火灾的需要，哪个机构可以决定采取何种应急措施？

《森林防火条例》第三十八条规定：因扑救森林火灾的需要，县级以上人民政府森林防火指挥机构可以决定采取开设防火隔离带、清除障碍物、应急取水、局部交通管制等应急措施。

因扑救森林火灾需要征用物资、设备、交通运输工具的，由县级以上人民政府决定。扑火工作结束后，应当及时返还被征用的物资、设备和交通工具，并依照有关法律规定给予补偿。

231. 因扑救森林火灾负伤、致残或者牺牲的人员应如何进行医疗、抚恤？

因扑救森林火灾负伤、致残或者牺牲的国家职工(含合同制工人和临时工)，由其所在单位给予医疗、抚恤；非国家职工由起火单位按照国务院、省政府有关主管部门的规定给予医疗、抚恤。起火单位对起火没有责任或者确实无力负担的，由当地人民政府给予医疗、抚恤。

第七章　森防检疫

232. 何谓植物检疫？

植物检疫是为了防止人为地传播植物危险性有害生物，保护本国、本地区农业(广义的)生产和农业生态系统安全，服务农业生产的发展和商品的流通，由法定的专门机构，根据有关法规，应用现代科学技术，对在国内和国际间流通的植物、植物产品及其他应检物品，在流通前、流通中、流通后采取一系列旨在预防危险性有害生物传播和定殖的措施所构成的包括法制管理、行政管理、经济管理和技术管理的综合管理体系。

233. 植物检疫的主要任务是什么？

防止外来危险性病虫侵害，防止本国危险性病虫外传，防止国内植物检疫对象扩散，保障植物性商品正常流通。

234. 森林植物检疫证书有哪几种？

《中华人民共和国植物检疫条例实施细则(林业部门)》(以下简称《植物检疫条例实施细则(林业部门)》)、《森林植物检疫技术规程》规定：有两种，分别是产地检疫合格证、植物检疫证书。产地检疫合格证6个月内有效，县(市)内凭产地检疫合格证运输。调出县(市)境的凭植物检疫证书运输。

235. 何谓森林植物检疫对象？

国家出入境检疫检验部门或省级以上林业主管部门根据一定时期国际、国内病虫发生危害情况和本国、本地区的实际需要，经一定程序制定、发布禁止传播的那些危险性大、能给林业生产造成重大经济损失，并且主要通过人为活动进行远距离传播的，在本国或本地区尚未发生或有发生但分布不广的危害森林植物的病、虫、杂草。我国森林植物检疫对象，主要包括《中华人民共和国进境植物检疫危险性病、虫、杂草名录》中危害森林植物及其产品的种类、国家林业主管部门发布的国内森林植物检疫对象名单和省级林业主管部门发布的补充检疫对象名单中的种类。

236. 何谓危险性森林植物病虫？

危险性森林植物病虫指对森林植物及其产品具有严重危害、发生后防治困难，能给林业生产造成重大损失的病虫，一般包括森林植物检疫对象、补充森林植物检疫对象和潜在具有危险性的森林植物病虫。

237. 林业检疫性有害生物名单有哪些？其寄主及分布情况如何？

2004 年 8 月 12 日，国家林业局(办造字〔2004〕59 号文件)发布第 4 号公告公布了 19 种森林植物检疫对象，自 2005 年 3 月 1 日生效，原林业部发布的森林植物检疫对象名单同时废止。

2005 年 8 月 29 日，农业部、国家林业局、国家质量监督检验检疫总局 538 号公告补充了刺桐姬小蜂为森林植物检疫对象。

2008 年 2 月 18 日，《决定将枣实蝇增列为全国林业检疫性有害生物》(国家林业局发布 2008 年第 3 号公告)，将枣实蝇增列为全国林业检疫性有害生物。具体名录如下：

(1)杨干象 *Cryptorrhynchus lapathi* Linnaeus。寄生与分布：杨干象是危害杨属(*Populus*)植物中黑杨派及欧美品系杂交品种、旱柳(*Salix matsudana*)、爆竹柳(*S. fragilis*)、复叶槭(*Acer negundo*)等植物的幼苗及人工林的主要枝干害虫。国内分布在河北、内蒙古、辽宁、吉林、黑龙江、甘肃、新疆。

(2)松突圆蚧 *Hemiberlesia pitysophila* Takagi。寄主与分布：松突圆蚧是危害马尾松(*Pinus massoniana*)、黑松(*P. thunbergil*)、湿地松(*P. elliott ii*)等植物的一种针叶、球果害虫。国内分布在福建、广东。

(3)双钩异翅长蠹 *Heterobostrychus aequalis*(Waterhouse)。寄生与分布：双钩异翅长蠹是危害热带、亚热带地区橡胶树属(*Hevea*)、黄桐(*Endospermum chinense*)、木棉属(*Bombax*)、白格(*Albizzia procera*)等木材、锯材、弃皮木材及藤科等制品的一种严重性害虫。国内分布在广东、广西、海南。

(4)美国白蛾 *Hyphantria cunea*(Drury)。寄主与分布：美国白蛾是危害林木、果树、灌木等植物的一种食叶害虫。具有食性杂、繁殖量大、抗逆性强、传播途径广的特点。国内分布在天津、河北、辽宁、山东、陕西。

(5)苹果蠹蛾 *Laspeyresia pomonella*(Linnaeus)。寄主与分布：苹果蠹蛾是危害大苹果(*Malus pumila*)、塞威氏苹果(*M. sylvestris*)的野生及栽培品系、花红(*M. asiatiaca*)、香梨(*Pyrus aromatica*)、沙果梨(*P. pyrifolia*)、杏(*Prunus armeniaca*)、野山楂(*Cratageus cuneata*)等植物的一种蛀果害虫。国内分布在

甘肃、新疆。

（6）枣大球蚧 *Eulecanium gigantean*（Shinji）。寄主与分布：枣大球蚧是危害枣属（*Zizyphus*）、刺槐（*Robinia pseudoacacia*）、巴旦杏（*Amygdalus communis*）等多种植物的一种枝梢害虫。国内分布在河北、山西、辽宁、安徽、河南、陕西、甘肃、青海、宁夏、新疆。

（7）松材线虫病 *Bursaphelenchus xylophilus*（Steiner et Burher）Nickle。寄主与分布：松材线虫病是危害松属（*Pinus*）等植物的一种毁灭性流行病。病原线虫通过媒介昆虫松褐天牛（*Monchamus alternatus*）补充营养时从伤口进入木质部，寄生在树脂道中，大量繁殖后遍及全株，造成导管阻塞、植株失水、蒸腾作用降低、树脂分泌急剧减少和停止。针叶陆续变为黄褐色乃至红褐色萎蔫，最后整株枯死。国内分布在江苏、浙江、安徽、山东、广东。

（8）松疱锈病 *Cronartium ribicola* J. C. Fischer ex Rabenhorst。寄主与分布：松疱锈病是危害红松（*Pinus koraiensis*）、华山松（*P. armandii*）等五针松的一种枝干病害。国内分布在辽宁、吉林、黑龙江、四川。

（9）冠瘿病 *Agrobacterium tumefaciens*（Smith and Townsend）Conn。寄主与分布：冠瘿病是危害杨属（*Populus*）、柳属（*Salix*）、山楂属（*Crataegus*）等林木、果树和木本花卉的一种根部病害，寄主范围广泛，至少包括 331 属的 640 种植物。菌株侵染植物的根茎部引起过度增生而形成瘿瘤。国内分布在北京、河北、山西、内蒙古、辽宁、上海、浙江、安徽、江西、山东、河南、四川、云南、陕西、甘肃、宁夏。

（10）杨树花叶病毒病 *Poplar Mosaic Virus*（PMV）。寄主与分布：杨树花叶病毒病是危害杨属（*Populus*）植物中黑杨派、青杨派的一种叶部病毒病害。国内分布在山东、河南、湖南、陕西、甘肃、宁夏。

（11）落叶松枯梢病 *Guignardia laricina*（Sawada）Yamamoto et K. lto。寄主与分布：落叶松枯梢病是危害落叶松属（*Larix*）植物幼苗、幼树及 30 年生大树的一种枝梢病害，尤对 6 ~ 15 年生幼树危害最为严重。国内分布在内蒙古、辽宁、吉林、黑龙江、山东、陕西、甘肃、青海、宁夏。

（12）猕猴桃溃疡病 *Pseudomonas syringae* pv. *actinidiae* Takikawa et al.。寄主与分布：猕猴桃溃疡病是危害猕猴桃属（*Actinidia*）植物的一种毁灭性枝梢病害。该病危害寄主的新梢、枝干及叶片，造成枝蔓枯死，发病严重时整株枯死。国内分布在福建、湖南、四川、陕西。

（13）椰心叶甲 *Brontispa longissima*（Gestro）。属鞘翅目，叶甲总科，铁甲科，潜甲亚科，Cryptonychini 族。又名红胸叶虫、椰子扁金花虫、椰子棕扁叶甲、椰子刚毛叶甲。原产于印度尼西亚与巴布亚新几内亚，现广泛分布于太平洋群岛及东南亚。寄主(能危害35种之多)其中椰子为最主要的寄主。

(14) 红脂大小蠹 *Dendroctonus valens* Le Conte。属鞘翅目，小蠹科，大小蠹属，又称强大小蠹，为国内新纪录种。该虫1998年秋季在山西省东南部沁水、阳城等县的部分油松林内首次发现，现在山西、陕西、河北、河南等地均有分布，原产美国、加拿大、墨西哥、危地马拉和洪都拉斯等美洲地区。

(15)薇甘菊 *Mikania micrantha* H. B. K。分布：香港、澳门和广东珠江三角洲地区，原产中美洲。

(16)红棕象甲 *Rhynchophorus ferrugieus*(Olivier)。寄主与分布：红棕象甲在东南亚地区严重危害椰子和油棕。国内分布于广东、广西、海南、云南、福建、台湾等地。主要危害油棕、椰子、枣椰，在深圳和香港还发现危害酒瓶椰。以幼虫钻蛀树干内部，取食柔软组织，受害严重的植株可导致死亡。

(17)青杨脊虎天牛 *Xylotrechus rusticus* L.。寄主与分布：主要危害杨属、柳属、桦属、栎属、山毛榉属、椴属和榆属等林木，是一种危险性蛀干害虫。主要分布于黑龙江、吉林、辽宁、内蒙古、上海等地。

(18)草坪草褐斑病菌 *Rhizoctonia solani* Kuhn。寄主与分布：主要危害松、杉类针叶树幼苗，有些阔叶树幼苗也能受害，还可危害许多农作物。全国各省(区)都有发生。

(19)蔗扁蛾 *Opogna sacchari*(Bojer)。寄主与分布：属鳞翅目，辉蛾科。原产非洲热带、亚热带地区，巴西木是其重要寄主。1987年随进口的巴西木进入广州，现已传播到我国十余个省、直辖市。在南方发生很严重，凡有巴西木即香龙血树(*Dracewna fragrans* Ker-Gawl.)的地方几乎都有蔗扁蛾的发生。蔗扁蛾食性广泛，威胁香蕉、甘蔗、玉米、马铃薯等农作物及温室栽培的植物，特别是一些名贵花卉等。

(20)刺桐姬小蜂 *Quadrastichus erythrinae* Kim。寄主与分布：属姬小蜂科，啮小蜂亚科，胯姬小蜂属。该属有60余种，绝大多数是寄生性昆虫。刺桐姬小蜂是2004年国际上发表的新种，仅危害刺桐、杂色刺桐、金脉刺桐、珊瑚刺桐、鸡冠刺桐等刺桐属植物。该虫目前分布于毛里求斯、留尼汪、新加坡，美国夏威夷、中国台湾和广东、深圳局部地区。我国台湾2003年首次在台南县发现刺桐姬小蜂，之后迅速扩散至全岛。

(21)枣实蝇 *Carpomyia vesuviana* Costa。寄主与分布：属双翅目实蝇科，是危害枣属植物的重要蛀果性害虫。该虫分布于意大利、高加索、毛里求斯、印度、巴基斯坦、泰国、阿富汗、塔吉克斯坦、土库曼斯坦、乌兹别克斯坦、伊朗、阿曼、波斯尼亚、塞浦路斯、俄罗斯、格鲁吉亚、阿塞拜疆、亚美尼亚等国家和地区。2007年9月，我国新疆吐鲁番地区鄯善县、托克逊县、吐鲁番市的部分地区发现枣实蝇。

238. 植物疫区、保护区的划定、改变、撤销的程序如何？

根据《植物检疫条例》的规定，植物疫区、保护区的划定、改变和撤销，由省农业主管部门、林业主管部门提出，报省人民政府批准，并报国务院农业主管部门、林业主管部门备案。疫区和保护区的范围涉及两省、自治区、直辖市以上的，由有关省农业主管部门、林业主管部门共同提出，报国务院农业主管部门、林业主管部门批准后划定。

239. 应施检疫的森林植物及其产品包括哪些内容？

《植物检疫条例实施细则（林业部分）》规定，应施检疫的森林植物及其产品包括：

（1）林木种子、苗木和其他繁殖材料；繁殖材料包括野生、栽培种子、果实、苗木（含试管苗）、插条、接穗、砧木、叶片、芽体、块根、块茎、鳞茎、球茎、花粉、细胞培养材料等；

（2）乔木、灌木、竹类、花卉和其他森林植物；

（3）木材、竹材、药材、果品、盆景和其他林产品。

240. 如何申请森林植物检疫？

《植物检疫条例实施细则（林业部分）》及有关规范性文件规定，从事生产、经营、调运、邮寄应施检疫的森林植物及其产品的单位和个人，应当在生产期间或者调运之前向当地森检机构申请检疫，并填写森林植物检疫报检单。

林木种子、苗木和其他繁殖材料及省际间调运应施检疫的森林植物及其产品，调入单位必须事先征得所在地的省、自治区、直辖市森检机构同意并向调出单位提出检疫要求。

241. 森林植物产地检疫应如何办理？

《森林植物检疫技术规程》规定，

（1）申请人提出申请；

（2）森检员或者兼职森检员到现场按照《森林植物检疫技术规程》调查；

（3）合格的由县级森检部门发给产地检疫合格证；

（4）对检疫不合格的，发给检疫处理通知单，检疫处理通知单限期除治，经检疫合格发给产地检疫合格证，无法除治或除治不合格的封存或消毁。

242. 产地检疫办证程序如何?

具体程序见图 7-1。

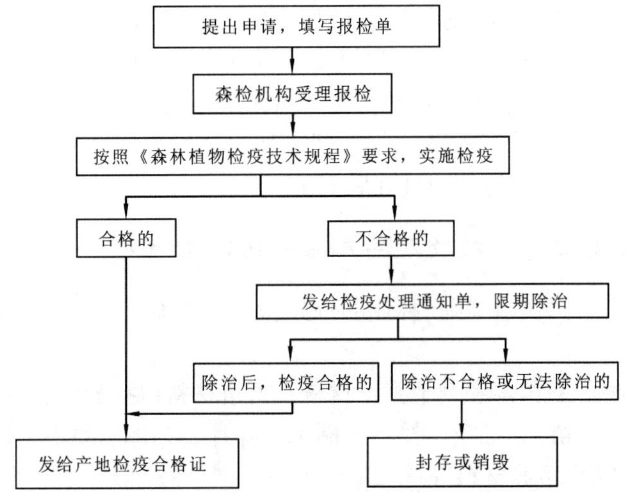

图 7-1　福建省森林植物产地检疫办证流程图

243. 调运检疫办证程序如何?

具体流程见图 7-2。

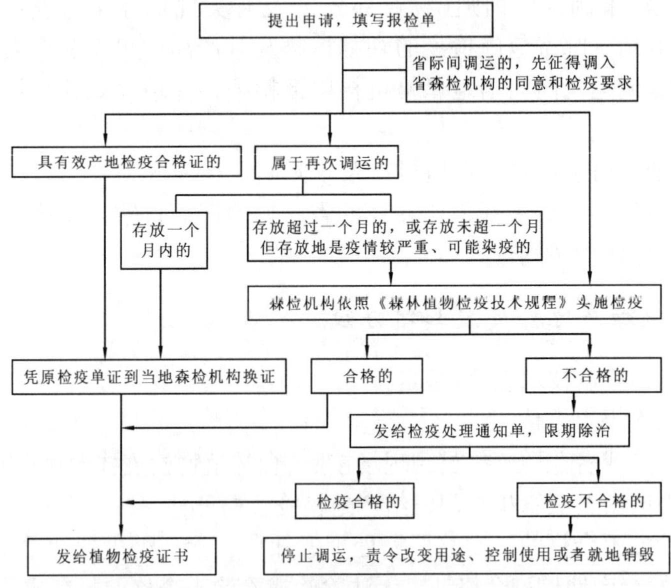

图 7-2　福建省森林植物调运检疫办证流程图

244. 调运哪些森林植物和植物产品必须经过检疫？

《植物检疫条件实施细则(林业部分)》规定，调运植物和植物产品属于下列情况的必须经过检疫：

(1)列入应施检疫的植物、植物产品名单的，运出发生疫情的县级行政区域之前，必须经过检疫。

(2)凡种子、苗木和其他繁殖材料，不论是否列入应施检疫的植物、植物产品名单和运往何地，在调运之前，都必须经过检疫。

245. 调运检疫时如何进行检疫处理？

调运检疫时，森检机构应当按照《国内森林植物检疫技术规程》的规定受理报检和实施检疫。根据当地疫情普查资料、产地检疫合格证和现场检疫检验、室内检疫检验结果，确认是否带有森检对象、补充森检对象及危险性病、虫。没有发现森检对象、补充森检对象和其他危险性病虫的签发植物检疫证书。发现森检对象、补充森检对象和其他危险性病虫的签发检疫处理通知单，责令受检单位(个人)按规定要求进行除害处理。对目前尚无办法除害处理的森林植物及其产品，应责令改变用途或控制使用，采取上述措施无效时，应予销毁。对受检的森林植物及其产品的包装材料、填充物、堆放场所、运输工具、装载容器、铺垫材料等，经检疫发现疫情时，责令受检单位(个人)按照森检机构的要求进行除害处理。

246. 受理调运检疫在时限上有哪些规定？

《植物检疫条例实施细则(林业部分)》规定：森检机构从受理调运检疫申请之日起，应当于15日内实施检疫并核发检疫单证。情况特殊的经省林业主管部门批准，可以延长15日。

247. 调运检疫包括哪几种？

调运检疫包括调出检疫和调入检疫。

248. 调入检疫应如何操作？

《植物检疫条例实施细则(林业部分)》规定：省际间调运森林植物及其产品，调入单位应事先征得当地森检机构同意并取得森林植物检疫要求书，交调出单位。对调入的森林植物及其产品，调入单位(个人)所在地的省森检机构或其委托的森检机构应当查验植物检疫证书，必要时可以进行复检。

249. 调运检疫中对可能染疫的其他物品应如何实施检疫？

《植物检疫条例实施细则（林业部分）》规定：调运检疫时森检机构除对应施检疫的森林植物及其产品实施检疫外，对可能被森检对象、补充森检对象或者检疫要求中的危险性病、虫污染的包装材料、运载工具、场地、仓库等也应实施检疫。如已被污染，托运人应按森检机构的要求进行除害处理。

250. 办理省际间调运森林植物检疫证书的程序如何？

《植物检疫条例实施细则（林业部分）》及有关规范性文件规定：

（1）获取检疫要求书。省际间调运应施检疫的森林植物及其产品，调入单位必须事先征得所在地的省森检机构同意并向调出单位提出检疫要求；生产利用经营种苗、松木及其包装材料的单位（个人）必须进行登记，获得检疫登记证，方可从事调运生产利用经营活动。

（2）申请检疫。调出单位必须根据该检疫要求向所在地的省森检机构或其委托的单位申请检疫。

（3）受理报检和实施检疫。调运检疫时，森检机构应当按照《国内森林植物检疫技术规程》的规定受理报检和实施检疫，根据当地疫情普查资料、产地检疫合格证和现场检疫检验、室内检疫检验结果，确认是否带有森检对象、补充森检对象或者检疫要求中提出的危险性森林病、虫。

（4）核发植物检疫证书。对检疫合格的，发给植物检疫证书，按一车（即同一运输工具）一证核发；对发现森检对象、补充森检对象或者危险性森林病、虫的，发给检疫处理通知单，责令托运人在指定地点进行除害处理，合格后发给植物检疫证书；对无法进行彻底除害处理的，应当停止调运，责令改变用途、控制使用或者就地销毁。

（5）期限：森检机构从受理调运检疫申请之日起，应当于15日内实施检疫并核发检疫单证。情况特殊的经批准，可以延长15日。

251. 森林植物检疫要求书规范性格式如何？

规范格式见表7-1。

表 7-1　森林植物检疫要求书

编号：

<table>
<tr><td rowspan="5">调入单位（个人）填写</td><td>申请单位（个人）</td><td></td><td>申请日期</td><td>年　月　日</td></tr>
<tr><td>通讯地址</td><td></td><td>电话</td><td></td></tr>
<tr><td>森林植物及其产品名称</td><td></td><td>数量（重量）</td><td></td></tr>
<tr><td>调入地点</td><td colspan="3"></td></tr>
<tr><td>调入时间</td><td colspan="3"></td></tr>
<tr><td rowspan="3">森林植物检疫机构填写</td><td>要求检疫对象名单</td><td colspan="3"></td></tr>
<tr><td>其他危险性病、虫</td><td colspan="2"></td><td rowspan="2">森林植物检疫专用章
检疫员（签名）
年　月　日</td></tr>
<tr><td>备 注</td><td colspan="2"></td></tr>
</table>

附注：

1. 本要求书一式二联，第一联由调入单位（个人）交调出单位；第二联森林植物检疫机构留存。
2. 调出单位（个人）凭本要求书向所在地的省、自治区、直辖市森林植物检疫机构或其委托的单位报检。

252. 调入省提出检疫要求的依据是什么？

《植物检疫条例》规定：省际间调运应施检疫的森林植物及其产品，调入单位必须事先征得所在地的省、自治区、直辖市森检机构的同意，并向调出单位提出检疫要求。提检疫要求的依据是：国家林业主管部门发布的《森林植物检疫对象名单》；省、自治区、直辖市林业主管部门发布的补充森检对象名单；调入省、自治区、直辖市林业主管部门提出的检疫要求和国家林业局或其授权单位编制的疫情数据。

253. 从国外引进林木种子、苗木及其他繁殖材料的申请检疫人应具备什么资格条件?

《植物检疫条例》以及国家林业局《引进林木种子、苗木及其他繁殖材料检疫审批和监管规定》(林造发〔2003〕80号文)等规定:

(1)具有国家林业局认定的，具备《普及型国外引种试种苗圃》资格的种苗繁育基地;

(2)不具有第1项条件的，引种申请人引进的林木种子、苗木和其他繁殖材料必须种植在省林业厅指定的森林植物检疫隔离试种苗圃中;

(3)属于贸易引进的申请人还须具备进出口贸易林木种苗资格;

(4)首次引种国内或种植地所在省没有的林木种子、苗木及其他繁殖材料，或者已有引种，但一次进口量特别巨大的，审批前必须进行风险评估。

254. 从国外引进林木种子、苗木及其他繁殖材料申请检疫审批需提交哪些材料?

《国家林业局行政许可事项公示内容》和福建省林业厅规定:

(1)引进林木种子、苗木及其他繁殖材料检疫审批申请表;

(2)首次办理的需提供林木种子、苗木生产经营许可证、企业营业执照等复印件;

(3)非贸易引进的需提供教学科研、试种交流、双方合同等证明材料复印件;

(4)引种方提供引进植物原产地生物学、生态学、有害生物信息，以及疫情资料及拟种植地的防范措施，拟种植地基本情况等文本材料;

(5)引种方与种植地不在同一省份的，须提供该种植地所在省的省级林业主管部门同意引种及负责引种后检疫监管的证明材料;

(6)再次引进相同品种苗木的，应出示国内种植地森检机构出具的疫情监测报告;

(7)需要进行风险评估的，提交风险评估报告;

(8)组织机构代码或申请人身份证明。

以上材料一式三份。

255. 引进林木种子、苗木和其他繁殖材料检疫审批单格式如何?

具体内容见表7-2。

表 7-2　引进林木种子、苗木和其他繁殖材料检疫审批单

审批编号：

<table>
<tr><td>申请单位</td><td></td><td>法人代表</td><td></td></tr>
<tr><td>地　　址</td><td colspan="3"></td></tr>
<tr><td>联 系 人</td><td></td><td>联系电话</td><td></td></tr>
<tr><td>植物中名</td><td></td><td>品种名称</td><td></td></tr>
<tr><td>植物学名</td><td></td><td>引进数量</td><td></td></tr>
<tr><td>原 产 地</td><td colspan="3"></td></tr>
<tr><td>种植地点</td><td></td><td>引种用途</td><td></td></tr>
<tr><td>有效期限</td><td colspan="3">自　　年　　月　　日至　　年　　月　　日</td></tr>
<tr><td colspan="4">检疫要求：
1. 限定在　　　　　　口岸入境；
2. 附有输出国家(地区)官方植物检疫证书，证明符合中国的检疫要求；
3. 禁止携带以下危险性病虫(填写危险性病虫使用中文、拉丁文)：

(注：请在对外贸易合同或协议中订明以上检疫要求)</td></tr>
<tr><td>审批意见</td><td colspan="3">(检疫审批专用章)

检疫员：　　　　审批日期：　　年　　月　　日</td></tr>
</table>

备注：1. 引种单位(个人)凭引种试种计划方案填报此单；2. 本证无林木种苗检疫审批专用章和检疫员签字无效。

256. 从国外引进林木种子、苗木及其他繁殖材料申请检疫审批的权限有何规定？

《植物检疫条例实施细则(林业部分)》、《引进林木种子、苗木及其他繁殖材料检疫审批和申请规定》：申请引种数量在省林业行政主管部门审批限量内的，由省林业行政主管部门审批；重点工程造林苗木、草坪种子、超过省级审批限量的引种由国家林业局审批。在省林业行政主管部门申请引种、须国家林业局审批的，由省林业行政主管部门将填写好引进林木种子、苗木及其他繁殖材料检疫审批申请表，会同相关材料报国家林业局。

257. 从国外引进林木种子、苗木及其他繁殖材料申请检疫的程序如何？

《植物检疫条例实施细则(林业部分)》及有关规范性文件规定：

(1)申请人向省林业行政主管部门提出申请(国务院有关部门所属的在京单位及驻京部队、外国驻京机构等，应向国家林业局提出引种申请)，委托代理引种的，向代理人所在地的省级林业主管部门提出申请。

(2)审查合格的，由省林业行政主管部门向申请人核发引种审批证书；审查不合格的，由省林业行政主管部门书面通知申请人并说明理由，告知复议或者诉讼权利。

(3)超过省级审批限量的引种，7 日内上报国家林业局审批。

258. 集贸市场的检疫范围包括哪些方面？抽样比例是多少？

《森林植物检疫技术规程》规定：集贸市场经营的木材、竹材、藤材及其制品(含半成品)、种苗、花卉、经济林木、中药材、果品等森林植物及其产品亦需进行检疫。其检查按应检物品总量的 0.5%～15% 抽样。小批量的森林植物及其产品应全部检查。

259. 申请引种检疫审批应提供哪些材料？

(1)在原产地引进种苗的病虫害发生情况材料；

(2)引进种苗的隔离试种计划和管理措施；

(3)再次引进相同品种种苗时，需出示国内种植地森检机构出具的疫情监测报告。

260. 未发生地新发现检疫对象和其他危险性病虫应如何处理？

植物检疫机构对于新发现的检疫对象和其他危险性病、虫、杂草必须首先查清情况，立即报告省农业主管部门、林业主管部门，采取措施，彻底消灭，并报告国务院农业主管部门、林业主管部门。

261. 复检中发现检疫对象和其他危险性病虫应如何处理？

调入地或途经地森检部门在复检时发现检疫对象和其他危险性病、虫，森检部门应下达检疫处理通知单，同时采取相应的防范疫情扩散措施，监督、指导收货人进行除害处理，并将有关情况及时通告调出地森检机构。复检情况必须作详细记录，保存抽样样品和标本。请专家鉴定的，保留书面鉴定材料。

262. 森检机构对违规调运的森林植物及其产品，有哪些处理权？

植物检疫机构对违反《植物检疫条例》规定调运的植物和植物产品有权予以封存、没收、销毁或者责令改变用途。

263. 调运时，因应实施检疫的费用由谁承担？

《植物检疫条例实施细则(林业部分)》规定：森检机构对调运森林植物时，也应对可能染疫的其他物品实施检疫。因实施检疫时发生的车船停留、货物搬运、开拆、取样、储存、消毒处理等费用，由托运人承担。复检时发现森检对象、补充森检对象或者检疫要求中的危险性森林病、虫的，除害处理费用由收货人承担。

264. 复检时如何收费？费用由哪个部门承担？

《国内森林植物检疫收费办法》规定：调入地的森检部门对调入的森林植物及其产品进行复检时，确认合格的，应予放行，不再收取检疫费。不合格的，调入地区的森检部门，应将检疫和处理情况及时通知原检疫证书签发部门，确认不合格者检疫费由原检疫证书签发部门支付。

265. 产地检疫费如何收取？

《国内森林植物检疫收费办法》规定：对采种基地、良种基地、苗圃、林场以及育苗专业队、专业户，执行种子和苗木产地检疫后，可待销售时收取检疫费。需要外运时，换发《植物检疫证书》，只收取工本费。

266. 什么情况下进行补检？补检费由谁承担？

《植物检疫条例实施细则(林业部分)》、《国内森林植物检疫收费办法》规定：未取得植物检疫证书调运应施检疫的森林植物及其产品的，属违章行为，应予补检。在调运途中被发现的，由途中所在地森检部门补检，向托运人收取3～5倍的补检费。在调入地被发现的，由调入地森检部门补检，向收货人收取3～5倍的补检费。

267. 邮寄、托运森林植物及其产品免收检疫费的规定限量是多少？

根据林业部、国家物价局、财政部文件《国内森林植物检疫收费办法》(林护字〔1988〕492号)规定，苗木(包括花卉及观赏苗木)及其他繁殖材料免费限量为：造林苗木及繁殖材料10株(根)；花卉及观赏苗木2株；林木种子类，大粒种子300克、中粒种子100克、小粒种子50克；药材1000克；果品2500克；盆景2盆；竹类及其产品2500克或5株(根、小件)。

268. 征收检疫费的法律依据是什么？

《植物检疫条例》第十一条规定：植物检疫机构执行检疫任务可以收取检疫费。具体办法由国务院农业主管部门、林业主管部门制定。

《植物检疫条例实施细则(林业部分)》第二十一条规定：未取得植物检疫证书调运应施检疫的森林植物及其产品的，森检机构应当进行补检。在调运途中被发现的，向托运人收取补检费；在调入地被发现的，向收货人收取补检费。

《国内森林植物检疫收费办法》第二条规定：各级森林植物检疫部门(以下简称森检部门)对森林植物、林产品进行产地检疫或调运检疫时，按照本办法和所附的国内森林植物检疫收费标准表，收取检疫费。

第三条规定：调运森林植物、林产品的单位和个人，应主动向调出地区的森检部门申请检疫；森检部门根据有关法规和调入地区森检部门查核直接签发检疫证书的，只收取证书工本费。对违章调出的应施检疫的森林植物、林产品，在途中被发现后，由途中所在地森检部门补检，收取托运人3～5倍检疫费；在调入地被发现后由调入地森检部门补检，收取收货单位(或收货人)3～5倍检疫费。

第八章 林业科技管理

269. 林业技术推广设施变更手续如何办理?

《福建省实施〈中华人民共和国农业技术推广法〉办法》第十六条规定：任何单位和个人不得侵占、毁坏农业技术推广机构的房屋、仪器设备、试验示范基地和农业生产资料。农业技术推广机构的房屋产权、试验示范基地使用权等的变更，应当报省有关农业技术推广行政部门批准，并依法办理变更手续。

270. 向林农推广林业的技术应具备哪些条件?

《福建省实施〈中华人民共和国农业技术推广法〉办法》第八条规定：向农业劳动者推广的农业技术，必须经过当地试验示范证明具有先进性、适用性和经济合理性，并具备下列条件之一：

(1)经省动植物品种审定委员会审定通过的动植物优良品种；

(2)经市(地)级以上科学技术行政部门鉴定或审定公布的农业科技成果；

(3)经县级以上农业技术推广行政部门鉴定通过的实用农业技术；

(4)按国家规定及经省农业技术推广部门核准登记的农业物化技术。

271. 对乡镇集体经济组织支持农业技术推广有何法律规定?

《福建省实施〈中华人民共和国农业技术推广法〉办法》第十五条规定：乡(镇)、村集体经济组织应当从其举办的企业的以工补农、建农的资金中提取5% 以上的资金，用于本乡(镇)、村农业技术推广。

272. 福建省农村“六大员”如何管理?

《福建省农村“六大员”管理办法(试行)》规定：农村“六大员”实行“县聘、乡管、村用”的管理原则。县级业务主管部门负责“六大员”评聘审批、教育培训、业务指导工作；乡镇负责落实选聘具体工作和开展日常管理工作；农村“六大员”在村党组织直接领导下开展工作。县、乡镇、村三级条块结合，各负其责，分工协作，服务三农。

273. 村级林业技术员岗位职责有何规定？

《福建省农村“六大员”管理办法(试行)》规定的村级林业技术员岗位职责：积极传播林业科技知识，带领村民学科技、讲科技、用科技；围绕发展主导产业和特色林产品，积极推广应用林业“五新”成果；负责做好本村及相关村的林业技术服务工作；积极协助上级林业科技推广部门开展林业科学试验研究与示范推广工作；积极参与上级林业部门组建村级专业技术协会，在林业科技成果试验、示范和推广中发挥示范带头作用；做好指导本村森林病虫害防治和森林培育、森林防火等方面的技术指导工作；为村民提供林业信息咨询，协助有关部门做好有关林情信息的调查和统计工作。

第九章　林业执法

274. 福建省森林公安机关管辖的森林和陆生野生动物刑事案件有哪些？

福建省林业厅、福建省公安厅关于印发《福建省森林和陆生野生动物刑事案件管辖及立案标准》的通知（闽林〔2002〕公4号）规定和《中华人民共和国刑法修正案（二）、（四）、（六）、（七）》[以下简称刑法修正案（二）、（四）、（六）、（七）]：

（1）盗伐林木案件[《中华人民共和国刑法》（以下简称《刑法》）第三百四十五条第一款]；

（2）滥伐林木案件（《刑法》第三百四十五条第二款）；

（3）非法收购、运输盗伐、滥伐的林木案件（《刑法》第三百四十五条第三款，《刑法修正案（四）》）；

（4）非法采伐、毁坏国家重点保护植物案件（《刑法》第三百四十四条；刑法修正案（四））；

（5）非法收购、运输、加工、出售国家重点保护植物、国家重点保护植物制品案件[《刑法》第三百四十四条；刑法修正案（四）]；

（6）走私珍稀植物、珍稀植物制品案件[《刑法》第一百五十一条第三款；刑法修正案（七）]；

（7）放火案件中，故意放火烧毁森林或者其他林木的案件（《刑法》第一百一十四条、第一百一十五条第一款）；

（8）失火案件中，过失烧毁森林或者其他林木的案件（《刑法》第一百一十五条第二款）；

（9）聚众哄抢案件中，哄抢林木的案件（《刑法》第二百六十八条）；

（10）破坏生产经营案件中，故意毁坏用于造林、育林、护林和木材生产的机械设备或者以其他方法破坏林业生产经营的案件（《刑法》第二百七十六条）；

（11）非法猎捕、杀害珍贵、濒危陆生野生动物案件（《刑法》第三百四十一条第一款）；

（12）非法收购、运输、出售珍贵、濒危陆生野生动物，珍贵、濒危陆生野生动物制品案件（《刑法》第三百四十一条第一款）；

（13）非法狩猎案件（《刑法》第三百四十一条第二款）；

(14)走私珍贵陆生野生动物、珍贵陆生野生动物制品案件(《刑法》第一百五十一条第二款)；

(15)非法经营案件中，买卖允许进口证明书、允许出口证明书、允许再出口证明书、进出口原产地证明及国家机关批准的其他关于林业和陆生野生动物的经营许可证明文件的案件(《刑法》第二百二十五条第二项)；

(16)伪造、变造、买卖国家机关公文、证件案件中，伪造、变造、买卖林木和陆生野生动物允许进出口证明书、进出口原产地证明、狩猎证、特许猎捕证、驯养繁殖许可证、林木采伐许可证、木材运输证明、森林、林木、林地权属证书、征用或者占用林地审核同意书、育林基金等缴费收据以及由国家机关批准的其他关于林业和陆生野生动物公文、证件的案件(《刑法》第二百八十条第一、二款)；

(17)盗窃案件中，盗窃国家、集体、他人所有并已经伐倒的树木、偷砍他人房前屋后、自留地种植的零星树木，以谋取经济利益为目的非法实施采种、采脂、挖笋、掘根、剥树皮等以及盗窃国家重点保护陆生野生动物或其制品的案件(《刑法》第二百六十四条)；

(18)抢劫案件中，抢劫国家重点保护陆生野生动物或其制品的案件(《刑法》第二百六十三条)；

(19)抢夺案件中，抢夺国家重点保护陆生野生动物或其制品的案件(《刑法》第二百六十七条)；

(20)掩饰、隐瞒犯罪所得收益案件中，涉及被盗伐、滥伐的林木、国家重点保护陆生野生动物或其制品的案件[《刑法》第三百一十二条；刑法修正案(六)]；

(21)非法转让、倒卖土地使用权案件中，非法转让，倒卖林地的案件(《刑法》第二百二十八条)；

(22)非法占用农用地的案件中，非法占用林地，改变被占用林地用途，在非法占用的林地上实施建窑、建坟、建房、挖沙、采石、采矿、取土、种植农作物、堆放或排泄废弃物等行为或者进行其他非林业生产、建设，造成林地的原有植被或林业种植条件严重毁坏或者严重污染的案件[《刑法》第三百四十二条，刑法修正案(二)]；

(23)故意毁坏财物案件中，故意毁坏森林或其他林木的案件(《刑法》第二百七十五条)。

未建立森林公安机关的地方，上述案件由当地公安机关负责查处。

275. 福建省森林和陆生野生动物刑事案件的立案标准如何?

立案标准见表9-1。

表 9-1 福建省森林和陆生野生动物刑事案件的立案标准

案件名称	案件客观要件	立案起点	重大案件	特别重大案件	刑法条文	立案依据
盗伐林木案	盗伐森林或者其他林木	3 立方米或者幼树 150 株	20 立方米或者幼树 1000 株	100 立方米或者幼树 5000 株	《刑法》第三百四十五条第一款	B C E G W
滥伐林木案	滥伐森林或者其他林木	15 立方米或者幼树 750 株	50 立方米以上或者幼树 2500 株以上	100 立方米以上或者幼树 5000 株以上	《刑法》第三百四十五条第二款	B C E G W
非法收购、运输盗伐、滥伐的林木案	非法收购、运输明知是盗伐、滥伐的林木	林木在 20 立方米或者幼树 1000 株以上的	林木 100 立方米或者幼树 5000 株以上的	林木 200 立方米或者幼树 10000 株以上的	《刑法》第三百四十五条第三款； 刑法修正案(四)	B C E H W
非法采伐、毁坏国家重点保护植物案	违反国家规定，非法采伐、毁坏珍贵树木或者国家重点保护的其他植物的	非法采伐、毁坏珍贵树木或者国家重点保护的其他植物	采伐 2 株或 2 立方米以上或者毁坏致死 3 株以上的	采伐 10 株或 10 立方米以上或者毁坏致死 15 株以上的	《刑法》第三百四十四条； 刑法修正案(四)	B C E H W
非法收购、运输、加工、出售国家重点保护植物、国家重点保护植物制品案	非法收购、运输、加工、出售珍贵树木或者国家重点保护的其他植物及其制品	非法收购、运输、加工、出售珍贵树木或者国家重点保护的其他植物及其制品的	2 立方米以上或者 5 株以上的	5 立方米以上或者 10 株以上的	《刑法》第三百四十四条；刑法修正案(四)	E W

（续）

案件名称	案件客观要件	立案起点	重大案件	特别重大案件	刑法条文	立案依据
走私珍稀植物、珍稀植物制品案	走私国家禁止进出口珍稀植物、珍稀植物制品	走私国家禁止进出口珍稀植物、珍稀植物制品的	走私2株以上、制品价值在2万元以上的	走私10株以上、制品价值在10万元以上的	《刑法》第一百五十一条第三款；刑法修正案（七）	B C
放火案	放火案件中，故意放火烧毁森林或者其他林木的	凡故意放火造成森林或者其他林木火灾的	过火有林地面积30亩以上或者造成林木损失价值5000元以上的	过火有林地面积150亩以上或者造成林木损失价值25000元以上或者致人重伤、死亡的	《刑法》第一百一十四条、第一百一十五条第一款	B C
失火案	失火案件中，失火烧毁森林或者其他林木的	过火有林地面积30亩以上，或者过火疏林地、灌木林地、未成林地、苗圃地面积60亩以上的；或者造成死亡1人以上或者重伤三人以上的；或者造成公共财产或者他人财产直接经济损失50万元以上的；或者其他造成严重后果的	受害森林面积为100亩以上，或者致人死亡、重伤5人的	过火有林地面积为750亩以上，或者死亡2人以上的	《刑法》第一百一十五条第二款	W B
非法猎捕、杀害珍贵、濒危野生动物罪案	非法猎捕、危害国家重点保护的珍贵、濒危陆生野生动物	凡非法猎捕、危害国家重点保护的珍贵、濒危陆生野生动物的	详见本书347题；或具有其他严重情节的	详见本书347题；或具有其他特别严重情节的	《刑法》第三百四十一条第一款	B C H J W
非法收购、运输、出售珍贵、濒危野生动物、珍贵、濒危野生动物制品案	非法收购、运输、出售国家重点保护的珍贵、濒危陆生野生动物及其制品	非法收购、运输、出售国家重点保护的珍贵、濒危陆生野生动物及其制品的	野生动物的详见本书347题；或制品价值在10万元以上或者非法获利5万元以上的；或具有其他严重情节的	野生动物的详见本书347题；制品价值在20万元以上或者非法获利10万元以上的；或具有其他特别严重情节的	《刑法》第三百四十一条第一款	B C H J W

（续）

案件名称	案件客观要件	立案起点	重大案件	特别重大案件	刑法条文	立案依据
非法狩猎案	违反狩猎法规，在禁猎区、禁猎期或者使用禁用的工具、方法狩猎	非法狩猎陆生野生动物20只以上的；在禁猎区或者禁猎期使用禁用的工具、方法狩猎的；具有其他严重破坏野生动物资源情节的	非法狩猎陆生野生动物50只以上的	非法狩猎陆生野生动物100只以上或者具有其他恶劣情节的	《刑法》第三百四十一条第二款	B C H J W
走私珍贵动物、珍贵动物制品案	走私国家重点保护和《濒危野生动植物种国际贸易公约》附录一、附录二的陆生野生动物及其制品	走私珍贵动物、珍贵动物制品的	野生动物的详见本书347题；制品价值10万元以上的	野生动物的详见本书347题；制品价值20万元以上的	《刑法》第一百五十一条第二款；刑法修正案（七）	B C S
非法转让、倒卖土地使用权案	非法转让、倒卖土地使用权案中，非法转让、倒卖林地的	非法转让、倒卖林地20亩以上或者非法获利50万元以上的，虽未达到上述数额标准，但曾因非法转让、倒卖林地使用权受过行政处罚二次以上或者造成严重后果的	非法转让、倒卖林地30亩以上或者接近30亩，但具有其他恶劣情节造成严重后果或者非法获利75万元以上的	非法转让倒卖林地40亩以上或者接近40亩，但具有其他恶劣情节造成严重后果或者非法获利100万元以上的	《刑法》第二百二十八条	C K L
非法占用农用地案	非法占用农用地案件中，非法占用林地，改变被占用林地用途，在非法占用的林地上实施建窑、建坟、建房、挖沙、采石、采矿、取土、种植农作物、堆放或排泄废弃物等行为或者进行其他非林业生产、建设，造成林地的原有植被或林业种植条件严重毁坏或者严重污染的	非法占用并毁坏防护林地、特种用途林地数量分别或者合计达到5亩以上；非法占用并毁坏其他林地数量达到10亩以上	情节严重的		《刑法》第三百四十二条；刑法修正案（二）	R K L W

（续）

案件名称	案件客观要件	立案起点	重大案件	特别重大案件	刑法条文	立案依据
故意毁坏财物案	故意毁坏财物案中，故意毁坏森林或其他林木的	森林或其他林木5立方米以上或者幼树250株以上；或者价值5000元以上；或者毁坏3次以上；或者纠集三人以上公然毁坏财物的；其他情节严重的	森林或其他林木30立方米以上或者幼树1500株以上或者价值20000元以上	森林或其他林木100立方米以上或者幼树5000株以上或者价值50000元以上	《刑法》第二百七十五条	C F W
聚众哄抢案	聚众哄抢案件中，哄抢林木的	哄抢林木5立方米，或者有其他严重情节的，首要分子和积极参加的	哄抢林木20立方米，或者有其他特别严重情节的		《刑法》第二百六十八条	E
破坏生产经营案	破坏生产经营案件中，故意毁坏用于造林、育林、护林和木材生产的机械设备或者以其他方法破坏林业生产经营的	造成公私财物损失5000元以上的；或者破坏生产经营三次以上的；或者纠集三人以上公然破坏生产经营的；或者其他破坏生产经营应予追究刑事责任的情形	情节严重的		《刑法》第二百七十六条	W B C
非法经营案	非法经营案件中，买卖《允许进口证明书》、《允许出口证明书》、《允许再出口证明书》、进出口原产地证明及国家机关批准的其他关于林业和陆生野生动物的经营许可证明文件的	个人（单位）非法经营数额在5万元（50万元）以上，或者违法所得数额在1万元（10万元）以上的	情节特别严重的		《刑法》第二百二十五条第二项	C E L

（续）

案件名称	案件客观要件	立案起点	重大案件	特别重大案件	刑法条文	立案依据
伪造、变造、买卖国家机关公文、证件、印章案	伪造、变造、买卖国家机关公文、证件、印章案件中，伪造、变造、买卖林木和陆生野生动物允许进出口证明书、进出口原产地证明、狩猎证、特许猎捕证、驯养繁殖许可证、林木采伐许可证、木材运输证明、森林、林木、林地权属证书、征用或者占用林地审核同意书、育林基金等缴费收据以及由国家机关批准的其他关于林业和陆生野生动物公文、证件	伪造、变造、买卖或者盗窃、抢夺、毁灭国家机关的公文、证件、印章的	林木数量20立方米或非法获利3000元；其他情节严重的，	林木数量60立方米或非法获利10000元	《刑法》第二百八十条第一、二款	C E J M V
盗窃案	盗窃案件中，盗窃国家、集体、他人所有并已经伐倒的树木，偷砍他人房前屋后、自留地种植的零星树木，以谋取经济利益为目的非法实施采种、采脂、挖笋、掘根、剥树皮等以及盗窃国家重点保护陆生野生动物或其制品的	个人盗窃公私财物1500元至2000元	个人盗窃公私财物15000元至2万元；或有其他严重情节的	个人盗窃公私财物9万元；或有其他特别严重情节的	《刑法》第二百六十四条	E N O
抢劫案	抢劫案件中，抢劫国家重点保护陆生野生动物或其制品的	以暴力、胁迫或者其他方法抢劫公私财物的		情节严重，或者抢劫数额达15000元至2万元	《刑法》第二百六十三条	Q N

（续）

案件名称	案件客观要件	立案起点	重大案件	特别重大案件	刑法条文	立案依据
抢夺案	抢夺案件中，抢夺国家重点保护陆生野生动物或其制品的	抢夺公私财物1500元至2000元。	抢夺公私财物15000元至2万元；或有其他严重情节的	抢夺公私财物9万元；或有其他特别严重情节的	《刑法》第二百六十七条	P N
掩饰、隐瞒犯罪所得、犯罪所得收益案	掩饰、隐瞒犯罪所得、犯罪所得收益案件中，涉及被盗伐、滥伐的林木、国家重点保护陆生野生动物或其制品	明知是犯罪所得及其产生的收益而予以窝藏、转移、收购、代为销售或者以其他方法掩饰、隐瞒的	情节严重的		《刑法》第三百一十二条； 刑法修正案（六）	B C T

注释：表中立案依据栏中字母分别代表立案引用的文件：

A 《福建省高级人民法院、福建省人民检察院、福建省公安厅关于办理盗伐、滥伐等破坏森林资源犯罪案件适用法律问题座谈纪要》（闽高发〔1998〕131号）

B 《国家林业局、公安部印发关于森林和陆生野生动物刑事案件管辖及立案标准的通知》（林安发〔2001〕156号）

C 《福建省林业厅、福建省公安厅关于印发〈福建省森林和陆生野生动物刑事案件管辖及立案标准〉的通知》（闽林〔2002〕公4号）

D 《中华人民共和国刑法修正案（二）、（四）、（六）、（七）》

E 《最高人民法院关于审理破坏森林资源刑事案件具体应用法律若干问题的解释》（法释〔2000〕36号）

F 《福建省高级人民法院、福建省人民检察院、福建省公安厅关于修改故意毁坏财物（林木）案件数额标准的意见》（闽高法〔2001〕395）

G 《福建省高级人民法院、福建省人民检察院、福建省公安厅关于福建省盗伐、滥伐林木案件有关具体数量标准的规定》（闽高法〔2001〕232号）

H 《最高人民法院、最高人民检察院关于执行〈中华人民共和国刑法〉确定罪名的补充规定（二）》（法释〔2003〕12号）

I 《福建省高级人民法院、福建省人民检察院、福建省公安厅关于执行〈关于办理盗伐、林木等破坏森林资源犯罪案件适用法律问题座谈纪要〉失火罪中“情节较轻”问题的意见》（闽高法〔2000〕92号）

J 《最高人民法院关于审理破坏野生动物资源刑事案件具体应用法律若干问题的解释》（法释〔2000〕37号）

K 《最高人民法院关于审理破坏土地资源刑事案件具体应用法律若干问题的解释》（法释〔2000〕14号）

L 《最高人民检察院、公安部关于经济犯罪案件追诉标准的规定》（2001年4月18日）

M　《福建省高级人民法院、福建省人民检察院关于福建省办理盗伐、滥伐林木等案件几个具体问题的规定》(闽高发〔1995〕131 号)

N　《福建省高级人民法院、福建省人民检察院、福建省公安厅办理盗窃案件适用法律问题座谈纪要》(1997 年 9 月 26 日)

O　《最高人民法院关于审理盗窃案件具体应用法律若干问题的解释》(法释〔1998〕4 号)

P　《最高人民法院关于抢夺刑事案件具体应用法律若干问题的解释》(法释〔2002〕18 号)

Q　《最高人民法院关于审理抢劫案件具体应用法律若干问题的解释》(法释〔2000〕35 号)

R　《最高人民法院关于审理破坏林地资源刑事案件具体应用法律若干问题的解释》(法释〔2005〕15 号)

S　《最高人民法院关于审理走私刑事案件具体应用法律若干问题的解释》(法释〔2000〕30 号)

T　《最高人民法院、最高人民检察院关于执行〈中华人民共和国刑法〉确定罪名的补充规定(三)》(法释〔2007〕16 号)

U　《福建省高级人民法院林业审判庭、福建省人民检察院林业检察处、福建省森林公安局〈林业刑事案件中若干问题的处理意见(一)〉》(闽高法林〔2004〕1 号)

V　《最高人民法院、最高人民检察院关于盗伐、滥伐林木案件几个问题的解答》(法研发〔1991〕31 号)

W　《最高人民检察院、公安部关于公安机关管辖的刑事案件立案追诉标准的规定(一)》(公通字〔2008〕36 号)

276. 林业执法中，林木的数量如何计算？

最高人民法院《关于审理破坏森林资源刑事案件具体应用法律若干问题的解释》(法释〔2000〕36 号)、国家林业局《关于在查处盗伐、滥伐林木案件中测算立木蓄积有关问题的复函》(林函策字〔2001〕45 号)、《关于毁林案件中被毁坏林木及其伐桩灭失的立木蓄积测算有关问题的复函》(林函策字〔2004〕97 号)规定：林木的数量，以立木蓄积计算，计算方法为：原木材积除以该树种的出材率。胸径小于 5 厘米的视为幼树，以株数计算。

如果被盗伐、滥伐的林木灭失，致使不能按照常规用测量林木胸径的方法计算立木蓄积的，可以采取勘查被盗伐、滥伐的林木的现场伐桩，用测量林木根径等方法，确定被盗伐、滥伐的林木的立木蓄积。具体计算公式，按照国家森林资源调查技术规程、标准的规定执行。

如果被盗伐、滥伐的林木及其伐桩灭失，致使不能按照常规方法计算被毁坏林木的立木蓄积的，可以根据相应的森林资源清查资料、森林资源档案资料等计算确定；没有森林清查或者森林资源档案资料的，可以采取选择与被毁坏林木相同起源、立地条件和林分生长状况相近似的其他林分样地，按照国家有关技术规程测量计算蓄积量的方式确定。

277. 多次盗伐、滥伐林木的数量如何计算？

最高人民法院《关于审理破坏森林资源刑事案件具体应用法律若干问题的解释》(法释〔2000〕36 号)规定：对于一年内多次盗伐、滥伐少量林木未经处罚的，累计其盗伐林木、滥伐林木的数量，构成犯罪的，依法追究刑事责任。

278. 林木的价值如何计算？

《国家林业局、公安部印发关于森林和陆生野生动物刑事案件管辖及立案标准的通知》(林安发〔2001〕156 号文)规定：林木的价值，有国家规定价格的，按国家规定价格计算；没有国家规定价格的，按主管部门规定的价格计算；没有国家或者主管部门规定价格的，按市场价格计算；进入流通领域的，按实际销售价格计算；实际销售价格低于国家或者主管部门规定价格的，按国家或者主管部门规定的价格计算；实际销售价格低于市场价格，又没有国家或者主管部门规定价格的，按市场价格计算，不能按低价销赃的价格计算。

279. 盗伐、滥伐毛竹如何定罪量刑？

福建省高级人民法院、福建省人民检察院、福建省公安厅《关于福建省盗伐、滥伐林木案件有关具体数量标准的规定》(闽高法〔2001〕232号)、最高人民法院《关于盗伐、滥伐幼竹或竹笋行为定罪量刑的数量标准如何确定问题的答复》(法明传〔1996〕365号)规定：盗伐、滥伐毛竹定罪量刑的数量标准，按100根毛竹折1立方米立木蓄积计算。对盗伐、滥伐幼竹或非食用性竹等的定罪量刑的数量，可以参考盗伐、滥伐幼树的定罪量型的数量标准。

280. 盗伐森林或其他林木行为应如何处罚？

《森林法》第三十九条规定：盗伐森林或者其他林木的，依法赔偿损失；由林业主管部门责令补种盗伐株数十倍的树木，没收盗伐的林木或者变卖所得，并处盗伐林木价值3倍以上10倍以下的罚款。拒不补种或者补种不符合国家有关规定的由林业主管部门代为补种，所需费用由违者支付。构成犯罪的，依法追究刑事责任。

《森林法实施条例》第三十八条：盗伐森林或者其他林木，以立木材积计算不足0.5立方米或者幼树不足20株的，由县级以上人民政府林业主管部门责令补种盗伐株数10倍的树木，没收盗伐的林木或者变卖所得，并处盗伐林木价值3~5倍的罚款。

盗伐森林或者其他林木，以立木材积计算0.5立方米以上或者幼树20株以上的，由县级以上人民政府林业主管部门责令补种盗伐株数10倍的树木，没收盗伐的林木或者变卖所得，并处盗伐林木价值5~10倍的罚款。

《刑法》第三百四十五条第一、四款规定：盗伐森林或者其他林木，数量较大的，处3年以下有期徒刑、拘役或者管制，并处或者单处罚金；数量巨大的，处3年以上7年以下有期徒刑，并处罚金；数量特别巨大的，处7年以上有期徒刑，并处罚金。盗伐、滥伐国家级自然保护区内的森林或者其他林木的，从重处罚。

281. 盗伐毛竹的行为如何处罚？

《福建省森林条例》第四十条第一款：盗伐毛竹的，没收盗伐的毛竹或者变卖所得，并处盗伐毛竹价值3倍的罚款。

282. 滥伐森林或其他林木的行为如何处罚？

《森林法》第三十九条规定：滥伐森林或者其他林木，由林业主管部门责令补种滥伐株数5倍的树木，并处滥伐林木价值2倍以上5倍以下的罚款。拒不补种或者补种不符合国家有关规定的由林业主管部门代为补种，所需费用由违者支付。构成犯罪的，依法追究刑事责任。

《森林法实施条例》第三十九条：滥伐森林或者其他林木，以立木材积计算不足2立方米或者幼树不足50株的，由县级以上人民政府林业主管部门责令补种滥伐株数5倍的树木，并处滥伐林木价值2~3倍的罚款。

滥伐森林或者其他林木，以立木材积计算2立方米以上或者幼树50株以上的，由县级以上人民政府林业主管部门责令补种滥伐株数5倍的树木，并处滥伐林木价值3~5倍的罚款。

超过木材生产计划采伐森林或者其他林木的，依照前两款规定处罚。拒不补种或者补种不符合国家有关规定的由林业主管部门代为补种，所需费用由违者支付。

《刑法》第三百四十五条第二、四款规定：违反森林法的规定，滥伐森林或者其他林木，数量较大的，处3年以下有期徒刑、拘役或者管制，并处或者单处罚金；数量巨大的，处3年以上7年以下有期徒刑，并处罚金。盗伐、滥伐国家级自然保护区内的森林或者其他林木的，从重处罚。

283. 滥伐毛竹的行为应如何处罚？

《福建省森林条例》第四十条第二款：滥伐毛竹的，没收滥伐的毛竹或者变卖所得，并处滥伐毛竹价值2倍的罚款。

284. 未经批准采挖、移植非保护树种的林木的行为应受何处罚？

《福建省森林条例》第三十九条规定：未经批准采挖、移植非保护树种的林木的，没收林木或者变卖所得，并处林木价值1~3倍的罚款。

285. 违法买卖林木采伐许可证、木材运输证件、批准出口文件、允许进出口证明书行为的应如何处罚？

《森林法》第四十二条规定：违反本法规定，买卖林木采伐许可证、木材运输证件、批准出口文件、允许进出口证明书的，由林业主管部门没收违法买卖的证件、文件和违法所得，并处违法买卖证件、文件的价款1倍以上3倍以下的罚款；构成犯罪的，依法追究刑事责任。

《刑法》第二百二十五条规定，违反国家规定，买卖进出口许可证、进出口原产地证明以及其他法律、行政法规规定的经营许可证或者批准文件的，扰乱市场秩序，情节严重的，处5年以下有期徒刑或者拘役，并处或者单处违法所得1倍以上5倍以下罚金；情节特别严重的，处5年以上有期徒刑，并处违法所得1倍以上5倍以下罚金或者没收财产。

286. 伪造林木采伐证可证、木材运输证件、批准出口文件、允许进出口证明书的应如何处罚?

《森林法》第四十二条规定：伪造林木采伐许可证、木材运输证件、批准出口文件、允许进出口证明书的，依法追究刑事责任。

《刑法》第二百八十条第一款规定，伪造、变造、买卖或者盗窃、抢夺、毁灭国家机关的公文、证件、印章的，处 3 年以下有期徒刑、拘役、管制或者剥夺政治权利；情节严重的，处 3 年以上 10 年以下有期徒刑。

287. 非法收购、运输明知是盗伐、滥伐的林木的行为应如何处罚?

《森林法》第四十三条规定：在林区非法收购明知是盗伐、滥伐的林木的，由林业主管部门责令停止违法行为，没收违法收购的盗伐、滥伐的林木或者变卖所得，可以并处违法收购林木的价款 1 倍以上 3 倍以下的罚款；构成犯罪的，依法追究刑事责任。

《刑法》第三百四十五条第三款规定：非法收购、运输明知是盗伐、滥伐的林木，情节严重的，处3 年以下有期徒刑、拘役或者管制，并处或者单处罚金；情节特别严重的，处3 年以上 7 年以下有期徒刑，并处罚金。

288. 违法开垦、采石、采砂、采土、采种、采脂的行为应如何处罚?

《森林法》第四十四条规定：违反本法规定，进行开垦、采石、采砂、采土、采种、采脂和其他活动，致使森林、林木受到毁坏的，依法赔偿损失；由林业主管部门责令停止违法行为，补种毁坏株数 1 倍以上 3 倍以下的树木，可以处毁坏林木价值 1 倍以上 5 倍以下的罚款。

拒不补种树木或者补种不符合国家有关规定的，由林业主管部门代为补种，所需费用由违法者支付。

《森林法实施条例》第四十一条规定：违反《森林法》和本条例规定，擅自开垦林地，致使森林、林木受到毁坏的，依照《森林法》第四十四条的规定予以处罚；对森林、林木未造成毁坏或者被开垦的林地上没有森林、林木的，由县级以上人民政府林业主管部门责令停止违法行为，限期恢复原状，可以处非法开垦林地每平方米 10 元以下的罚款。

289. 在幼林地和特种用途林内砍柴、放牧，致使森林、林木受到毁坏的行为应如何处罚?

《森林法》第四十四条规定：违反本法规定，在幼林地和特种用途林内砍柴、放牧致使森林、林木受到毁坏的，依法赔偿损失；由林业主管部门责令停止违法行为，补种毁坏株数 1 倍以上 3 倍以下的树木。

拒不补种树木或者补种不符合国家有关规定的，由林业主管部门代为补种，所需费用由违法者支付。

290. 毁林采种或者违反操作技术规程采脂、挖笋、掘根、剥树皮及过度修枝，致使森林、林木受到毁坏的行为应如何处罚?

《森林法实施条例》第四十一条规定：违反本条例规定，毁林采种或者违反操作技术规程采脂、挖笋、掘根、剥树皮及过度修枝，致使森林、林木受到毁坏的，依法赔偿损失，由县级以上人民政府林业主管部门责令停止违法行为，补种毁坏株数 1 ~ 3 倍的树木，可以处毁坏林木价值 1 ~ 5 倍的罚款；拒不补种树木或者补种不符合国家有关规定的，由县级以上人民政府林业主管部门组织代为补种，所需费用由违法者支付。

291. 进入封山育林区挖笋、采脂、采石、挖土、砍柴、放牧，致使林木受到毁坏的行为如何处罚?

《福建省森林条例》第四十二条规定：毁林筑坟或者进入封山育林区挖笋、采脂、采石、挖土、砍柴、放牧，致使林木受到毁坏的，依法赔偿损失，补种毁坏株数 1 ~ 3 倍的林木，可以并处毁坏林木价值 1 ~ 5 倍的罚款。

292. 擅自在林区经营、加工木材的行为应如何处罚?

《森林法实施条例》第四十条规定：违反本条例规定，未经批准，擅自在林区经营(含加工)木材的，由县级以上人民政府林业主管部门没收非法经营的木材和违法所得，并处违法所得 2 倍以下的罚款。

293. 收购、销售、经营、加工无合法来源的木材的行为应如何处罚?

《福建省森林条例》第四十四条，规定：有下列行为之一的，没收木材或者木材价款，并处没收木材价款 10% ~ 30% 的罚款：(一)收购、销售的木材没有林木采伐许可证或者无合法来源证明的；(二)木材经营加工单位或者个人经营加工木材无合法来源证明的。

《刑法》第三百四十五条第三款规定：非法收购、运输明知是盗伐、滥伐的林木，情节严重的，处 3 年以下有期徒刑、拘役或者管制，并处或者单处罚金；情节特别严重的，处 3 年以上 7 年以下有期徒刑，并处罚金。

294. 无证运输木材的行为应如何处罚？

《森林法实施条例》第四十四条第一款规定：无木材运输证运输木材的，由县级以上人民政府林业主管部门没收非法运输的木材，对货主可以并处非法运输木材价款30%以下的罚款。

《刑法》第三百四十五条第三款规定：非法收购、运输明知是盗伐、滥伐的林木，情节严重的，处3年以下有期徒刑、拘役或者管制，并处或者单处罚金；情节特别严重的，处3年以上7年以下有期徒刑，并处罚金。

295. 超出木材运输证所准运的运输数量的运输木材的应如何处罚？

《森林法实施条例》第四十四条第二款规定，运输的木材数量超出木材运输证所准运的运输数量的，由县级以上人民政府林业主管部门没收超出部分的木材。

296. 运输的木材树种、材种、规格与木材运输证规定不符的应如何处罚？

《森林法实施条例》第四十四条第二款规定，运输的木材树种、材种、规格与木材运输证规定不符又无正当理由的，没收其不相符部分的木材。

297. 使用伪造、涂改的木材运输证运输木材的应如何处罚？

《森林法实施条例》第四十四条第三款规定：使用伪造、涂改的木材运输证运输木材的，由县级以上人民政府林业主管部门没收非法运输的木材，并处没收木材价款10%~50%的罚款。

《刑法》第二百八十条第一款规定，伪造、变造、买卖或者盗窃、抢夺、毁灭国家机关的公文、证件、印章的，处3年以下有期徒刑、拘役、管制或者剥夺政治权利；情节严重的，处3年以上10年以下有期徒刑。

298. 承运无木材运输证的木材应如何处罚？

《森林法实施条例》第四十四条第四款规定：承运无木材运输证的木材的，由县级以上人民政府林业主管部门没收运费，并处运费2倍至3倍的罚款。

《刑法》第三百四十五条第三款规定：非法收购、运输明知是盗伐、滥伐的林木，情节严重的，处3年以下有期徒刑、拘役或者管制，并处或者单处罚金；情节特别严重的，处3年以上7年以下有期徒刑，并处罚金。

299. 非法购买的木材运输证件运输木材的应如何处罚？

《福建省森林条例》第四十五条规定：使用无效的或者非法购买的木材运输证件运输木材的，重复使用木材运输证件运输木材的，没收木材，并处木材价款10%~30%的罚款。

《刑法》第二百八十条第一款规定，伪造、变造、买卖或者盗窃、抢夺、毁灭国家机关的公文、证件、印章的，处3年以下有期徒刑、拘役、管制或者剥夺政治权利；情节严重的，处3年以上10年以下有期徒刑。

300. 使用无效的或者重复使用木材运输证件运输木材的应如何处罚？

《福建省森林条例》第四十五条规定：使用无效的或者非法购买的木材运输证件运输木材的，重复使用木材运输证件运输木材的，没收木材，并处木材价款10%~30%的罚款。

301. 强行冲关运输木材的应如何处罚？

《福建省森林条例》第四十五条第二款规定：强行冲关运输木材的，没收非法运输的木材，并处运输木材价款30%~50%的罚款。

302. 县级以上林业主管部门查处案件时，可否根据已经取得的违法嫌疑证据查封、暂扣有关物品和工具？

可以。《福建省森林条例》第十六条规定：县级以上人民政府林业主管部门根据已经取得的违法嫌疑证据，对下列行为进行查处时，可以查封、暂扣有关物品和工具：(一)盗伐、滥伐林木的；(二)经营加工的木材无合法来源证明的；(三)非法运输木材的。

依法查封、暂扣的有关物品和工具，应当进行登记保存，并及时将处理决定书面通知当事人。

《福建省实施〈中华人民共和国野生动物保护法〉办法》第二十五条规定：野生动物主管部门在查处违反野生动物管理规定行为时，可以采取下列措施：(一)询问违反规定行为人和责任人，调查违反规定有关事项；(二)扣留违反规定行为人所使用的有关物品和猎捕工具；(三)查阅、复制有关违反规定的合同、账册、发票、文件和其他资料。

303. 林业检查站能否暂扣无证运输的木材？

可以。《森林法实施条例》第三十七条规定：经省、自治区、直辖市人民政府批准在林区设立的木材检查站，负责检查木材运输；无证运输木材的，木材检查站应当予以制止，可以暂扣无证运输的木材，并立即报请县级以上人民政府林业主管部门依法处理。

304. 擅自将防护林和特种用途林改变为其他林种的行为应如何处罚？

《森林法实施条例》第四十六条规定：违反本条例规定，未经批准，擅自将防护林和特种用途林改变为其他林种的，由县级以上人民政府林业主管部门收回经营者所获取的森林生态效益补偿，并处所获取森林生态效益补偿3倍以下的罚款。

305. 擅自移动或者毁坏林业服务标志的行为应如何处罚？

《森林法实施条例》第四十五条规定：擅自移动或者毁坏林业服务标志的，由县级以上人民政府林业主管部门责令限期恢复原状；逾期不恢复原状的，由县级以上人民政府林业主管部门代为恢复，所需费用由违法者支付。

306. 非法采伐、毁坏珍贵树木或者国家重点保护植物的行为应如何处罚？

《森林法》第四十条规定：违反本法规定非法采伐、毁坏珍贵树木的，依法追究刑事责任。

《福建省森林条例》第四十一条规定：毁坏名木古树的，依法赔偿损失，并处每株3000元以上3万元以下的罚款；构成犯罪的，依法追究刑事责任。

《刑法》第三百四十四条规定，违反国家规定，非法采伐、毁坏珍贵树木或者国家重点保护的其他植物的，处3年以下有期徒刑、拘役或者管制，并处罚金；情节严重的，处3年以上7年以下有期徒刑，并处罚金。

307. 挪用、偷漏林业规费的行为应如何处罚？

《福建省森林条例》第四十三条规定：挪用林业规费的，由直接责任人所在单位或者上级主管机关追回，并对直接负责的主管人员和其他直接责任人予以行政处分；构成犯罪的，依法追究刑事责任。

偷漏林业规费的，除依法补缴外，并处偷漏林业规费总额1～2倍的罚款。

308. 侵占、毁坏沿海防护林地的行为应如何处罚？

非法改变沿海防护林地使用性质，或在防护林内筑坟、砍柴、挖沙、采石、取土、采集植被或其他矿物，根据《福建省沿海防护林条例》第二十五条的规定，由沿海县级以上林业行政主管部门没收违法所得，并处以侵占或毁坏林地每平方米50～100元罚款。

《刑法》第三百四十二条规定：违反土地管理法规，非法占用耕地、林地等农用地，改变被占用土地用途，数量较大，造成耕地、林地等农用地大量毁坏的，处5年以下有期徒刑或者拘役，并处或者单处罚金。

309. 毁坏红树林、防护林中幼树的行为如何处罚？

《福建省沿海防护林条例》规定：由沿海县级以上林业行政主管部门没收违法所得，并处以侵占或钳毁坏林地每平方米50～100元罚款。

310. 违法采伐沿海防护林的行为应如何处罚？

《福建省沿海防护林条例》第二十八条规定：未取得林木采伐许可证采伐防护林的，由县级以上林业行政主管部门责令其立即停止违法行为，赔偿损失，并按下列规定处以罚款：(一)采伐防护林的，按采伐面积每平方米处以50～100元罚款；(二)采伐沿海基干林带的，按采伐面积每平方米处以100～200元罚款。

非法采伐沿海防林、数量较大，构成犯罪的，依据《刑法》第三百四十五条的规定追究刑事责任。

311. 违反规定在沿海防护林内开展旅游的行为应如何处罚？

在具备游览条件的防护林内开展旅游经营活动的，必须经福建省林业厅批准，并应与防护林地、林木所有者签订书面合同，合同应包括林相及周围环境的保护和林地、林木补偿费等内容。违反规定在沿海防护林内开展旅游的行为，根据《福建省沿海防护林条例》第二十七条的规定：由沿海县级以上林业行政主管部门责令停止开展旅游活动，并处3000元至1万元罚款。

312. 伐区设计精度未达到规定标准造成森林资源损失的应如何处罚？

《福建省森林条例》第四十六条规定：伐区调查设计人员调查设计精度未达到国家和省定标准，造成森林资源损失的，由其所在单位予以赔偿；所在单位可以向直接责任人员追偿。

313. 木材检验精度未达到规定标准造成森林资源损失的应如何处罚？

《福建省森林条例》第四十六条规定：木材检验人员木材检验精度未达到国家和省定标准，造成森林资源损失的，由其所在单位予以赔偿；所在单位可以向直接责任人员追偿。

314. 对伐区作业不符合规定的单位应如何处罚？

《森林法》第三十四条第二款规定：对伐区作业不符合规定的单位，发放采伐许可证的部门有权收缴采伐许可证，中止其采伐，直到纠正为止。

315. 连续两年未完成更新造林任务的应如何处罚？

《森林法实施条例》规定：连续2年未完成更新造林任务的，由县级以上人民政府林业主管部门责令限期完成造林任务；逾期未完成的可以处应完成而未完成造林任务所需费用2倍以下的罚款；对直接负责的主管人员和其他直接责任人员，依法给予行政处分。

316. 当年更新造林面积未达到应更新造林面积50%的应如何处罚？

《森林法实施条例》规定，当年更新造林面积未达到应更新造林面积50%的，由县级以上人民政府林业主管部门责令限期完成造林任务；逾期未完成的可以处应完成而未完成造林任务所需费用2倍以下的罚款；对直接负责的主管人员和其他直接责任人员，依法给予行政处分。

317. 更新造林当年成活率未达到85%的应如何处罚？

《森林法实施条例》规定，除国家特别规定的干旱、半干旱地区外，更新造林当年成活率未达到85%的，由县级以上人民政府林业主管部门责令限期完成造林任务；逾期未完成的可以处应完成而未完成造林任务所需费用2倍以下的罚款；对直接负责的主管人员和其他直接责任人员，依法给予行政处分。

318. 未按照所在地县级人民政府的要求按时完成造林任务的应如何处罚？

《森林法实施条例》规定，植树造林责任单位未按照所在地县级人民政府的要求按时完成造林任务的，由县级以上人民政府林业主管部门责令限期完成造林任务；逾期未完成的可以处应完成而未完成造林任务所需费用2倍以下的罚款；对直接负责的主管人员和其他直接责任人员，依法给予行政处分。

319. 生产、经营假、劣林木种子的行为应如何处罚？

《种子法》第五十九条规定：违反本法规定，生产、经营假、劣种子的，由县级以上人民政府农业、林业行政主管部门或者工商行政管理机关责令其停止生产、经营，没收种子和违法所得，吊销种子生产许可证、种子经营许可证或者营业执照，并处以罚款；有违法所得的，处以违法所得5倍以上10倍以下罚款；没有违法所得的，处以2000元以上5万元以下罚款；构成犯罪的，依法追究刑事责任。

320. 未取得林木种子生产、经营许可证或者伪造、变造、买卖、租借种子生产、经营许可证的行为应如何处罚？

《种子法》第六十条规定：由县级以上人民政府农业、林业行政主管部门责令改正，没收种子和违法所得，并处以违法所得1倍以上3倍以下罚款；没有违法所得的，处以1000元以上3万元以下罚款；可以吊销违法行为人的种子生产许可证或者种子经营许可证；构成犯罪的，依法追究刑事责任。

321. 未按照种子生产、经营许可证的规定经营种子的行为应如何处罚？

《种子法》第六十条规定：由县级以上人民政府农业、林业行政主管部门责令改正，没收种子和违法所得，并处以违法所得1倍以上3倍以下罚款；没有违法所得的，处以1000元以上3万元以下罚款；可以吊销违法行为人的种子生产许可证或者种子经营许可证；构成犯罪的，依法追究刑事责任。

322. 为境外制种的林木种子在国内销售的行为应如何处罚？

《种子法》第六十一条规定，由县级以上人民政府林业行政主管部门责令改正，没收种子和违法所得，并处以违法所得1倍以上3倍以下罚款；没有违法所得的，处以1000元以上2万元以下罚款；构成犯罪的，依法追究刑事责任。

323. 未经批准私自采集或者采伐国家重点保护的天然种质资源的行为应如何处罚？

《种子法》第六十一条规定，由县级以上人民政府农业、林业行政主管部门责令改正，没收种子和违法所得，并处以违法所得1倍以上3倍以下罚款；没有违法所得的，处以1000元以上2万元以下罚款；构成犯罪的，依法追究刑事责任。

324. 经营的林木种子应当包装而没有包装的行为应如何处罚？

《种子法》规定，经营的林木种子应当包装而没有包装的，由县级以上人民政府林业行政主管部门或者工商行政管理机关责令改正，处以1000元以上1万元以下罚款。

325. 经营的林木种子没有标签或者标签内容不符合规定的行为应如何处罚？

《种子法》规定，经营的林木种子没有标签或者标签内容不符合本法规定的，由县级以上人民政府林业行政主管部门或者工商行政管理机关责令改正，处以1000元以上1万元以下罚款。

326. 伪造、涂改林木种子标签或者试验、检验数据的行为应如何处罚？

《种子法》规定，伪造、涂改林木种子标签或者试验、检验数据的，由县级以上人民政府林业行政主管部门或者工商行政管理机关责令改正，处以1000元以上1万元以下罚款。

327. 未按规定制作、保存林木种子生产、经营档案的行为应如何处罚？

《种子法》规定，未按规定制作、保存林木种子生产、经营档案的，由县级以上人民政府林业行政主管部门或者工商行政管理机关责令改正，处以1000以上1万元以下罚款。

328. 林木种子经营者在异地设立分支机构未按规定备案的行为应如何处罚？

《种子法》规定，林木种子经营者在异地设立分支机构未按规定备案的，由县级以上人民政府林业行政主管部门或者工商行政管理机关责令改正，处以1000元以上1万元以下罚款。

329. 经营、推广应当审定而未经审定通过的林木种子的行为应如何处罚？

《种子法》规定：经营、推广应当审定而未经审定通过的林木种子的，由县级以上人民政府林业行政主管部门责令停止种子的经营、推广，没收种子和违法所得，并处以1万元以上5万元以下罚款。

330. 抢采掠青、损坏母树或者在劣质林内和劣质母树上采种的行为应如何处罚？

《种子法》第六十五条规定：违反本法规定，抢采掠青、损坏母树或者在劣质林内和劣质母树上采种的，由县级以上人民政府林业行政主管部门责令停止采种行为，没收所采种子，并处以所采林木种子价值1倍以上3倍以下的罚款；构成犯罪的，依法追究刑事责任。

331. 非法收购林木种子的行为应如何处罚？

《种子法》规定：非法收购林木种子的，由县级以上人民政府林业主管部门没收所收购的种子，并处以收购林木种子的价款2倍以下的罚款。

332. 违法在林木种子生产基地进行病虫害接种试验的行为应如何处罚？

《种子法》第六十七条规定，非法在林木种子生产基地进行病虫害接种试验的，由县级以上人民政府林业行政主管部门责令停止试验，处以5万元以下罚款。

333. 非法向境外提供或者从境外引进林木种质资源的如何处罚？

《种子法》第六十三条规定：违反本规定，向境外提供或者从境外引进种质资源的，由国务院或者省、自治区、直辖市人民政府的农业、林业行政主管部门没收种质资源和违法所得，并处以1万元以上5万元以下罚款。

334. 种子质量检验机构出具虚假检验证明的应如何处罚？

《种子法》第六十八条规定：种子质量检验机构出具虚假检验证明的，与种子生产者、销售者承担连带责任；并依法追究种子质量检验机构及其有关责任人的行政责任；构成犯罪的，依法追究刑事责任。

335. 强迫购买、使用种子并造成损失的应如何处罚?

《种子法》第六十九条规定：强迫种子使用者违背自己的意愿购买、使用种子给使用者造成损失的，应当承担赔偿责任。

336. 从事与争议山场林木林地所有权、使用权有关的活动的行为应如何处罚?

《福建省林木林地权属争议处理条例》第三十二条规定：违反本条例第七条第一款规定，从事与林木林地所有权、使用权有关的活动的，由县级以上地方人民政府林业主管部门责令限期改正；逾期不改正的，没收违法所得，并处以违法所得10%以上50%以下的罚款。给权利人造成损失的，应当依法承担赔偿责任。

第七条第一款规定：林木林地权属争议发生后，当事人不得从事与争议山场林木林地所有权、使用权有关的活动。

337. 擅自改变林地用途的行为应如何处罚?

《森林法实施条例》第四十三条规定：未经县级以上人民政府林业主管部门审核同意，擅自改变林地用途的，由县级以上人民政府林业主管部门责令限期恢复原状，并处非法改变用途林地每平方米10~30元的罚款。临时占用林地，逾期不归还的，依照前款规定处罚。

《刑法》第三百四十二条规定：违反土地管理法规，非法占用耕地、林地等农用地，改变被占用土地用途，数量较大，造成耕地、林地等农用地大量毁坏的，处5年以下有期徒刑或者拘役，并处或者单处罚金。

338. 非法转让、倒卖林地情节严重的应如何处罚?

《刑法》第二百二十八条规定：以牟利为目的，违反土地管理法规，非法转让、倒卖土地使用权，情节严重的，处3年以下有期徒刑或者拘役，并处或者单处非法转让、倒卖土地使用权价额5%以上20%以下罚金；情节特别严重的，处3年以上7年以下有期徒刑，并处非法转让、倒卖土地使用权价额5%以上20%以下罚金。

339. 伪造、变造林木林地权属凭证的行为应如何处罚?

《福建省林木林地权属争议处理条例》第三十三条规定：违反本条例第二十六条规定，伪造、变造林木林地权属凭证的，由公安机关对直接责任人按照有关规定处理；构成犯罪的，依法追究刑事责任。

伪造、变造林木林地权属凭证，根据《中华人民共和国治安处罚法》第五十二条的规定：处10日以上15日以下拘留，可以并处1000元以下罚款；情节较轻的，处5日以上10日以下拘留，可以并处500元以下罚款。

《刑法》第二百八十条第一款规定，伪造、变造、买卖或者盗窃、抢夺、毁灭国家机关的公文、证件、印章的，处3年以下有期徒刑、拘役、管制或者剥夺政治权利；情节严重的，处3年以上10年以下有期徒刑。

340. 违法流转森林资源的行为应如何处理？

违反《福建省森林资源流转条例》规定流转森林资源的，县级以上地方人民政府不予办理林权变更登记，或由有关主管部门、组织对直接负责的主管人员和其他直接责任人依法追究责任。

341. 未经依法批准或村民会议（村民代表会议）通过，流转国有或集体森林资源的行为如何处罚？

根据《福建省森林资源流转条例》规定，县级以上地方人民政府不予办理林权变更登记，还应当由有关主管部门或者组织对直接负责的主管人员和其他直接责任人依法追究责任。

342. 未依法进行森林资源资产评估而流转国有或集体森林资源的，应如何处理？

根据《福建省森林资源流转条例》规定，县级以上地方人民政府不予办理林权变更登记，还应当由有关主管部门或者组织对直接负责的主管人员和其他直接责任人依法追究责任。

343. 森林资源评估机构及其工作人员弄虚作假、徇私舞弊的应如何处罚？

《福建省森林资源流转条例》第二十一条第一款规定：森林资源资产评估机构及其工作人员弄虚作假、徇私舞弊的，其评估结果无效，并由有关行政主管部门处以该评估费用2～4倍的罚款；造成损失的，应当赔偿损失；构成犯罪的，依法追究刑事责任。

344. 森林资源流转当事人弄虚作假、操纵拍卖的应如何处罚?

《福建省森林资源流转条例》第二十一条第二款规定：流转当事人弄虚作假、操纵拍卖的，由县级以上林业行政主管部门处以该森林资源流转价款总额1%~3%的罚款。

345. 破坏野生动物资源刑事案件情节严重、情节特别严重数量认定标准如何?

根据最高人民法院《关于审理破坏野生动物资源刑事案件具体应用法律若干问题的解释》(法释〔2000〕37号)的规定，非法猎捕、杀害、收购、运输、出售珍贵、濒危野生动物刑事案件情节严重、情节特别严重数量认定标准见表9-2。

表9-2　非法猎捕、杀害、收购、运输、出售珍贵、濒危野生动物刑事案件情节严重、情节特别严重数量认定标准

中文名	拉丁文名	级别	情节严重	情节特别严重
蜂猴(所有种)	*Nycticebus* spp.	I	3	4
熊猴	*Macaca assamensis*	I	2	2
台湾猴	*Macaca cyclopis*	I	1	2
豚尾猴	*Macaca nemestrina*	I	2	3
叶猴(所有种)	*Presbytis* spp.	I	1	2
金丝猴(所有种)	*Rhinopithecus* spp.	I		1
长臂猿(所有种)	*Hylobates* spp.	I	1	2
马来熊	*HeLarctos malayanus*	I	2	3
大熊猫	*Ailuropoda melanoleuca*	I		1
紫貂	*Martes zibellina*	I	3	4
貂熊	*Gulo gulo*	I	2	3
熊狸	*Arctictis binturong*	I	1	2
云豹	*Neofelis nebulosa*	I		1
豹	*Panthera pardus*	I		1
雪豹	*Paathera uncia*	I		1
虎	*Panthera tigris*	I		1
亚洲象	*Elephas maximus*	I		1

（续）

中文名	拉丁文名	级别	情节严重	情节特别严重
蒙古野驴	*Equus hemionus*	Ⅰ	2	3
西藏野驴	*Equus kiang*	Ⅰ	3	5
野马	*Equus przewalskii*	Ⅰ		1
野骆驼	*Camelus fetus*(= *bactranus*)	Ⅰ	1	2
鼷鹿	*Tragulus javanicus*	Ⅰ	2	3
黑麂	*Muntiacus crinifrons*	Ⅰ	1	2
白唇鹿	*Cervus albirostris*	Ⅰ	1	2
坡鹿	*Cervus eldi*	Ⅰ	1	2
梅花鹿	*Cervus nippon*	Ⅰ	2	3
豚鹿	*Gervus porcinus*	Ⅰ	2	3
麋鹿	*Elaphurus davidianus*	Ⅰ	1	2
野牛	*Bos gaurus*	Ⅰ	1	2
野牦牛	*Bos mucus*(= *grunniens*)	Ⅰ	2	3
普氏原羚	*Procapra przewalskii*	Ⅰ	1	2
藏羚	*Pantholops hodgsoni*	Ⅰ	2	3
高鼻羚羊	*Saiga tatarica*	Ⅰ		1
扭角羚	*Budorcas taxicolor*	Ⅰ	1	2
台湾鬣羚	*Capricornis crispus*	Ⅰ	2	3
赤斑羚	*Naemorhedus cranbroold*	Ⅰ	2	4
塔尔羊	*Hemitragus jemlahicus*	Ⅰ	2	4
北山羊	*Capra ibex*	Ⅰ	2	4
河狸	*Castor fiber*	Ⅰ	1	2
短尾信天翁	*Diomedea albatrus*	Ⅰ	2	4
白腹军舰鸟	*Fregata audrewsi*	Ⅰ	2	4
白鹳	*Ciconia ciconia*	Ⅰ	2	4
黑鹳	*Ciconia nigra*	Ⅰ	2	4
朱鹮	*Nipponia nippon*	Ⅰ		1
中华沙秋鸭	*Mergus squamatus*	Ⅰ	2	3

（续）

中文名	拉丁文名	级别	情节严重	情节特别严重
金雕	*Aquila chrysaetos*	Ⅰ	2	4
白肩雕	*Aquils heliaca*	Ⅰ	2	4
玉带海雕	*Haliaeetus leucoryphus*	Ⅰ	2	4
白尾海雕	*Haliaeetus albcilla*	Ⅰ	2	3
虎头海雕	*Haliaeetus pelagicus*	Ⅰ	2	4
拟兀鹫	*Pseudogyps bengalensis*	Ⅰ	2	4
胡兀鹫	*Gypaetus barbatus*	Ⅰ	2	4
细嘴松鸡	*Tetrao parvirostris*	Ⅰ	3	5
斑尾榛鸡	*Tetrastes sewerzowi*	Ⅰ	3	5
雉鹑	*Tetraophasis obscurus*	Ⅰ	3	5
四川山鹧鸪	*Arborophila rufipectus*	Ⅰ	3	5
海南山鹧鸪	*Arbomphila ardens*	Ⅰ	3	5
黑头角雉	*Tragopan melanocephalus*	Ⅰ	2	3
红胸角雉	*Tragopan satyra*	Ⅰ	2	4
灰腹角雉	*Tragopan blythii*	Ⅰ	2	3
黄腹角雉	*Tragopan caboti*	Ⅰ	2	3
虹雉（所有种）	*Lophophorus* spp.	Ⅰ	2	4
褐马鸡	*Crossopfilon mantchuricum*	Ⅰ	2	3
蓝鹇	*Lophura swinhoii*	Ⅰ	2	3
黑颈长尾雉	*Syrmaticus humiae*	Ⅰ	2	4
白颈长尾雉	*Syrmaticus ewllioti*	Ⅰ	2	4
黑长尾雉	*Syrmaticus mikado*	Ⅰ	2	4
孔雀雉	*Polyplectron bicalcaratum*	Ⅰ	2	3
绿孔雀	*Pavo muticus*	Ⅰ	2	3
黑颈鹤	*Grus nigricollis*	Ⅰ	2	3
白头鹤	*Grus monacha*	Ⅰ	2	3
丹顶鹤	*Grus japonensis*	Ⅰ	2	3
白鹤	*Grus leucogeranus*	Ⅰ	2	3

（续）

中文名	拉丁文名	级别	情节严重	情节特别严重
赤颈鹤	*Grus antigone*	Ⅰ	1	2
鸨（所有种）	*Otis* spp.	Ⅰ	4	6
遗鸥	*Larus relictus*	Ⅰ	2	4
四爪陆龟	*Testudo horsfieldi*	Ⅰ	4	8
鳄蜥	*Shinisaurus crocodilurus*	Ⅰ	2	4
巨蜥	*Varanus salvator*	Ⅰ	2	4
蟒	*Python molurus*	Ⅰ	2	4
扬子鳄	*Alligator sinensis*	Ⅰ	1	2
中华蛩蠊	*Calloisiana sinensis*	Ⅰ	3	6
金斑喙凤蝶	*Teinopalpus aureus*	Ⅰ	3	6
短尾猴	*Macaca arctoides*	Ⅱ	6	10
猕猴	*macaca mulatta*	Ⅱ	6	10
藏酋猴	*Macaca thibetana*	Ⅱ	6	10
穿山甲	*Manis pentadactyla*	Ⅱ	8	16
豺	*Cuon alpinus*	Ⅱ	4	6
黑熊	*Selenarctos thibetanus*	Ⅱ	3	5
棕熊（包括马熊）	*Ursus arctos*（*U. a. pruinosus*）	Ⅱ	3	5
小熊猫	*Ailurus fulgens*	Ⅱ	3	5
石貂	*Martes foina*	Ⅱ	4	10
黄喉貂	*Martes flavigula*	Ⅱ	4	10
斑林狸	*Prionodon pardicolor*	Ⅱ	4	8
大灵猫	*Viverra zibetha*	Ⅱ	3	5
小灵猫	*Viverricula indica*	Ⅱ	4	8
草原斑猫	*Felis lybica*（ = *silvestris*）	Ⅱ	4	8
荒漠猫	*Felis bieti*	Ⅱ	4	10
丛林猫	*Eelis chaus*	Ⅱ	4	8
猞猁	*Felis lynx*	Ⅱ	2	3
兔狲	*Felis manul*	Ⅱ	3	5

（续）

中文名	拉丁文名	级别	情节严重	情节特别严重
金猫	*Felis temmincki*	Ⅱ	4	8
渔猫	*Flelis viverrinus*	Ⅱ	4	8
麝（所有种）	*Moschus* spp.	Ⅱ	3	5
河麂	*Hydropotes inermis*	Ⅱ	4	8
马鹿（含白臀鹿）	*Cervus elaphus*（*C. e. macneilli*）	Ⅱ	4	6
水鹿	*Cervus unicolor*	Ⅱ	3	5
驼鹿	*Alces alces*	Ⅱ	3	5
黄羊	*Procapra gutturosa*	Ⅱ	8	15
藏原羚	*Procapra picticaudata*	Ⅱ	4	8
鹅喉羚	*Gazella subgutturosa*	Ⅱ	4	8
鬣羚	*Capricornis sumatraensis*	Ⅱ	3	4
斑羚	*Naemorhedus goral*	Ⅱ	4	8
岩羊	*Pseudois nayaur*	Ⅱ	4	8
盘羊	*Ovis ammon*	Ⅱ	3	5
海南兔	*Lepus peguensis hainamus*	Ⅱ	6	10
雪兔	*Lepus timidus*	Ⅱ	6	10
塔里木兔	*Lepus yarkandensis*	Ⅱ	20	40
巨松鼠	*Ratufa bicolor*	Ⅱ	6	10
角鸊鹈	*Podiceps auritus*	Ⅱ	6	10
赤颈鸊鹈	*Pediceps grisegena*	Ⅱ	6	8
鹈鹕（所有种）	*Pelecanus* spp.	Ⅱ	4	8
鲣鸟（所有种）	*Sula* spp.	Ⅱ	6	10
海鸬鹚	*Phalacrocorax pelagicus*	Ⅱ	4	8
黑颈鸬鹚	*Phalacrocorax niger*	Ⅱ	4	8
黄嘴白鹭	*Egretta eulophotes*	Ⅱ	6	10
岩鹭	*Egretta sacra*	Ⅱ	6	20
海南虎斑鳽	*Gorsachius magnificus*	Ⅱ	6	10
小苇鳽	*Ixbrychus minutus*	Ⅱ	6	10

（续）

中文名	拉丁文名	级别	情节严重	情节特别严重
彩鹳	*Ibis leucocephalus*	Ⅱ	3	4
白鹮	*Threskiornis aethiopicus*	Ⅱ	4	8
黑鹮	*Pseudibis papillosa*	Ⅱ	4	8
彩鹮	*Plegadis falcinellus*	Ⅱ	4	8
白琵鹭	*Platalea leucorodia*	Ⅱ	4	8
黑脸琵鹭	*Platalea minor*	Ⅱ	4	8
红胸黑雁	*Branta ruficollis*	Ⅱ	4	8
白额雁	*Anser albifrons*	Ⅱ	6	10
天鹅(所有种)	*Cygnus* spp.	Ⅱ	6	10
鸳鸯	*Ais galericulata*	Ⅱ	6	10
其他鹰类	(*Accipitridae*)	Ⅱ	4	8
隼科(所有种)	*Falconidae* spp.	Ⅱ	6	10
黑琴鸡	*Lyrurus tetrix*	Ⅱ	4	8
柳雷鸟	*Lagopus lagopus*	Ⅱ	4	8
岩雷鸟	*Lagopus mutus*	Ⅱ	6	10
镰翅鸡	*Falcipennis falcipennis*	Ⅱ	3	4
花尾榛鸡	*Tetrastes bonasia*	Ⅱ	10	20
雪鸡(所有种)	*Tetraogallus* spp.	Ⅱ	10	20
血雉	*Ithaginis cruentus*	Ⅱ	4	6
红腹角雉	*Tragopan temminckii*	Ⅱ	4	6
藏马鸡	*Crossoptilon crossoptilon*	Ⅱ	4	6
蓝马鸡	*Crossoptilon aurtum.*	Ⅱ	4	10
黑鹇	*Lophura leucomelana*	Ⅱ	6	8
白鹇	*Lophura nycthemera*	Ⅱ	6	10
原鸡	*Callus gallus*	Ⅱ	6	8
勺鸡	*Pucrasia macrolopha*	Ⅱ	6	8
白冠长尾雉	*Syrmaticus reevesii*	Ⅱ	4	6
锦鸡(所有种)	*Chrysolophus* spp.	Ⅱ	4	8

（续）

中文名	拉丁文名	级别	情节严重	情节特别严重
灰鹤	*Grus grus*	Ⅱ	4	8
沙丘鹤	*Grus canadensis*	Ⅱ	4	8
白枕鹤	*Grus vipio*	Ⅱ	4	8
蓑羽鹤	*Anthropoides virgo*	Ⅱ	6	10
长脚秧鸡	*Crex crex*	Ⅱ	6	10
姬田鸡	*Porzana parva*	Ⅱ	6	10
棕背田鸡	*Porzana bicolor*	Ⅱ	6	10
花田鸡	*Coturnicops noveboracensis*	Ⅱ	6	10
铜翅水雉	*Metopidius indicus*	Ⅱ	6	10
小杓鹬	*Numenius borealis*	Ⅱ	8	15
小青脚鹬	*Tringa guttifer*	Ⅱ	6	10
灰燕鸻	*Glareola lactea*	Ⅱ	6	10
小鸥	*Iarus minutus*	Ⅱ	6	10
黑浮鸥	*Chlidonias niger*	Ⅱ	6	10
黄嘴河燕鸥	*Sterna aurantia*	Ⅱ	6	10
黑嘴端凤头燕鸥	*Thalasseus zimmermanni*	Ⅱ	4	8
黑腹沙鸡	*Pterocles orientalis*	Ⅱ	4	8
绿鸠（所有种）	*Treron* spp.	Ⅱ	6	8
黑颏果鸠	*Ptilinopus leclancheri*	Ⅱ	6	10
皇鸠（所有种）	*Ducuta* spp.	Ⅱ	6	10
斑尾林鸽	*Columba palumbus*	Ⅱ	6	10
鹃鸠（所有种）	*Macropygia* spp.	Ⅱ	6	10
鹦鹉科（所有种）	*Psittacidae.*	Ⅱ	6	10
鸦鹃（所有种）	*Centropus* spp.	Ⅱ	6	10
鸮形目（所有种）	*STRIGIFORMES*	Ⅱ	6	10
灰喉针尾雨燕	*Hirundapus cochinchinensis*	Ⅱ	6	10
凤头雨燕	*Hemiprocne longipennis*	Ⅱ	6	10
橙胸咬鹃	*Harpactes oreskios*	Ⅱ	6	10

（续）

中文名	拉丁文名	级别	情节严重	情节特别严重
蓝耳翠鸟	*Alcedo meninting*	Ⅱ	6	10
鹳嘴翠鸟	*Pelargopsis capensis*	Ⅱ	6	10
黑胸蜂虎	*Merops leschenaulti*	Ⅱ	6	10
绿喉蜂虎	*Merops orientalis*	Ⅱ	6	10
犀鸟科（所有种）	*Bucerotidae*	Ⅱ	4	8
白腹黑啄木鸟	*Dryocopus javensis*	Ⅱ	6	10
阔嘴鸟科（所有种）	*Eurylaimidae*	Ⅱ	6	10
八色鸫科（所有种）	*Pittidae* spp.	Ⅱ	6	10
凹甲陆龟	*Manoura impressa*	Ⅱ	6	10
大壁虎	*Gekko gecko*	Ⅱ	10	20
虎纹蛙	*Rana tigrina*	Ⅱ	100	200
伟铗叭	*Atlasjapyx atlas*	Ⅱ	6	10
尖板曦箭蜓	*Heliogomphus retroflexus*	Ⅱ	6	10
宽纹北箭蜓	*Ophiogomphus spinicorne*	Ⅱ	6	10
中华缺翅虫	*Zorotypus sinensis*	Ⅱ	6	10
墨脱缺翅虫	*Zorotypus medoensis*	Ⅱ	6	10
拉步甲	*Carabus（Coptolabrus）lafossei*	Ⅱ	6	10
硕步甲	*Carabus（Apotopterus）davidi*	Ⅱ	6	10
彩臂金龟（所有种）	*Cheirotonus* spp.	Ⅱ	6	10
叉犀金龟	*Allomyrina davidis*	Ⅱ	6	10
双尾褐凤蝶	*Bhutanitis mansfieldi*	Ⅱ	6	10
三尾褐凤蝶	*Bhutanitis thaidina dongchuanensis*	Ⅱ	6	10
中华虎凤蝶	*Luehdorfia chinensis huashanensis*	Ⅱ	6	10
阿波罗绢蝶	*Parnassius apollo*	Ⅱ	6	10

346. 在野生动物案件中国家重点保护野生动物及其产品的价值标准如何确定？

《关于在野生动物案中如何确定国家重点保护野生动物及其产品价值标准

的通知》(林策通字〔1996〕8号)及规范性等文件的规定:

(1)国家一级、国家二级保护陆生野生动物的价值标准,分别按照该种动物资源保护管理费的12.5倍、16.7倍执行。

(2)国家重点保护陆生野生动物具有特殊利用价值或者导致野生动物死亡的主要部分,其价值标准按照该种动物价值的80%予以折算;其他部分的价值标准按照该种动物价值标准的20%予以折算。

(3)国家重点保护陆生野生动物产品(不包括标本)的价值标准,有国家定价的按国家定价执行;无国家定价的按市场价格执行,国家定价低于实际销售价格的按实际销售价格执行;既无国家定价又无市场价格的,由案件发生地的省级陆生动物行政主管部门根据实际情况,参照第(1)点的价值标准予以确定,并报国务院林业主管部门备案。

(4)国家重点保护陆生野生动物标本的价值标准,按照第(1)点规定的价值标准适当予以增减,但最大增减幅度不应超过50%。

(5)金丝猴每只45万元;一根未加工象牙价值25万元,由整根象牙雕刻而成的一件象牙制品,应视为一根象牙,其价值为25万元,无法确定是否属于一根象牙的,按41667元/千克核定其价值;犀牛角每千克的价值为25万元。

347. 非法制造、销售、使用地弓、铁夹、吊杠、钢(铁)丝套等猎捕工具的行为如何处罚?

《福建省实施〈野生动物保护法〉办法》规定,非法制造、销售、使用地弓、铁夹、吊杠、钢(铁)丝套等猎捕工具的,没收非法制造的猎捕工具和违法所得,处以400~4000元罚款。

348. 在禁猎区、禁猎期或者使用禁用的工具、方法猎捕野生动物的行为应如何处罚?

《野生动物保护法》第三十二条规定:违反本法规定,在禁猎区、禁猎期或者使用禁用的工具、方法猎捕野生动物的,由野生动物行政主管部门没收猎获物、猎捕工具和违法所得,处以罚款;情节严重、构成犯罪的,依照《刑法》第一百三十条的规定追究刑事责任。

《陆生野生动物保护实施条例》第三十四条规定:违反野生动物保护法规,在禁猎区、禁猎期或者使用禁用的工具、方法猎捕非国家重点保护野生动物,依照《野生动物保护法》第三十二条的规定处以罚款的,按照下列规定执行:

(一)有猎获物的，处以相当于猎获物价值8倍以下的罚款；(二)没有猎获物的，处2000元以下罚款。

《福建省实施〈中华人民共和国野生动物保护法〉办法》规定，在禁猎(捕)区、禁猎(捕)期或使用禁用工具、方法猎捕野生动物的，没收猎获物、猎捕工具和违法所得，处猎获物价值1~5倍的罚款，造成损失的，赔偿猎获物价值等额价款。

《刑法》第三百四十一条第二款规定：违反狩猎法规，在禁猎区、禁猎期或者使用禁用的工具、方法进行狩猎，破坏野生动物资源，情节严重的，处三年以下有期徒刑、拘役、管制或者罚金。

349. 未取得狩猎证或者未按狩猎证规定猎捕野生动物的行为应如何处罚?

《野生动物保护法》第三十三条规定，违反本法规定，未取得狩猎证或者未按狩猎证规定猎捕野生动物的，由野生动物行政主管部门没收猎获物和违法所得，处以罚款，并可没收猎捕工具，吊销狩猎证。

《陆生野生动物保护实施条例》第三十五条规定，违反野生动物保护法规，未取得狩猎证或者未按照狩猎证规定猎捕非国家重点保护野生动物，依照《野生动物保护法》第三十三条的规定处以罚款的，按照下列规定执行：(一)有猎获物的，处以相当于猎获物价值5倍以下的罚款；(二)没有猎获物的，处以1000元以下罚款。

《福建省实施〈中华人民共和国野生动物保护法〉办法》规定，未取得特许猎捕证、狩猎证或者超出特许猎捕证、狩猎证规定猎捕的，没收猎获物和违法所得，处猎获物价值1~5倍的罚款，并可以没收猎捕工具，吊销其特许猎捕证、狩猎证，造成损失的，赔偿猎获物价值等额价款。

350. 在自然保护区、禁猎区破坏重点保护野生动物主要生息繁衍场所的行为应如何处罚?

《野生动物保护法》第三十四条规定：违反本法规定，在自然保护区、禁猎区破坏国家或者地方重点保护野生动物主要生息繁衍场所的，由野生动物行政主管部门责令停止破坏行为，限期恢复原状，处以罚款。

《陆生野生动物保护实施条例》第三十六条规定：违反野生动物保护法规，在自然保护区、禁猎区破坏国家或者地方重点保护野生动物主要生息繁衍场所，依照《野生动物保护法》第三十四条规定处以罚款的，按照相当于恢复原状所需费用3倍以下的标准执行。

在自然保护区、禁猎区破坏非国家或者地方重点保护野生动物主要生息繁衍场所的，由野生动物行政主管部门责令停止破坏行为，限期恢复原状，并处以恢复原状所需费用2倍以下的罚款。

351. 伪造、倒卖、转让特许猎捕证、狩猎证、驯养繁殖许可证或者允许进出口证明书的行为应如何处罚？

《野生动物保护法》第三十七条规定：伪造、倒卖、转让特许猎捕证、狩猎证、驯养繁殖许可证或者允许进出口证明书的，由野生动物行政主管部门或者工商行政管理部门吊销证件，没收违法所得，可以并处罚款。

《陆生野生动物保护实施条例》第三十八条规定：伪造、倒卖、转让狩猎证或者驯养繁殖许可证，依照《野生动物保护法》第三十七条的规定处以罚款的，按照5000元以下的标准执行。伪造、倒卖、转让特许猎捕证或者允许进出口证明书，依照《野生动物保护法》第三十七条的规定处以罚款的，按照5万元以下的标准执行。

《福建省实施〈中华人民共和国野生动物保护法〉办法》第二十八条第五项规定，伪造、倒卖、转让猎捕证、狩猎证、驯养繁殖许可证、经营加工许可证的，处500~5000元罚款；伪造、倒卖、转让特许猎捕证或者允许进出口证明书的，处5000~50000元罚款。

《刑法》第二百八十条第一款规定，伪造、变造、买卖或者盗窃、抢夺、毁灭国家机关的公文、证件、印章的，处3年以下有期徒刑、拘役、管制或者剥夺政治权利；情节严重的，处3年以上10年以下有期徒刑。

《刑法》第二百二十五条规定，违反国家规定，买卖进出口许可证、进出口原产地证明以及其他法律、行政法规规定的经营许可证或者批准文件的，扰乱市场秩序，情节严重的，处5年以下有期徒刑或者拘役，并处或者单处违法所得1倍以上5倍以下罚金；情节特别严重的，处5年以上有期徒刑，并处违法所得1倍以上5倍以下罚金或者没收财产。

352. 未取得采集证或者未按照采集证的规定采集国家重点保护野生植物的行为如何处罚？

《中华人民共和国野生植物保护条例》（以下简称《野生植物保护条例》）第二十三条规定：未取得采集证或者未按照采集证的规定采集国家重点保护野生植物的，由野生植物行政主管部门没收所采集的野生植物和违法所得，可以并处违法所得10倍以下的罚款；有采集证的，并可以吊销采集证。

《刑法》第三百四十四条规定，违反国家规定，非法采伐、毁坏珍贵树木或者国家重点保护的其他植物的，处3年以下有期徒刑、拘役或者管制，并处罚金；情节严重的，处3年以上7年以下有期徒刑，并处罚金。

353. 非法出售、收购国家重点保护野生植物的行为应如何处罚？

《野生植物保护条例》第二十四条规定：违反本条例规定，出售、收购国家重点保护野生植物的，由工商行政管理部门或者野生植物行政主管部门按照职责分工没收野生植物和违法所得，可以并处违法所得10倍以下的罚款。

《刑法》第三百四十四条规定，非法收购、运输、加工、出售珍贵树木或者国家重点保护的其他植物及其制品的，处3年以下有期徒刑、拘役或者管制，并处罚金；情节严重的，处3年以上七7以下有期徒刑，并处罚金。

354. 走私珍稀植物及其制品的行为如何处罚？

《野生植物保护条例》第二十五条规定：非法进出口野生植物的，由海关依照海关法的规定处罚。

《濒危野生动植物进出口管理条例》第二十六条规定：非法进口、出口或者以其他方式走私濒危野生动植物及其产品的，由海关依照海关法的有关规定予以处罚；情节严重，构成犯罪的，依法追究刑事责任。

《刑法》第一百五十一条第三款规定：走私珍稀植物及其制品等国家禁止进出口的其他货物、物品的，处5年以下有期徒刑或者拘役，并处或者单处罚金；情节严重的，处5年以上有期徒刑，并处罚金。

355. 伪造、倒卖、转让采集证、允许进出口证明书或者有关批准文件、标签的行为应如何处罚？

《野生植物保护条例》第二十六条规定：伪造、倒卖、转让采集证、允许进出口证明书或者有关批准文件、标签的，由野生植物行政主管部门或者工商行政管理部门按照职责分工收缴，没收违法所得，可以并处5万元以下的罚款。

《刑法》第二百二十五条规定，违反国家规定，买卖进出口许可证、进出口原产地证明以及其他法律、行政法规规定的经营许可证或者批准文件的，扰乱市场秩序，情节严重的，处五年以下有期徒刑或者拘役，并处或者单处违法所得1倍以上5倍以下罚金；情节特别严重的，处5年以上有期徒刑，并处违法所得1倍以上5倍以下罚金或者没收财产。

《刑法》第二百八十条第一款规定，伪造、变造、买卖或者盗窃、抢夺、毁灭国家机关的公文、证件、印章的，处3年以下有期徒刑、拘役、管制或者剥夺政治权利；情节严重的，处3年以上10年以下有期徒刑。

356. 外国人在中国境内采集、收购国家重点保护野生植物，或者未经批准对国家重点保护野生植物进行野外考察的行为应如何处罚？

《野生植物保护条例》第二十七条规定：外国人在中国境内采集、收购国家重点保护野生植物，或者未经批准对国家重点保护野生植物进行野外考察的，由野生植物行政主管部门没收所采集、收购的野生植物和考察资料，可以并处5万元以下的罚款。

构成犯罪的，依法追究刑事责任。

357. 在自然保护区内进行砍伐、放牧、狩猎、捕捞、采药、开垦、烧荒、开矿、挖沙等活动的行为应如何处罚？

《中华人民共和国自然保护区条例》(以下简称《自然保护区条例》)第三十五条规定：违反本条例规定，在自然保护区内进行砍伐、放牧、狩猎、捕捞、采药、开垦、烧荒、开矿、挖沙等活动的单位和个人，除可以按照有关法律、行政法规规定给予处罚的以外，由县级以上人民政府有关自然保护区行政主管部门或者其授权的自然保护区管理机构没收违法所得，责令停止违法行为，限其恢复原状或者采取其他补救措施；对自然保护区造成破坏的，可以处以300元以上1万元以下的罚款。

358. 未经批准，在自然保护区内采集野生动植物、矿物和土壤标本的应如何处罚？

根据《福建省森林和野生动物类型自然保护区管理条例》的规定，在保护区或自然保护小区(点)内采集野生动植物、矿物和土壤等标本的，未经保护区管理机构或自然保护小区(点)监督管理部门同意和按规定申请办理审批手续的，由保护区管理机构没收采集物和采集工具，并处以200~2000元罚款。

359. 未经批准进入保护区修筑设施的行为应如何处罚？

《福建省森林和野生动物类型自然保护区管理条例》第三十三条规定：未经批准进入保护区修筑设施的，由保护区管理机构责令其限期拆除，恢复植被；逾期不拆除，依法强制拆除，并按占地面积每平方米处以 100 ~ 200 元罚款。强制拆除和恢复植被的费用，由修筑设施的单位或个人承担。

360. 擅自移动或者损坏保护区界碑、标志的行为应如何处罚?

《福建省森林和野生动物类型自然保护区管理条件》第三十四条规定：擅自移动或者损坏保护区界碑、标志的，由保护区管理机构责令其恢复原状，赔偿损失，可以并处 100 ~ 1000 元罚款。

361. 未经批准进入自然保护区或者在自然保护区内不服从管理机构管理的应如何处罚?

《自然保护区条例》第三十四条第二项规定，未经批准进入自然保护区或者在自然保护区内不服从管理机构管理的，由自然保护区管理机构责令其改正，并可以根据不同情节处以 100 元以上 5000 元以下的罚款。

保护区内的村民，因生产需要雇佣外来劳动力的，应事先征得保护区管理机构同意，未经批准，雇佣外来劳动力进入保护区的，根据《福建省森林和野生动物类型自然保护区管理条例》第三十七条的规定，由保护区管理机构责令其限期离开，对雇主予以批评教育，可以并处 100 元至 1000 元罚款。

362. 经批准在自然保护区的缓冲区内从事科学研究、教学实习和标本采集的单位和个人，不向自然保护区管理机构提交活动成果副本的应如何处罚?

《自然保护区条例》第三十四条第三项规定，经批准在自然保护区的缓冲区内从事科学研究、教学实习和标本采集的单位和个人，不向自然保护区管理机构提交活动成果副本的，由自然保护区管理机构责令其改正，并可以根据不同情节处以 100 元以上 5000 元以下的罚款。

363. 擅自扩大或变更自然保护区内生产小区范围的行为应如何处罚?

《福建省森林和野生动物类型自然保护区管理条例》第三十六条规定：擅自扩大或变更生产小区范围的，由保护区管理机构或林业行政主管部门责令其停止生产活动，没收违法所得，可以并处 200 ~ 2000 元罚款。

364. 擅自在保护区的外围保护地带建设项目的应如何处理?

保护区边界外延至第一重山内，为保护区的外围保护地带。在保护区的外围保护地带筹建建设项目时，应征得保护区管理机构同意后，方可按有关规定，办理建设项目审批手续。如未征得保护区管理机构同意，按照《福建省森林和野生动物类型自然保护区管理条例》的规定，由建设项目所在地的县级人民政府责令其限期治理或者停产、停业、关闭。

365. 非法猎捕、杀害国家重点保护野生动物的行为如何处罚?

《陆生野生动物保护实施条例》第三十三条规定：非法捕杀国家重点保护野生动物的，依照《全国人民代表大会常务委员会关于惩治捕杀国家重点保护的珍贵、濒危野生动物犯罪的补充规定》追究刑事责任；情节显著轻微危害不大的，或者犯罪情节轻微不需要判处刑罚的，由野生动物行政主管部门没收猎获物、猎捕工具和违法所得，吊销特许猎捕证，并处以相当于猎获物价值10倍以下的罚款，没有猎获物的处1万元以下罚款。

《刑法》第三百四十一条第一款规定，非法猎捕、杀害国家重点保护的珍贵、濒危野生动物的，处5年以下有期徒刑或者拘役，并处罚金；情节严重的，处5年以上10年以下有期徒刑，并处罚金；情节特别严重的，处10年以上有期徒刑，并处罚金或者没收财产。

366. 非法出售、收购、运输、携带国家或者地方重点保护野生动物或者其产品的行为应如何处罚?

《陆生野生动物保护实施条例》第三十七条规定：违反野生动物保护法规，出售、收购、运输、携带国家或者地方重点保护野生动物或者其产品的，由工商行政管理部门或者其授权的野生动物行政主管部门没收实物和违法所得，可以并处相当于实物价值10倍以下的罚款。

《福建省实施〈中华人民共和国野生动物保护法〉办法》第二十八条规定，

(1)非法收购、出售国家和省重点保护野生动物的，没收野生动物及其产品和违法所得，处猎捕物价值或其产品市场价等额罚款。

(2)未取得准运证或使用伪造、倒卖、涂改、套用准运证运输、邮寄、携带野生动物及其产品的，没收野生动物及其产品，处以1000元至1万元罚款；

(3)运输、邮寄、携带野生动物及其产品的数量、种类与准运记载不符的，没收不符的或超出部分的野生动物及其产品，处以300~3000元罚款。

《刑法》第三百四十一条第一款规定，非法收购、运输、出售国家重点保护的珍贵、濒危野生动物及其制品的，处五年以下有期徒刑或者拘役，并处罚金；情节严重的，处 5 年以上 10 年以下有期徒刑，并处罚金；情节特别严重的，处10 年以上有期徒刑，并处罚金或者没收财产。

367. 为违法经营加工、运输野生动物及其产品提供储藏场所或运输工具的应如何处罚？

《福建省实施〈中华人民共和国野生动物保护法〉办法》第二十八条第四项规定：为违法经营加工、运输野生动物及其产品提供储藏场所或运输工具的，处200 ~2000 元罚款。

368. 走私珍贵动物及其制品的行为应如何处罚？

《野生动物保护法》第三十六条规定：非法进出口野生动物或者其产品的，由海关依照海关法处罚；情节严重、构成犯罪的，依照刑法关于走私罪的规定追究刑事责任。

《濒危野生动植物进出口管理条例》第二十六条规定：非法进口、出口或者以其他方式走私濒危野生动植物及其产品的，由海关依照海关法的有关规定予以处罚；情节严重，构成犯罪的，依法追究刑事责任。

《刑法》第一百五十一条第二款规定：走私国家禁止出口的文物、黄金、白银和其他贵重金属或者国家禁止进出口的珍贵动物及其制品的，处 5 年以上有期徒刑，并处罚金；情节较轻的，处 5 年以下有期徒刑，并处罚金。

369. 未取得驯养繁殖许可证或者超越驯养繁殖许可证规定范围驯养繁殖重点保护野生动物的行为应如何处罚？

《陆生野生动物保护实施条例》第三十九条规定：违反野生动物保护法规，未取得驯养繁殖许可证或者超越驯养繁殖许可证规定范围驯养繁殖国家重点保护野生动物的，由野生动物行政主管部门没收违法所得，处 3000 元以下罚款，可以并处没收野生动物、吊销驯养繁殖许可证。

《福建省实施中华人民共和国野生动物保护法办法》第二十七条第四项规定，没收违法驯养繁殖的野生动物和违法所得，处 300 ~ 3000 元罚款，并可以吊销驯养繁殖许可证。

370. 未取得野生动物经营加工许可证或超出许可证规定进行经营加工的应如何处罚？

《福建省实施〈中华人民共和国野生动物保护法〉办法》第二十七条第五、

六项规定：超出许可证规定经营加工野生动物及其产品的，没收超出部分野生动物和违法所得，处500～5000元罚款，并可以吊销经营加工许可证；未取得野生动物经营加工许可证进行经营加工的，没收野生动物及其产品、经营加工工具和违法所得，处以1000～10000元罚款。

371. 外国人未经批准在中国境内对国家重点保护野生动物进行野外考察、标本采集或者在野外拍摄电影、录像的行为应如何处罚？

《陆生野生动物保护实施条例》第四十条规定：外国人未经批准在中国境内对国家重点保护野生动物进行野外考察、标本采集或者在野外拍摄电影、录像的，由野生动物行政主管部门没收考察、拍摄的资料以及所获标本，可以并处5万元以下的罚款。

372. 瞒报、谎报或者故意拖延报告森林火灾的应如何处罚？

违反森林防火法规规定，瞒报、谎报或者故意拖延报告森林火灾的，按《森林防火条例》第四十七条的规定，由其上级行政机关或者监察机火责令改正；情节严重的，对直接负责的主管人员和其他直接责任人员依法给予处分；构成犯罪的，依法追究刑事责任。

373. 未及时采取森林火灾扑救措施的应如何处罚？

违反森林防火法规规定，未及时采取森林火灾扑救措施的，按《森林防火条例》第四十七条的规定，由其上级行政机关或者监察机关责令改正；情节严重的，对直接负责的主管人员和其他直接责任人员依法给予处分；构成犯罪的，依法追究刑事责任。

374. 森林、林木、林地的经营者未履行森林防火责任的，应如何处罚？

《森林防火条例》第四十八条规定：违反本条例规定，森林、林木、林地的经营单位或者个人未履行森林防火责任的，由县级以上地方人民政府林业主管部门责令改正，对个人处500元以上5000元以下罚款，对单位处1万元以上5万元以下罚款。

《森林防火条例》第五十三条规定，该行为造成森林火灾，构成犯罪的，依法追究刑事责任；尚不构成犯罪的，除追究第四十八条的法律责任外，县级以上地方人民政府林业主管部门可以责令责任人补种树木。

375. 拒绝森林防火检查或者逾期不消除火灾隐患的，应如何处罚？

《森林防火条例》第四十九条规定：违反本条例规定，森林防火区内的有关单位或者个人拒绝接受森林防火检查或者接到森林火灾隐患整改通知书逾期不消除火灾隐患的，由县级以上地方人民政府林业主管部门责令改正，给予警告，对个人并处200元以上2000元以下罚款，对单位并处5000元以上1万元以下罚款。

《森林防火条例》第五十三条规定，该行为造成森林火灾，构成犯罪的，依法追究刑事责任；尚不构成犯罪的，除追究第四十九条的法律责任外，县级以上地方人民政府林业主管部门可以责令责任人补种树木。

376. 未经批准擅自在森林防火区内野外用火的应如何处罚？

《森林防火条例》第五十条规定：违反本条例规定，森林防火期内未经批准擅自在森林防火区内野外用火的，由县级以上地方人民政府林业主管部门责令停止违法行为，给予警告，对个人并处200元以上3000元以下罚款，对单位并处1万元以上5万元以下罚款。

《森林防火条例》第五十三条规定，该行为造成森林火灾，构成犯罪的，依法追究刑事责任；尚不构成犯罪的，除追究第五十条的法律责任外，县级以上地方人民政府林业主管部门可以责令责任人补种树木。

377. 未经批准在森林防火区内进行实弹演习、爆破等活动的应如何处罚？

《森林防火条例》第五十一条规定：违反本条例规定，森林防火期内未经批准在森林防火区内进行实弹演习、爆破等活动的，由县级以上地方人民政府林业主管部门责令停止违法行为，给予警告，并处5万元以上10万元以下罚款。

《森林防火条例》第五十三条规定，该行为造成森林火灾，构成犯罪的，依法追究刑事责任；尚不构成犯罪的，除追究第五十一条的法律责任外，县级以上地方人民政府林业主管部门可以责令责任人补种树木。

378 森林防火期内，森林、林木、林地的经营单位未设置森林防火警示宣传标志的应如何处罚？

《森林防火条例》第五十二条规定，森林防火期内，森林、林木、林地的经营单位未设置森林防火警示宣传标志的，由县级以上地方人民政府林业主管部门责令改正，给予警告，对个人并处200元以上2000元以下罚款，对单位并处2000元以上5000元以下罚款。

《森林防火条例》第五十三条规定，该行为造成森林火灾，构成犯罪的，依法追究刑事责任；尚不构成犯罪的，除追究第五十二条的法律责任外，县级以上地方人民政府林业主管部门可以责令责任人补种树木。

379. 森林防火期内，进入森林防火区的机动车辆未安装防火装置的应如何处罚？

《森林防火条例》第五十二条规定，森林防火期内，进入森林防火区的机动车辆未安装防火装置的，由县级以上地方人民政府林业主管部门责令改正，给予警告，对个人并处200元以上2000元以下罚款，对单位并处2000元以上5000元以下罚款。

《森林防火条例》第五十三条规定，该行为造成森林火灾，构成犯罪的，依法追究刑事责任；尚不构成犯罪的，除追究第五十二条的法律责任外，县级以上地方人民政府林业主管部门可以责令责任人补种树木。

380. 森林高火险期内，未经批准擅自进入森林高火险区活动的应如何处罚？

《森林防火条例》第五十二条规定，森林高火险期内，未经批准擅自进入森林高火险区活动的，由县级以上地方人民政府林业主管部门责令改正，给予警告，对个人并处200元以上2000元以下罚款，对单位并处2000元以上5000元以下罚款。

《森林防火条例》第五十三条规定，该行为造成森林火灾，构成犯罪的，依法追究刑事责任；尚不构成犯罪的，除追究第五十二条的法律责任外，县级以上地方人民政府林业主管部门可以责令责任人补种树木。

381. 故意放火烧毁森林或者其他林木的应如何处罚？

《刑法》第一百一十四条规定：放火、决水、爆炸、投毒或者以其他危险方法破坏工厂、矿场、油田、港口、河流、水源、仓库、住宅、森林、农场、谷场、牧场、重要管道、公共建筑物或者其他公私财产，危害公共安全，尚未造成严重后果的，处3年以上10年以下有期徒刑。

第一百一十五条第一款规定：放火、决水、爆炸、投毒或者以其他危险方法致人重伤、死亡或者使公私财产遭受重大损失的，处 10 年以上有期徒形、无期徒刑或者死刑。

382. 过失引起森林火灾造成严重后果的应如何处罚?

《刑法》第一百一十五条第二款规定，过失犯前款罪的(放火、决水、爆炸、投毒或者以其他危险方法致人重伤、死亡或者使公私财产遭受重大损失的)，处 3 年以上 7 年以下有期徒刑；情节较轻的，处 3 年以下有期徒刑或者拘役。

383. 未依照规定办理植物检疫证书或者在报检过程中弄虚作假的行为应如何处罚?

《植物检疫条例实施细则(林业部分)》第三十条规定：森检机构应当责令纠正，可以没收非法所得，处以 50 ~ 2000 元罚款；造成损失的，应当责令赔偿；构成犯罪的，由司法机关依法追究刑事责任。

384. 伪造、涂改、买卖、转让植物检疫单证、印章、标志、封识的行为应如何处罚?

《植物检疫条例实施细则(林业部分)》第三十条规定：森检机构应当责令纠正，可以没收非法所得，处以 50 ~ 2000 元罚款；造成损失的，应当责令赔偿；构成犯罪的，由司法机关依法追究刑事责任。

385. 未依照规定调运、隔离试种或者生产应施检疫的植物及其产品的行为应如何处罚?

《植物检疫条例实施细则(林业部分)》第三十条规定：森检机构应当责令纠正，可以没收非法所得，处以 50 ~ 2000 元罚款；造成损失的，应当责令赔偿；构成犯罪的，由司法机关依法追究刑事责任。

386. 违反植物检疫规定，擅自开拆植物及其产品包装，调换植物及其产品，或者擅自改变植物及其产品的规定用途的行为应如何处罚?

《植物检疫条例实施细则(林业部分)》第三十条规定：森检机构应当责令纠正，可以没收非法所得，处以 50 ~ 2000 元罚款；造成损失的，应当责令赔偿；构成犯罪的，由司法机关依法追究刑事责任。

387. 用带有危险性病虫害的林木种苗进行育苗或者造林的行为应如何处罚？

《森林病虫害防治条例》第二十二条规定：用带有危险性病虫害的林木种苗进行育苗或者造林的，责令限期除治，赔偿损失，可以并处 100 ~ 2000 元的罚款。

388. 对发生森林病虫害不除治或除治不力，造成森林病虫害蔓延成灾的行为应如何处罚？

《森林病虫害防治条例》第二十二条规定：发生森林病虫害不除治或除治不力，造成森林病虫害蔓延成灾的，责令限期除治，赔偿损失，可以并处 100 ~ 2000 元的罚款。

389. 隐瞒或者虚报森林病虫害情况，造成森林病虫害蔓延成灾的行为应如何处罚？

《森林病虫害防治条例》第二十二条规定：隐瞒或者虚报森林病虫害情况，造成森林病虫害蔓延成灾的，责令限期除治，赔偿损失，可以并处 100 元至 2000 元的罚款。

390. 被责令限期除治森林病虫害者不除治的，如何处理？

《森林病虫害防治条例》第二十五条规定：被责令限期除治森林病虫害者不除治的，林业主管部门或者其授权的单位可以代为除治，由被责令限期除治者承担全部费用。

代为除治森林病虫害的工作，不因被责令限期除治者申请复议或者起诉而停止执行。

391. 假冒授权林木品种的行为应如何处罚？

《植物新品种保护条例》第四十条规定：假冒授权品种的，由县级以上人民政府农业、林业行政部门依据各自的职权责令停止假冒行为，没收违法所得和植物品种繁殖材料，并处违法所得 1 倍以上 5 倍以下的罚款；情节严重，构成犯罪的，依法追究刑事责任。

392. 推广未经核准登记的林业物化技术的行为应如何处罚？

《福建省实施〈中华人民共和国农业技术推广法〉办法》第二十条规定：违

反本办法第八条第（四）项规定，推广未经核准登记的农业物化技术的单位和个人，由当地农业技术推广行政部门予以制止，造成损失的，应责令其赔偿损失，并可处以1000~3000元罚款。

第八条规定：向农业劳动者推广的农业技术，必须经过当地试验示范证明具有先进性、适用性和经济合理性，并具备下列条件之一：……（四）按国家规定及经省农业技术推广部门核准登记的农业物化技术。

393. 销售授权品种未使用其注册登记的名称的行为应如何处罚？

《植物新品种保护条例》第四十二条规定：销售授权品种未使用其注册登记的名称的，由县级以上人民政府农业、林业行政部门依据各自的职权责令限期改正，可以处1万元以下的罚款。

394. 故意毁坏森林或其他林木的应如何处罚？

故意毁坏森林或其他林木的，依据《中华人民共和国治安处罚法》第四十九条的规定，处5日以上10日以下拘留，可以并处500元以下罚款；情节较重的，处10日以上15日以下拘留，可以并处1000元以下罚款。

故意毁坏森林或其他林木，数额较大或者有其他严重情节的，根据《刑法》第二百七十五条规定，处3年以下有期徒刑、拘役或者罚金；数额巨大或者有其他特别严重情节的，处3年以上7年以下有期徒刑。

395. 聚众哄抢林木的应如何处罚？

以非法占有为目的，集结多人，一哄而上哄抢林木的，依据《治安处罚法》第四十九条的规定，处5日以上10日以下拘留，可以并处500元以下罚款；情节较重的，处10日以上15日以下拘留，可以并处1000元以下罚款。

《刑法》第二百六十八条规定：聚众哄抢公私财物，数额较大或者有其他严重情节的，对首要分子和积极参加的，处3年以下有期徒刑、拘役或者管制，并处罚金；数额巨大或者有其他特别严重情节的，处3年以上10年以下有期徒刑，并处罚金。

396. 破坏林业生产经营的应如何处罚？

由于泄愤报复或者其他个人目的，故意毁坏用于造林、育林、护林和木材生产的机械设备或者以其他方法破坏林业生产经营的，依据《刑法》第二百七十六条规定，处3年以下有期徒刑、拘役或者管制；情节严重的，处3年以上7年以下有期徒刑。

397. 盗窃林木的行为应如何处罚？

盗窃国家、集体、他人所有并已经伐倒的树木、偷砍他人房前屋后、自留地种植的零星树木、以谋取经济利益为目的非法实施采种、采脂、挖笋、掘根、剥树皮等以及盗窃国家重点保护陆生野生动物或其制品的，依据《治安处罚法》第四十九条的规定，处5日以上10日以下拘留，可以并处500元以下罚款；情节较重的，处10日以上15日以下拘留，可以并处1000元以下罚款。

盗窃数额较大或者多次盗窃的，依据《刑法》第二百六十四条的规定，处3年以下有期徒刑、拘役或者管制，并处或者单处罚金；数额巨大或者有其他严重情节的，处3年以上10年以下有期徒刑，并处罚金；数额特别巨大或者有其他特别严重情节的，处10年以上有期徒刑或者无期徒刑，并处罚金或者没收财产；有下列情形之一的，处无期徒刑或者死刑，并处没收财产：(一)盗窃金融机构，数额特别巨大的；(二)盗窃珍贵文物，情节严重的。

398. 抢劫国家重点保护陆生野生动物或其制品的行为应如何处罚？

《刑法》第二百六十三条规定：以暴力、胁迫或者其他方法抢劫公私财物的，处3年以上10年以下有期徒刑，并处罚金；有下列情形之一的，处十年以上有期徒刑、无期徒刑或者死刑，并处罚金或者没收财产：(一)入户抢劫的；(二)在公共交通工具上抢劫的；(三)抢劫银行或者其他金融机构的；(四)多次抢劫或者抢劫数额巨大的；(五)抢劫致人重伤、死亡的；(六)冒充军警人员抢劫的；(七)持枪抢劫的；(八)抢劫军用物资或者抢险、救灾、救济物资的。

399. 抢夺国家重点保护陆生野生动物或其制品的行为应如何处罚？

抢夺国家重点保护陆生野生动物或其制品的，依据《治安处罚法》第四十九条的规定，处5日以上10日以下拘留，可以并处500元以下罚款；情节较重的，处10日以上15日以下拘留，可以并处1000元以下罚款。

《刑法》第二百六十七条规定：抢夺公私财物，数额较大的，处3年以下有期徒刑、拘役或者管制，并处或者单处罚金；数额巨大或者有其他严重情节的，处3年以上10年以下有期徒刑，并处罚金；数额特别巨大或者有其他特别严重情节的，处10年以上有期徒刑或者无期徒刑，并处罚金或者没收财产。

400. 掩饰、隐瞒涉林犯罪所得、犯罪所得收益的行为应如何处罚？

明知是涉及被盗伐、滥伐的林木、国家重点保护陆生野生动物或其制品的犯罪所得、犯罪所得收益而予以掩饰、隐瞒的，依据《治安处罚法》第六十条的规定，处5日以上10日以下拘留，并处200元以上500元以下罚款。

《刑法》第三百一十二条规定：明知是犯罪所得及其产生的收益而予以窝藏、转移、收购、代为销售或者以其他方法掩饰、隐瞒的，处3年以下有期徒刑、拘役或者管制，并处或者单处罚金；情节严重的，处3年以上7年以下有期徒刑，并处罚金。

下篇　实用技术

第十章 林木种苗培育技术

401. 福建省主要造林树种苗木质量分级指标如何？

根据省地方标准《主要造林树种苗木质量》(DB35/127—2004)的规定，福建省主要造林树种苗木质量分级指标如表 10-1 所示。

表 10-1 主要造林树种苗木质量分级

序号	树种名称	苗木种类	苗龄	Ⅰ级苗					Ⅱ级苗			
				地径厘米≥	苗高厘米≥	根系长度厘米≥	>5厘米长Ⅰ级侧根数≥	地径厘米≥	苗高厘米≥1	根系长度厘米≥	>5厘米长Ⅰ级侧根数≥	合格苗%
1	杉木	播种	1～0*	0.45	30	20	15	0.35	20	15	10	90
			1～0△	0.60	35	20	15	0.4	27	20	10	
2	柳杉	播种	1～0	0.4	30	15	10	0.30	20	10	8	90
3	马尾松	播种	1～0	0.35	20	15	10	0.25	15	12	8	90
4	福建柏	播种	1～0	0.35	35	10		0.25	25	7		85
5	乳源木莲	播种	1～0	0.60	50	18	10	0.4	35	15	7	85
6	鹅掌楸	播种	1～0	0.85	100	20	9	0.7	80	15	9	80
7	樟树	播种	1～0	0.9	70	25		0.7	50	25		80
8	楠木	播种	1～0	0.4	30	20		0.3	20	15		80
9	檫树	播种	1～0	1.1	90	25	10	0.70	60	18	4	85
10	大叶相思	播种	0.5～0	0.50	60	20		0.3	30	17		85
			1～0	1.00	130	30	10	0.60	100	25	10	
11	台湾相思	播种	0.5～0	0.4	40	15		0.30	20	12		85
			1～0	0.6	60	27	10	0.4	30	25	10	
12	拟赤杨	播种	1～0	0.50	50	20	10	0.4	40	15	8	85
13	枫香	播种	1～0	0.55	55	25	10	0.4	40	20	10	85
14	米老排	播种	1～0	1	100	25	10	0.60	80	22	8	80
		移植	0.2～0.8	1.00	100	25		0.60	60	20		85
15	光皮桦	播种	1～0	0.60	60	20	10	0.4	40	15	7	85
16	米槠	播种	1～0	0.4	30			0.30	25			85

（续）

序号	树种名称	苗木种类	苗龄	Ⅰ级苗				Ⅱ级苗				合格苗%
				地径厘米≥	苗高厘米≥	根系长度厘米≥	>5厘米长Ⅰ级侧根数≥	地径厘米≥	苗高厘米≥l	根系长度厘米≥	>5厘米长Ⅰ级侧根数≥	
17	黧蒴栲(闽粤栲)	播种	1－0	0.55	60	20	10	0.45	45	15	7	85
18	刺栲(红锥)	播种	1～0	0.35	30	20		0.25	20	15		80
19	山杜英	播种	1～0	0.50	50			0.4	40			85
20	木荷	播种	1～0	0.6	50	25	8	0.4	30	20	8	80
21	酸枣	播种	1～0	0.85	100	20	9	0.7	80	15	9	85
22	香椿	播种	1～0	1.2	120	25	7	0.80	60	20	7	85

注：＊表示适用范围为闽西北片，△表示适用范围为闽东南片。苗龄表示法：1～0 表示 1 年生播种苗未经移植；2～1 表示 3 年生移植苗，移植一次，移植后继续培育一年；0.2～0.8 表示 1 年生移植苗，移植一次，2/10 年生长周期移植后培育 8/10 年生长周期。

一、杉木大田育苗技术

402. 杉木大田育苗如何选择圃地？

杉苗耐庇荫，喜湿润，怕干旱，忌水湿。圃地宜选择日照较短，以阴坡半阴坡为宜，地下水位 0.5 米以下，交通方便的地方。土壤选择疏松、肥沃、湿润的沙壤土或壤土为宜。尽量选择避风、空气湿度大的山间洼地。杉木圃地不可连作。

403. 杉木大田育苗如何整地作床？

秋冬季开好排水沟，经过三犁三耙，使土壤充分风化。整地做床前应施足基肥，每亩施腐熟厩肥或火烧土 250 千克，饼肥 50～100 千克过磷酸钙 20 千克。饼肥要经过沤熟，过磷酸钙最好与厩肥、饼肥混合施用。一般做高床，宽 1 米左右，高 20～30 厘米，土块要细，床面做成微拱形，中央高，两边稍低。圃地四周要开排水沟，田丘大的中间要开沟。边沟、中沟要比步道深，以利排水。

404. 杉木的种子如何处理？

播种前，种子经用清水浸种 6～8 小时，捞去上浮的空瘪粒种子，取出下沉的种子，再用0.5%高锰酸钾或1%的漂白粉浸种30分钟；或用0.15%～0.3%福马林溶液浸种15分钟，将种子捞起密盖1小时；也可用0.5%的硫酸铜溶液浸4小时。消毒过的种子须用清水冲洗后晾干再播。

405. 杉木的播种期是在什么时候？

一般在早春气候转暖，平均气温稳定在10℃左右时播种。在幼苗不受霜冻的地区，提倡早播，使幼苗早出土，到4～5月气温升高，雨季来临，根系入土较深，根颈部位已木质化，不易发生猝倒病。到夏季苗木已封行，抗旱能力强。福建省南部可在12月至翌年2月间播种；西北部和东北部，以2～3月间播种为宜。闽北有些地方采用秋播，于9～10月播种，培育一年半的大苗造林。

406. 杉木育苗如何播种？

采用条播或撒播。种子发芽率30%左右的，每亩播种6～7千克，发芽率40%左右的，每亩播种4～5千克。播种后用细土（黄心土或火烧土）均匀覆盖，以不见种子为度，厚约0.5厘米。覆土后再盖草，以保温保湿，促进发芽。

407. 杉木苗期如何除草松土？

除草是苗期管理的一项主要工作，从幼苗出齐后，床面发现杂草，要及时拔除，掌握除早、除小、除了的原则。苗4～5叶期或真叶木质比时，采用24%果尔60毫升或50%乙草胺150毫升配成10千克药土，撒施于苗床，施药土量为10千克/亩，除草效果较好。雨后或灌溉后，床面容易板结，条播可结合除草进行松土，初期浅锄，后期可稍深，注意不伤苗根。松土最好结合清沟培土，将步道的土清理干净，均匀培覆根际。

408. 杉木大苗如何间苗？

幼苗出现真叶后，密度过大的宜选择阴天或雨后进行间苗。此时苗根入土不深，边起边栽，间密补稀，以后根据生长情况及留苗密度，进行1～2次间苗，于7月前后定苗。每亩产苗量4万～6万株，每平方米保留150～180株，或每米播种沟保留30～40株。

409. 苗期如何进行科学施肥？

根据不同时期生长的特点，适时追施不同配比的肥料。4～5月当真叶出现至旺盛生长前，历时40～60天，施高磷低氮的混合施肥，氮、磷、钾的比例为1∶5∶1。高磷可促进根系生长，深扎；低氮可减少病害。6～8月，幼苗进入生长旺盛初期，宜施速效性高氮肥料、氮、磷、钾比例为3∶1∶1，以适应苗木地上部分速生所需的大量养分。9～10月，幼苗进入生长旺盛后期，应配合施用磷钾肥，以促苗木径生长和叶面积的扩大，加速木质化，增强抗性。追肥要掌握先稀后浓、量少次多的原则。施肥后要用清水洗苗叶，以防发生肥害。

410. 杉木苗期的如何做好抗旱排涝？

幼苗出土后要经常保持苗床湿润。当苗床土壤干燥时要及时灌溉，特别是七八月遭到高温少雨，要注意抗旱。到生长后期减少灌溉次数，防止徒长。幼苗生长初期，正逢梅雨季节，苗木嫩弱，要注意防涝抗病，经常清沟排水，做到小雨步道不积水，大雨苗床不受淹。

411. 育杉木苗如何进行遮荫？

杉苗不耐高温和干旱，如在炎热夏季进行遮荫，有利于防旱保苗，提高产苗量。许多地方在生产实践中，注意选较庇荫的圃地，水源充足，灌溉条件好，并且早播种，不需要遮荫，也能正常生长，且苗木比较粗壮，抗性比较强，上山造林成活率高。所以育杉苗一般不提倡遮荫。如果圃地光照强、水源不足、灌溉条件又差，播种过迟，则要遮荫。采用搭棚或插荫枝。荫棚可用竹篾、茅草编成，或用遮荫网，透光度以50%～75%为宜。插荫枝可就地取材，如用芒萁、蕨类或杉木枝条播在床面。一般在6～9月遮荫，入秋后撤除荫棚或荫枝，以增加光照，促进苗木木质化。

二、马尾松大田育苗技术

412. 马尾松大田育苗如何选择圃地？

马尾松幼苗喜光，怕水涝。圃地应选择地势平坦，排水畅通，阳光充足，土层深厚，质地适中，以微酸性的沙质壤土或轻黏壤土为好。靠近水源，就地设圃，马尾松育苗可连作2年，不宜连作3年，而且不宜与针叶树种轮作，最好与阔叶树种或农作物轮作。

413. 马尾松大田育苗如何进行整地作床？

整地做床的方法与杉木育苗相同。马尾松根部有菌根菌共生，对未育过松苗的圃地采取接种菌根菌，即在作床前从育过马尾松的圃地取土，或从老松林树蔸下挖取带白色菌丝的土壤，混合在苗床土壤中。根据试验结果表明，苗圃地经过接种的比没有接种的苗高、地茎分别增加 10% ~51%、13% ~39%，且苗木上山造林成活率也比没有带菌根苗木要高，幼林生长也快。

414. 马尾松育苗的种子如何进行处理？

播种前，进行净种，去掉小粒种子，种子用 40℃温水或冷水浸种 12 ~ 24 小时，将浮在水面的空瘪粒的种子去除，下沉的种子捞起。经过消毒后播种，消毒方法与杉木种子消毒相同。

415. 马尾松育苗的播种期选择什么季节？

一般在春季播种，中亚热地区在 3 月上中旬播种最佳，当日平均气温约 10℃以上，土壤水分条件适宜，一般约 25 天即可发芽出土。适时早播可增强苗木抗病抗旱能力，提高苗木质量。太早播种易受种腐、冻伤及鸟兽害，太迟，苗木产量低、质量差，易遭日灼之害。

416. 马尾松播种方法如何？

播种量随着种子品质不同而异。种子净度 90%，发芽率达 70% 以上，每亩播种 4 ~ 5 千克，产合格苗 9 万~ 10 万株。采用撒播或条播，播后用火烧土或黄心土经过过筛覆盖种子，厚度 0.5 ~ 0.8 厘米。覆土后随即盖草。

417. 马尾松苗期如何进行抚育管理？

播种后，约经 20 ~ 30 天发芽出土，应适时适量分批揭草。种子萌发顶壳出土，易遭鸟害，揭草后应注意驱鸟，直到幼苗的种壳脱落为止，约需 10 ~ 15 天。

幼苗出土后，苗床出现杂草，要及时拔除。撒播苗在拔草后，要进行适量培土，防止因拔草带去泥土，引起苗床凹陷，苗根裸露。条播苗除草和松土结合进行，株间除草应用手拔除。

在土壤黏重的圃地，幼苗出土后，受到大雨冲击，泥沙沾上苗茎，俗称“穿泥裤”，应及时用喷雾器洒苗茎的泥沙。可用锯屑、谷壳或切碎的稻草撒盖床面，以防幼苗“穿泥裤”。

幼苗生长过密的要间苗，生长过稀的要补苗，做到移密补稀。移苗最好在种子萌发后进行，这时苗根短，移植方便，成活率高。移植后要进行灌溉。间苗一般分2次进行，第1次在5月中下旬，第2次在7月上中旬。定苗每平方米保留270～300株，或每米播种沟保留50～60株。

久晴不雨或夏季高温干燥时，要适时进行灌溉。雨后或灌溉后要及时排水，使步道不积水，以免引起苗木生长不良和病害。遇到幼苗发生猝倒病，应喷洒0.5%～1%硫酸铁或波尔多液，或撒施2%～3%硫酸亚铁粉（拌和细土），每亩施用100千克。药液或药土每隔10天左右施1次，施用2～3次，可抑制病害蔓延。

松苗比较耐瘠，除做床前施基肥外，一般根据苗木生长情况，不施或少施追肥。5～6月间出现苗木变紫色、生长停滞现象，大多是由于土壤干旱，有效磷含量和缺乏菌根菌所致，应加强灌溉，增施磷氮肥，苗叶会逐步还青。在生长后期，停止追施氮肥，增施钾肥，防止秋梢徒长，促进苗木木质化。

三、湿地松、火炬松大田育苗技术

418. 湿地松、火炬松育苗如何选择圃地？

圃地应选择在阳光充足、土层深厚肥沃、灌溉方便、排水良好背风处。土壤以酸性的轻黏壤土为宜。不要选用前作种过蔬菜、瓜类、马铃薯或杉苗等针叶树种的土地，以减少猝倒和地下害虫危害。湿地松、火炬松育苗可连作2～3年。

419. 湿地松、火炬松育苗如何整地？

圃地要在冬季深翻，第二年春播前再犁耙两次，要求土地打碎耕细，去净草根和石块。结合犁耙施足基肥，可用火烧土、塘泥、厩肥、堆肥等，每亩施250千克左右，并加上过磷酸钙或钙镁磷25千克。为预防猝倒病，在作床前应进行土壤消毒，每亩撒施硫酸亚铁粉2～2.5千克。对新开的圃地或老圃地第一次育松苗，应在土壤消毒后做床前，接种菌根土，其方法同马尾松苗圃地接种。一般做成高15～20厘米、宽1米左右的苗床，方向依地形而定，但以南北向为好。床面要求土细、平整，做成拱形，以利排水。

420. 湿地松、火炬松种子如何进行消毒和催芽？

为防止感染病害，播种前种子须经过消毒，其方法见杉木种子消毒。

种子消毒后就可进行催芽。湿地松、火炬松种子未经处理，发芽不整齐，从初出土到最后一批出土的时间往往延续一个多月，管理很不方便，特别是鸟害比较严重的地方，管理就更困难。经过处理的种子，一般都可提前出土，且发芽整齐。但经过催芽的种子，播种后要及时灌溉，并要注意经常保持苗床湿润，否则会引起反渗透作用，使种子死亡。催芽的方法有：

(1)冷水浸种：播种前接受种子用清水浸泡24小时。

(2)温水浸种：用55～60℃的温水浸种，让其自然冷却，经24小时取出播种。

(3)恒温催芽：将经过温水浸种的种子取出，放入竹筐之类的容器中，上面盖稻草等覆盖物，置于温暖处，每天早晚翻动种子并淋水，当种子破口萌动，取出播种。

(4)低温层积催芽：火炬松种子不经低温层积催芽，发芽不整齐，且发芽率低，经过低温层积催芽，不但发芽整齐，且可提高发芽率。其方法是：将种子浸泡24小时，捞起放在塑料薄膜袋内，密封，置于0～5℃的低温库内，经60天取出播种。

421. 湿地松、火炬松何时播种？

一般采用春播，于2～4月间进行。据福建省南安县林业局的经验，以“清明”(4月上旬)前后播种为宜。这时气温回升，播种后7天开始发芽，15天左右发芽结束，且此时正值小麦成熟季节，幼苗发芽出土可减轻鸟害。如果在早春播种，气温低，会延长发芽，出土时间，从播种到发芽结束需要70～80天。闽南地区无霜冻，也可进行冬播，在11～12月间播种，使幼苗早出土，提早木质化，增强抗病能力，但冬播生长期长，苗木长得高大，起苗易损伤，影响造林成活率。

422. 湿地松、火炬松的播种方法如何？

为了节约种子，一般采用条状点播，即在播种沟内按一定距离点播，一般沟距15厘米，株距4厘米，以保证幼苗在不间苗的情况下有合适的营养空间，有利于培育壮苗和苗圃管理工作。种子发芽率80%左右，每亩播种量：湿地松3～4千克，火炬松2.5～3.5千克，产苗4万～5万株。播种后在床面筛上一层薄薄的火烧土，厚度以不见种子为度。有的采用床面垫黄心土，播种后再盖黄心土，以防病害。但是切忌使用太黏的黄心土，否则雨天苗茎容易“穿泥裤”，经阳光曝晒会灼伤致死。覆土后在床面薄薄盖上一层稻草或芒萁等，以保持苗床湿度。

423. 湿地松、火炬松苗期如何管理?

种子出土前要保持苗床湿润，并要防止鼠害及蚁害。种子播后7天至半个月左右发芽出土，要做到及时揭草。幼苗出土后要特别注意防止鸟害，湿地松、火炬松发芽后种壳不易脱落，鸟类喜欢啄食，要派人驱鸟或采取其他措施防止鸟害。

幼苗出齐后，应喷射0.5%波尔多液1次，以后每隔7~10天喷射1次，以预防幼苗猝倒病。出土2个月后，可改为喷射1%的波尔多液，喷射次数可适当减少。如猝倒病已发生，可喷射800倍液敌克松，以后根据病情发展情况，每隔一星期喷射1次，7~8月间是苗木立枯病盛行的季节，如发现病情，可用1%硫酸亚铁喷射防治，喷射后立即洒水洗苗，以防发生药害。也可喷射0.1%福尔马林。

在过于贫瘠的圃地或未育过松苗的圃地，松类幼苗易发生紫化病，一般在5~6月间，叶色变淡并带微红色，然后从下向上逐渐变成紫色，生长极其缓慢，到10月以后才能转青，但病苗的生长已比好苗差好几倍，以致不能出圃造林。发紫的苗木极易遭受干旱危害和感染立枯病，最后大量死亡。防治方法：在育苗前要注意选择圃地，切忌选择黏重、贫瘠的土壤育苗；要接种菌根菌，并用磷肥作基肥；如发现苗木叶子颜色开始变淡发红，即进行漫灌、遮荫，并喷施0.5%的过磷酸钙溶液。据浙江省的经验，用腐熟的稀薄人粪尿加0.5%的过磷酸钙溶液，在半个月内对紫化苗追肥2~3次，有显著的效果。

苗木害虫主要是地老虎，4月下旬至5月中旬危害最严重。虫害发生时，可在晚上8：00~10：00幼虫出土时逐床查看捕捉，或清晨掘洞捕杀；当幼虫2~3龄时，每亩用50%敌百虫粉剂1.5千克拌细土15千克，撒施毒杀。据浙江省的经验，每亩用0.75千克氯丹拌5千克米糠，炒熟摊凉后撒施床面，杀灭地老虎的效果极好。

一般在幼苗脱壳后即可开始追肥。第一次宜用0.3%的尿素溶液(100千克水加0.3千克尿素)或腐熟的稀薄人粪尿，施肥后要用清水洗苗。也可撒施硫酸铵，每亩用量1.5~2.5千克。以后随着幼苗的成长，施肥后适当增加。一般追肥3~5次即可。在施肥时加入适量的磷肥或钾肥(每亩5千克)，可使苗木生长更茁壮。立秋以后应停止施氮肥，以免苗木徒长和影响苗木木质化而招致冻害。

四、台湾相思大田育苗技术

424. 台湾相思育苗如何选择圃地？

圃地宜选择阳光充足、通风透气、排水良好、灌溉便利、土壤疏松、肥沃的地方。为减少病虫害，以新垦地或水稻田轮作地为宜。

425. 台湾相思育苗如何整地？

圃地瘠薄的要施基肥，如人粪尿、厩肥、堆肥、复合化肥等。经过三犁三耙后做成高20厘米，宽1~1.2米的苗床。

426. 种子处理及播种方法如何？

种子采收时未经烫种的，播种前须用开水烫种。已烫种的，不能再烫，否则会影响种子发芽率。将种子用冷水浸24小时，捞起播种，通常在春季播种，也可秋季播种，采用撒播或条播，一般条距20厘米。每亩播种5~7.5千克，播后盖土宜薄，以不见种子为度，太厚影响种子发芽。为了保持畦面湿润，防止雨水冲击，须再盖上一层稻草。

427. 台湾相思的苗期如何管理？

播种后3~5天开始发芽，要注意观察，及时揭草。同时要保持苗床湿润，特别是秋播苗，气候干燥，每天早晚要进行淋水或引水灌溉。幼苗高达5~6厘米，便可追肥，用人粪尿或尿素追施，每月追施1次，肥料的浓度要掌握先稀后浓。苗木生长过密的，可结合中耕除草进行间苗。撒播苗每平方米保留150~180株，亩产5万~6万株，条播苗每米播种沟保留15~20株，亩产2万~3万株。

五、木麻黄大田育苗技术

428. 木麻黄大田育苗如何选择圃地选？

播种地应选择背风向阳、排水良好、灌溉便利、土层深厚、疏松、肥力较好的沙质壤土，不宜选择黏重板结的红壤土，以免影响根瘤菌的生长发育。

429. 木麻黄大田育苗如何进行整地?

圃地经过犁冬晒白，做到三犁三耙，精耕细作。在做床前施足基肥，每亩施氯化钾 8 千克，过磷酸钙 30 千克，或施用厩肥堆肥等。同时要接种根瘤菌，可用根瘤捣碎和土壤拌匀施入苗床，或用木麻黄育苗地的土壤撒施。

430. 木麻黄大田育苗的播种方法如何?

木麻黄育苗分播种育苗和移植分床两个阶段。播种育苗分秋播和春播。秋播可在种子采收后的 10 ~ 11 月进行，经冬季生长，苗木高达5 ~ 10 厘米，翌年春季即可移植分床，第三年雨季出圃造林。“四旁”绿化用苗，采用秋播春移培育较大的苗木，苗高可达 1. 5 米左右。春播在2 ~ 3 月进行，5 ~ 6 月移植分床。夏播 5 ~ 6 月进行，7 ~ 8 月移植分床。沿海沙地造林，可春播或夏播，翌年雨季造林苗高可达 80 ~ 100 厘米，造林成活率较高。

一般每亩播种 3 ~ 4 千克，产苗 20 万~ 30 万株，可分床 20 ~ 30 亩。播种前用 45 ~ 50℃ 温水浸种，待自然冷却后捞出用湿沙层积 2 ~ 3 天，种子萌动后取出播种，以缩短发芽时间，且出苗整齐。播后要保持床面湿润，以利种子发芽。秋播如遇干旱，每隔 3 ~ 5 天引水灌溉 1 次。一般秋播经 10 天左右，春播经 5 ~ 6 天开始发芽，播后 15 ~ 20 天当苗木出土 70% 左右即可揭草，以后每 10 天灌水 1 次。

431. 木麻黄大田育苗如何进行移植分床?

秋播苗一般掌握在 4 月中下旬至 5 月上旬分床移植为宜，小苗已达 15 ~ 40 厘米，选择小雨天移植，可提高成活率。移植后苗木未成活，应在半个月内选择健壮苗补植。移植幼苗如遇春旱高温，可采用“假植催根”法进行分床，即将苗木假植于阴凉处或荫棚下，保持湿润，经7 ~ 10 天苗木长出 1 ~ 2 厘米新根时，再行移植分床，可提高苗木的成活率。移植的密度是直接关系到苗木的大小和产苗量，一般每亩移植 8000 株较为适宜，太密苗木纤细，太稀产苗量低。春播可在夏季移植，闽南沿海地区有的利用花生收获后的空闲地移植，可节省一季土地。

432. 移植后如何管理?

移植后 20 天开始中耕除草，以后每隔 20 ~ 30 天进行一次。追肥一般 3 次，雨季移植，分别在 6 月下旬和 7、8 月间追肥；春季移植分别在 5、6、7 月间追肥。肥料可用豆饼或土杂肥或钙镁或尿素。8 月初开始进行修剪侧枝，

11 月修剪结束，枝下高掌握在苗高的 1/3～1/4。在沙地上移植，为使苗木多须根和促使起苗出圃多带宿土，在七八月间可用黏重的塘泥或黄土，调成泥浆在畦面浇灌几次。

六、木荷大田育苗技术

433. 木荷育苗的圃地如何选择?

圃地应选在交通、排灌条件方便的山坡中下部山垅田或地势平缓，土层深厚，接近水源的生荒地。不可选择前茬作物是马铃薯、红薯、棉花、蔬菜、玉米、甘蔗、烟叶等的农耕地，避免感染病害和地下害虫危害。

434. 木荷育苗如何整地?

圃地在播种前一年冬季整地。包括犁、耙、平整、作床、压平等工作。要求做到深耕细整，均匀碎土，清除草根，石块，结合土壤消毒(生石灰每亩 10 千克)，施足基肥，采用宽床窄沟法作床，提高圃地利用率。

435. 木荷种子如何处理?

播种前用 30℃温水浸种催芽，自然冷却后，继续浸种 24 小时，捞去浮在水面的劣种，然后将饱满的种子摊开晾干，拌钙镁磷或火烧土即可播种。

436. 木荷的播种方法如何?

2 月下旬播种，播种前 15 天，选择颗粒性好的黄心土(太黏不好)捣碎过筛，在平整床面均匀铺上 2 厘米，并用模板压平，畦中呈龟背形，即可播种。多用撒播，播种量每亩 4～6 千克，覆土盖草是木荷育苗的技术关键，因为木荷种子小，覆土宜浅，盖草宜薄。

437. 木荷的苗期如何管理?

播种后 20 天左右发芽，当幼苗出土 70% 以上即可揭草，揭草应在傍晚或阴天进行，灌溉掌握适时适量，苗木生长初期少量多次，保持床面湿润状态，土壤不板结即可；苗木速生期采取量多次少，灌透灌匀，但要防止冲刷苗木；苗木生长后期要控制灌溉，除特别干旱以外，一般不必灌溉，雨季要注意排水，做到雨后苗沟无积水，以免发生烂根和蔓延病害。

除草和施肥：除草掌握除草、除小、除了的原则，一般从 3～7 月份，每月拔草 2～3 次，人工除草一般在雨后或灌溉后畦面湿润时进行，杂草要连根拔除，结合松土施肥。一般在幼苗侧根生长时，进行第 1 次施肥，掌握由稀至浓。追施尿素 3 次，每次 1.5 千克，复合肥 2 次，每次 3 千克。

间苗和定苗：间苗一般在 5 月份开始，拔除生长过密，发育不健全和受伤、感染病虫害的幼苗，使幼苗分布均匀。第一次间苗时补栽补缺，成活率高，间苗一般进行 2～3 次，最后一次间苗时定苗株数为 135 株/平方米。

七、油茶苗木培育技术

438. 油茶育苗的方法有哪些？

油茶苗木培育方法有实生苗、扦插苗、嫁接苗。为保持优良品种告发，应采用嫁接苗和扦插苗。

439. 油茶育苗如何选择圃地？

应选择交通方便，避风向阳，地势平坦，质地肥沃、疏松，保水和排水性能良好，pH 值 5.5～6.5 的沙壤土或壤土。

440. 芽苗砧育苗嫁接的最宜时间是什么时候？

最适季节在 5 月至 6 月上旬。此时油茶春梢生长旺盛，腋芽发育饱满(夏梢萌发前 15～20 天)，枝条正处于半木质化状态，气温适中(25℃左右)，雨量较充沛，有利嫁接苗愈合生长。

441. 芽苗嫁接前要准备哪些工作？

(1) 苗圃整地：苗圃地在嫁接前要先进行深翻、消毒、施基肥，平整作床，最后在苗床上覆盖 3～5 厘米厚的黄土。

(2) 圃地架设荫棚：高 2 米左右，透光度 15%～20% 为宜。

(3)其他材料：铝箔套筒，将铝箔剪成 1.2～1.5 厘米，长 2.3～3 厘米的铝片，用粗 0.3～0.4 厘米厚的铁钉卷成开口套筒；单片刀片；塑料薄膜等。

442. 怎样培育芽苗砧木？

(1)采用果实包满的普通油茶种子，摘下的种子不能放太阳下晒，要放通风处晾干自然开裂，选取大粒种子。

(2)藏种：采取层积沙藏的办法，即一层干净湿沙(10～15 厘米)、一层种子(10 厘米)，堆放于干燥通风的地方。注意经常保持沙子湿润，湿度以手捏成团、松手即散为宜。堆积高度 50 ~ 60 厘米。每隔 20 天翻开调查一次，剔除霉烂变质的种子，再层积沙藏。

(3)培育芽苗砧木：在嫁接前 40 天左右，取出种子，用 30 ~ 40℃的温水浸 4 ~ 5 天，每天换水一次，捞出沉子进行保温催芽，然后选种子破裂露白者摆布新鲜沙床上面，注意裂口朝上，沙床底层铺干净河沙 15 ~ 20 厘米，种子播上(只摆一层种子为好)，再覆盖细沙 5 ~ 10 厘米。以后每隔一二天喷洒水一次，淋透为止，若在室内培育砧苗，应封闭门窗，保湿升温。露天育砧，则可在沙床上面覆盖稻草保湿。如遇到连日阴雨低温天气，可在沙床上覆盖塑料薄膜。待胚芽伸长到 5 ~ 6 厘米时，即可进行嫁接。

443. 如何选取油茶接穗?

从经过选定的油茶优树或在已建立的油茶良种采穗圃中采集穗条。剪取树冠外围中下部粗壮枝条上当年生的已半木质化、叶芽饱满、无病虫危害的穗条为接穗。以随采随接的成活率最高。若需长途运输，要用竹篮、筐做包装盛器，周围上下部铺上新鲜苔藓，或在穗条的剪口包扎上吸饱水的脱脂绵团，放入食品塑料袋全密封包装。但要注意降温、防晒、保湿。一时嫁接不完的穗条，应假植在阴凉湿润的沙床上。采穗一般应在晴天、阴天的早晚，忌雨天采集。

444. 怎样进行嫁接?

(1)起砧苗：挖取芽苗时，注意不损伤子叶柄，用清水洗净，盖上湿布备用。

(2)削接穗：取来穗条，剪去 1/2 ~ 2/3 的叶片，在接芽外侧下方1 ~ 2 毫米处起刀，将穗条按“V”形进行切削，以留好一叶一芽为接穗。接穗削好后，可浸入清水中(或放在湿布上)，但一般不得超过 1 小时。

(3)切砧木：砧木先断根 1/3(留 15 厘米左右)，在距子叶柄上方 2 厘米处切除苗顶。在离切口 1.5 厘米处用刀片在砧苗正中向上方直拉一刀，将胚茎对半分开。切口长度依接穗削面长度而定，一般略短些。

(4)嫁接与绑扎：切好砧木后，套上铝箔，再插入接穗，要求接穗刀口状一边对着铝箔圆套开口，并使其与砧苗切口的一边形成层对齐，插入深度以接穗切面稍露白为最好。然后使铝箔套的上沿对砧木切口，用手指在套筒平面相合处扣紧，向一方扭转 2 ~ 3 毫米，再反向扭转压实即可。

445. 刚嫁接的芽苗怎样栽植？

圃地先浇水淋透，再以削有尖头的木棍钻洞，然后植入嫁接苗。要求栽深压实把子叶及嫁接接合部以下的根茎部分全部埋入土中。盖好薄膜，遮荫，在散光约15%～20%的常温下培育。

446. 芽砧嫁接苗苗期如何管理？

（1）及时除荫去罩：嫁接后约20天，抹除去非接芽抽发的萌芽条。除荫后仍需继续加罩。40天左右，待多数接芽萌发抽梢后，可以揭除去覆盖薄膜。

（2）浇水施肥：嫁接苗栽植后应保持圃地湿润。中午气温较高时，可在保湿罩上或四周喷水。去罩以后，每隔5天浇水一次，并结合进行叶面追肥，做到少量多次。在9月份以前，一般每10天喷施50毫克/升的硫酸铵和磷酸二氢钾溶液一次，同时每隔20天喷洒一次波尔多液以预防病害。

⑶ 揭荫炼苗：在8月份以前，荫棚透光度以不大于30%为宜，9月初可揭去部分遮荫材料，起到全光炼苗。

（4）病害防治：嫁接苗第一年病害主要有白绢病，即菌核性根腐病，第二年主要是炭疽病。

八、南方红豆杉育苗技术

447. 南方红豆杉育苗如何选择圃地？

圃地宜选择向阳、土层深厚、湿润、疏松的沙质壤土，交通、排灌方便。

448. 南方红豆杉种子如何进行处理？

采收成熟的南方红豆杉种子集中堆放搓揉，并用清水洗净肉质假种皮（一般用细沙和粗糠混合搓揉），然后稍晾干待用。自然条件下，南方红豆杉的种子休眠期长，一般要经过两个冬季和一个夏季才能发芽。因此，很必要要进行种子催芽处理。

449. 南方红豆杉种子催芽的方法有哪些？

（1）先将种子在2～3℃条件下贮藏1个月，然后在28～30℃条件下贮藏1个月，再继续在2～3℃条件下混沙（种子∶沙为1∶3）层积贮藏1个月，到翌年3月份播种，发芽率可达90%；

(2) 将种子在2～3℃条件下保鲜贮藏一个冬季，翌年春季播种育苗，发芽率达80%以上；

(3) 用200毫克/升赤霉素溶液浸种24小时后，沙藏几个月或半年后，播种育苗，发芽率达80%。

450. 南方红豆杉种子育苗如何进行整地？

做好的苗床要求畦面平整，平铺一层过筛的火烧土，轻压滚平，床宽1.0～1.2米，床高25～30厘米。

451. 南方红豆杉的播种季节是何时？

春、秋季播种均可。

452. 南方红豆杉的播种方法如何？

条播、撒播均可。撒播用量约0.2千克/平方米。条播，行距20～25厘米，株距5～6厘米。覆土厚2～3毫米。播种后覆盖芒萁骨保湿。

453. 南方红豆杉种子育苗的苗期如何管理？

苗期适时松土除草，每星期喷一次波尔多液或800倍托布津溶液，预防苗期病害。4月底(出苗1个月)适当搭棚遮阳，遮光度60%左右。南方红豆杉树苗耐荫性极强，不遮荫苗木易灼伤，或遭雨水滴刷而使苗木穿“泥裤”，影响苗木生长。10月初，可拆除遮荫棚。

454. 南方红豆杉扦插繁育技术的要点有哪些？

(1) 整地。苗床高40厘米，底部铺一层(5～10厘米)煤碴，再垫上一层河沙与珍珠岩混合物(厚20厘米)，并在扦插前2～3天，对苗床进行消毒。

(2) 插穗的选取。选择幼龄植株作为母树，并采集树冠中上部当年生木质化或半木质化的枝条作插穗，穗条长8～12厘米，基部1/3去叶。

(3) 插穗的处理。扦插前，用清水浸泡基部1～2小时后，用多菌灵等浸泡数分钟后晾干，最后用ABT生根粉50毫克/升处理24小时或100毫克/升处理6～8小时，入土2/3压紧。

(4) 扦插季节。最适宜为10月至翌年1～2月。

(5) 苗期管理。扦插后，遮荫度50%左右，晴天常喷水雾，保持湿润，每7～10天喷杀菌剂1次，并及时补充所需的矿质元素和氮肥等。夏季应进行降温处理，并保持大棚内空气的流通。此外，还可根据插条根系的生长情况，逐步移植，以使苗木快速生长。一般 2 年生扦播苗可用于植树造林。

九、红豆树育苗技术

455. 种子如何采集？

选择 25 ~ 30 年生以上的优良母树，当荚果快要开裂时采集，采回后摊开，使其自行开裂脱粒，种子切忌曝晒，稍阴干，即可放入袋中或混沙贮藏。

456. 种子如何处理？

播种前，可采用热水处理，将种子置木桶或缸中，倒入 40℃温水，自然冷却，浸 1 天后，去掉冷水，再倒入 40℃温水，再浸一天。经过处理的种子播下后，约 1 个月即可始发芽。也有直接用 80℃左右的热水烫种，然后置冷水中浸 1 ~ 2 天播种，发芽率也达 80% 左右。经过热水处理，尚有少数硬粒皮不变色膨胀的，可另拣出，再浸烫一次，然后另行播种。

457. 红豆树播种宜于什么季节？

播种时间一般在 2 ~ 3 月间进行。

458. 红豆树育苗如何播种？

采用条状点播，条距 20 厘米，定苗时，每条(1 米长)留 10 ~ 20 株。

459. 红豆树苗期如何管理？

在苗木生长期间，要及时进行除草、松土和灌溉，6 ~ 8 月间可施追肥四五次，以促进苗木快速生长。据观察，幼苗后期生长甚速，10 月还出现苗木生长高峰期，11 月仍有部分苗木抽梢生长，所以在 9 月应停止施肥，使苗木早木质化，每亩产苗量约 2 万~ 3 万株。

十、红锥育苗技术

460. 红锥种子如何处理？

红锥种子富含淀粉，极易遭受栗实象鼻虫危害，成熟的种子不宜脱水和堆沤，否则极易遭受霉变或虫害。采收的种子先用清水清洗一遍，捞除浮在水面瘪粒和杂物，然后将种子倒入盛有0.1%～0.3%的敌百虫或敌敌畏药液的容器内，让药液淹过种子浸泡24小时左右，即可杀死寄生虫。捞出种子用清水冲洗，摊开即可贮藏。红锥种子含水量高，不能干藏，经处理后的种子应立即用干净河沙分层贮藏，经常保持温度，注意管理，一个月左右即可长出胚根就可播种。

461. 容器播种育苗的营养土如何配制？

腐殖质含量高的森林表土或火烧土40%、红心土55%、磷肥3%、菌根土2%，充分捣碎拌匀筛，然后装入直径8厘米、高15厘米的营养袋内，摆齐待用。

462. 容器育苗如何播种？

把已长出胚根的种子剪去根尖，保留2厘米胚根，横放营养土中，覆土0.5～1厘米，盖上锯糠，浇足水，精心管理，容器育苗可在较阴蔽处或林缘边育苗，在阳光充足的地方育苗要遮荫棚。

463. 圃地育苗如何选择圃地？

红锥幼苗畏日灼，应选择短日照、阴坡地作为育苗地，要求土壤疏松肥沃、排灌方便的水稻田地。

464. 红锥播种方法如何？

苗木播种采用条播为宜，条距为20厘米，每亩播种量为30～35千克，播种期在1～2月。

465. 苗期如何管理？

光照充足的地方育苗要及时搭荫棚，透光度为40%左右，幼苗期苗木幼嫩，抵抗力差，应加强水肥、松土除草；10月份后进入苗木硬化期，要停止施肥，控制灌溉，拆除荫棚，促使苗木木质化。在育苗期间要注意地下害虫的危害，可采用百虫毒饵诱杀。大田育苗成败的关键是防治鼠害。近几年，总结出最有效的方法和措施是利用塑料薄膜，把圃地四周围成“白色长城”，高度为60厘米左右，严禁老鼠，防鼠工作要坚持3个月。

十一、香椿育苗技术

466. 香椿种子如何采集?

应选择生长健壮的20年生以上母树，一般于10～11月采种，当蒴果由绿色变为黄褐色时成熟未开裂前连同果梗摘下，晾3～5天(不能暴晒)，待果皮干燥、果壳开裂后，种子脱出去杂质，保留膜翅(否则严重影响发芽力)，装袋贮藏在通风干燥室内。香椿种子贮藏寿命短，贮藏1年以上丧失发芽力。种子千粒重13克，发芽率50%～60%。

467. 种子如何处理?

播种前种子用温水浸泡一天，捞出用清水冲洗后催芽，温度控制在20～25℃，约4～5天，种子裂嘴后，就可播种。

468. 香椿播种宜于什么季节?

播种时间一般在2～3月。

469. 播种的方法如何?

开沟条播，行距25厘米，每亩播种量2.5～4千克。

470. 播种苗苗期如何管理?

苗木出土后，要中耕除草。苗高5～6厘米开始间苗，10厘米左右定苗，株行距15～20厘米。幼苗以除草为主，结合松土、间苗、追施少量氮肥催苗，7～8月以施氮肥为主，并适量磷钾肥。一年生苗高80～100厘米，地径1.2米以上即可出圃。

471. 香椿埋根育苗的技术要点有哪些?

采集1～2年生苗木的根条，根粗0.5～1.5厘米，健壮母树上的侧根也可利用。根条在春季2～3月间采集。采后及时剪截，剪成长度15～20厘米的根段，上端剪成平口，下端为斜口，随采随育。为使苗木生长整齐，应按粗度将根条分级育苗。为防止根条愈合组织腐烂，应注意保持地温，以利出土，一般可不浇水；若干旱时可采取行间开沟浇水，浇水或雨后应及时松土保墒。苗高10厘米时要及时去弱芽，留壮芽1个。一年生苗可出圃。

第十一章　主要用材树种培育技术

十二、杉木丰产林培育技术

472. 杉木速生丰产林造林地如何选择？

杉木速生丰产林造林地类型见表11-1。

表11-1　杉木速生丰产林造林地类型

项目	主要立地因子	产区		
		中心	一般	边缘
地形	坡位	山洼、长坡、短坡下部	山洼、长坡中部	山洼、山下部
	坡向	阴坡、半阴坡、半阳坡、地形隐蔽阳坡	阴坡、半阴坡、半阳坡	阴坡、半阴坡地形
	坡度	<30°	<30°	<25°
	海拔	<800米	<700米	<600米
	地类	Ⅰ、Ⅱ、Ⅲ	Ⅰ、Ⅱ	Ⅰ、Ⅱ
土壤	土层厚度	>100厘米	80～100厘米	80～100厘米
	腐殖质厚	>15厘米	>10厘米	>10厘米
	类型	厚中腐殖质、松湿润型	中厚腐殖质、较松湿型	中厚腐殖、较松润型
	特征	土壤pH=5～7，排水良好，由花岗岩、片麻岩、页岩等风化而成的山地红壤、黄红壤、暗红壤、水化红壤		
植被	狗脊、刚竹、苦竹、乌毛蕨、五节芒、观音座莲等，盖度0.8以上，高度0.8米以上			
地位指数		2020～2016	2018～2014	2016～2012

注：2020表示20年时该杉木林分优势高达20米。

培育大径材速生丰产林的，中心产区的新造林地应选择Ⅰ、Ⅱ类立地，一般产区的新造林地应选择Ⅰ类立地。

473. 杉木速生丰产林的造林地如何清理、整地？

林地清理时应注意挖净茅草头，防止水土流失。整地挖穴，一般以块状整地为主，定点挖明穴回表土，坡度在25°。以下可采取带垦(带宽80～100厘米)，然后定点挖穴回填表土。严禁全面整地，以防止水土流失。

474. 杉木林栽植方法如何?

以实生苗造林为主，冬末春初栽植。栽植时做到“深栽、舒根、压实不反山”。深栽，一般入土苗茎为苗高的1/2，以利于抑制根颈萌蘖，扩大生根部位，增强抗旱能力。栽时苗木要保持端正，根系要舒展，覆土要细致，防止窝根。土壤干燥应分层打实，土壤湿润则轻轻压实即可。苗梢向山下(不反山)。

插条造林。初春阴雨天或雨后阴天，形成层开始活动时插条造林效果最佳。插穗宜选“火苗”，一般不用“水苗”，以满1年生、粗壮挺直、叶硬而尖有光泽、顶芽饱满的为好。斜劈插穗，刀口顺山势。用丁字形插杉锥或用山锄挖穴插杉，应压紧穴土，不使插穗基部留有空隙，插穗入土深度约为1/2～1/3，插时切口朝上，穗梢朝坡下。

475. 杉木速生丰产林的种苗如何选择?

种子应选用一、二代杉木种子园的种子，质量应达到杉木Ⅰ级或Ⅱ级种子要求。苗木应选用Ⅰ级苗木。种苗必须经质量检测，县外调进种苗必须进行检疫，严禁将带有危险性病虫的种苗调入。

培育大径材的，应选用二代杉木种子园的种子，质量达到Ⅰ级种子要求。

476. 杉木大径材速生丰产林的林分合理密度是多少?

初植密度，根据立地条件、培育目标、劳力状况和经济条件等确定各小班初植密度。主伐保留密度，根据立地条件，技术措施，在最后1次抚育间伐时确定各小班的保留株数(表11-2)。

表11-2　杉木大径材速生丰产林初植密度与主伐保留株数参照

产区	立地级	初植密度(株/公顷)	保留株数(株/公顷)
中心	Ⅰ	1050～2500	600～750
	Ⅱ	1050～2500	750～825
一般	Ⅰ	1050～2500	825～900

477. 杉木大径材速生丰产林幼林如何进行抚育?

根据造林地当年现状，采用不抚育或培土施肥保湿，推广间种绿肥。造林后第2~3年每年4~5月、6~9月各进行一次块状锄草松土，结合扩穴连带、除蘖培土等。在第2年或第3年秋块状深翻施肥1次。

478. 杉木大径材速生丰产林如何进行抚育间伐？

初植密度大于1800株/公顷的林分，应进行2~3次抚育间伐，第一次间伐时间为6~8年生，以后每间隔期4~6年间伐。间伐方式必须采用下层抚育间伐法，严格遵循砍小留大、砍劣留优、砍密留稀的原则。每次间伐后不得造成天窗或疏林地。

479. 杉木大径材速生丰产林抚育间伐后应如何进行林地管理？

每次间伐后，应进行一次劈草清杂，对不能运出的剩余物，按水平带状堆放，有条件的，每株保留开沟或穴施复合肥500克，施肥后覆土。

480. 杉木大径材速生丰产林如何进行打枝修节？

在第1次间伐前，对保留木进行打枝修节，修去树高1/3以下的侧枝，保留2/3的冠幅。第2次间伐和第3次间伐后的保留木，修去树干树高1/2以下的侧枝，以后每隔3~5年修枝1次，直至树干4~8米高为止。每次修枝后应保留有树高2/3~1/2的冠幅。修枝要求紧贴树干、平滑，又不伤及树皮。

481. 杉木中径材速生丰产林林分的合理密度是多少？

初植密度，根据立地条件、培育目标、劳力状况和经济条件等确定各小班初植密度。主伐保留密度。根据立地条件确定各小班主伐保留株数，在最后一次抚育间伐时确定各小班的保留株数(表11-3)。

表11-3 杉木中径材速生丰产林初植密度和主伐保留株数参照

产区	立地级	初植密度(株/公顷)	保留株数(株/公顷)
中心	Ⅰ	1050~2500	825~900
	Ⅱ	1050~2500	825~900
	Ⅲ	1500~3000	825~900
一般	Ⅰ	1200~2500	900~1050
	Ⅱ	1500~2500	1050~1200
边缘	Ⅰ	1500~2500	1050~1200
	Ⅱ	1800~2500	1050~1200

482. 杉木中径材速生丰产林幼林应如何进行抚育?

根据造林地当年现状，采用不抚育或培土施肥保湿，或间种绿肥。造林后1~3年每年4~5月、8~9月各进行1~2次块状锄草松土，结合扩穴连带、除蘖培土等。

483. 杉木中径材速生丰产林应如何进行抚育间伐?

应进行2~3次抚育间伐，第1次间伐时间为6~8年生，初植密度为1650~2500株/公顷的林分，首次间伐后保留的株数为975~1425株，以后每间隔期3~6年间伐。林分达到中龄时(15年左右)保留株数控制在接近主伐株数。抚育间伐应遵循砍小留大、砍劣留优、砍密留稀的原则。每次间伐后不得造成天窗或疏林地。

484. 杉木速生丰产林地适宜多代连栽吗?

速生丰产林地不宜多代连栽，第二代应开始轮作。

485. 培育杉木速生丰产林的投工量如何?

投工估算应根据培育目标、林地现状、抚育方式、抚育次数、林道、防火林带、病虫害防治等到项目具体情况估算。各项目作业用工估算参照表11-4。

表11-4　杉木速生丰产林投工估算

作业项目		投工工日(日/公顷)	说　明
林地准备	劈草清杂	15~75	全面劈除杂草灌及清理
	挖草根、整地	30~105	整地以块状整地
	挖穴	30~105	挖明穴回表土
种　植		15~30	
森林抚育	块状扩穴连带	15~60	全面松土除草等每年1~2次
	块状除草每次	15~45	树兜四周各0.5米左右松土除草等
	劈草或培土每次	15~30	劈草、藤蔓或培土等
	间伐每次	15~90	采用下层抚育疏伐或机械疏伐
	间伐后深翻施肥	30~90	间伐后全面深翻施肥
林道及修建附道		15~30	
森林防火地带		15~45	
护林、森林病虫害防治等		15~60	

十三、马尾松丰产林培育技术

486. 如何选择马尾松速生丰产林造林地？

具体内容见表11-5。

表11-5　马尾松速生丰产林宜林地类型

项目	主要立地因子	产　区	
		最适宜	适宜
地形	坡位	长坡中下部、凹形坡和短坡下部或全部	长坡中部、上部、短坡全部
	坡向	半阳坡、半阴坡、地形隐蔽	阳坡、半阴坡、地形开阔
	坡度	<30°	<30°
	海拔	<800米	<800米
	地类	Ⅰ、Ⅱ、Ⅲ	Ⅰ、Ⅱ、Ⅲ
土壤	土层厚度	>100厘米	60~80厘米
	腐殖层	>20厘米	>5厘米
	紧实度	疏松	紧密
	pH值	4.5~6.5	4.5~6.5
	湿度	潮湿	湿润
	亚类	一般由花岗岩、片麻岩、页岩、板岩等风化而成的山地红壤、黄红壤、暗红壤、水化红壤	
地位指数		2018~2016	2016~2014
植被	耐荫性蕨类、五节芒、苦竹、杂灌等		

注：2020即20年时，林分优势高达到20米。

大径材速丰林应选择选择最适宜区Ⅰ、Ⅱ级立地，适宜区Ⅰ级立地；中径材应选择最适宜区和适宜区的林地；小径材速丰林应选择最适宜区Ⅲ类立地、适宜区和较适宜区Ⅱ、Ⅲ类立地。

487. 马尾松造林地应如何清理？

在坡度不大、灌草茂密的造林地可采用全面清理，炼山须严格做好防火工作，及时整地。在坡度较大、灌草不太茂密的造林地，不宜炼山，应以带状清理和块状清理为宜。应尽量保留原有阔叶树种，保留灌木根株(蔸)，挖净茅草头，注意保持水土。

488. 马尾松速生丰产林造林地如何进行整地？

以块状整地为主，有条件的地方可采用带状整地，坡度较大易引起水土流失的山地，可挖暗穴。严禁全面整地，防止水土流失。在土壤质地适中，立地质量中等的山地，采用中穴(40 厘米 ×40 厘米 ×25 厘米)块状整地为宜。对于母岩为花岗岩且造林技术较高的地区，可采用规格 30 厘米 ×30 厘米 ×20 厘米小穴块状整地。

489. 马尾松的造林季节是什么时候？

植苗造林，于冬末春初栽植，一般于立春前完成，适时早栽具早发根、易成活、早生长、抗旱等优点。阴天毛毛细雨或雨后天晴土壤温润时栽植最佳，吹干风或久旱无雨的天气不宜栽松，“西风栽松，徒劳无功”。人工点播造林的播种季节在气温回升到 10℃以上的 2 月下旬至 3 月上旬。

490. 马尾松速生丰产林造林方法如何？

植苗造林，栽植时，应做到深栽细栽，黄毛入土，苗茎端正，根系舒展不窝根，压实打紧，忌吊空，上覆松土。有条件的地方，提倡轻型基质容器苗、切根苗等造林。小径材速丰林也可采用一锄法造林。

宜林荒山面积大，劳力缺乏，交通不便地区也可采用播种造林，其方法有：人工点播、人工撒播、飞机播种。

491. 马尾松速生丰产林造林如何选择种苗？

优先选用种子园和母树林品质优良的种子。最适宜区可用当地良种，适宜区可用最适宜区良种，种子质量符合 I 级种子标准，苗木质量达到 I 级苗木。种苗必须经过质量检测并达标。县外地调进种子苗木必须进行检疫，严禁带有危险性病虫的种苗调入。

培育大径材应选用马尾松种子园或母树林品质优良的 I 级种子。

492. 马尾松大径材速生丰产林的林分合理密度是多少？

初植密度，根据立地条件、大径材培育目标、劳力状况和经济条件等，确定各小班造林初植密度。主伐保留密度，根据立地条件、技术措施，在最后一次抚育间伐时要确定各小班的保留株数(表 11-6)。

表 11-6　马尾松大径材速生丰产林初植密度和主伐保留株数参照

产区	立地级	初植密度(株/公顷)	主伐保留株数(株/公顷)
最适宜	Ⅰ	1800～2500	450～600
	Ⅱ	1800～2500	525～750
适宜	Ⅰ	1800～2500	525～750

493. 马尾松大径材速生丰产林幼林应如何进行抚育?

根据造林地当年现状，采用不抚育或培土施肥保湿，推广间种绿肥。造林头3年进行1～2次块状锄松土，结合扩穴连带、除蘖培土等。在第2年秋或第3年秋块状深翻施肥1次。

494. 马尾松大径材速生丰产林应如何进行抚育间伐?

初植密度大于1800株/公顷的林分，应进行2～3次抚育间伐，第1次间伐时间为7～11年生，以后每次间隔期4～6年，分3次间伐到位。第1次间伐方式可采用机械疏伐法，以后采用下层抚育间伐法，不得造成林窗或疏林地。

495. 马尾松大径材速生丰产林间伐后的林地应如何管理?

每次间伐后，应进行1次劈草清杂，对不能运出的剩余物，按水平带状堆放，有条件的，每株保留开沟成穴施复合肥500克，施肥后复土。

496. 马尾松大径材速生丰产林应如何进行打枝修节?

坚持“轻修勤修”的原则，在5～6年生时，对保留木进行打枝修节，修去树高1/3以下的侧枝，保留2/3的冠幅。第3次间伐和第3次间伐后的保留木，修去树干高1/2以下的侧枝，以后每隔3～5年修枝1次，直至树干4～8米高为止。每次修枝后应保留有树高2/3～1/2的冠幅。修枝要求紧贴树干，切口要平滑，与树干相齐，与干轴平行，不能突出或凹陷又不伤及树皮，修枝留桩不宜超过1厘米为宜。修枝的适宜时期从晚秋到早春，生长季节和寒冬不宜修枝，否则会影响生长。

497. 马尾松中径材速生丰产林林分合理密度是多少?

初植密度，造林单位应根据立地条件、培育目标、劳力、经济条件等确定各小班初植密度。主伐保留密度，根据立地条件和技术措施，在最后1次抚育间伐时要确定各小班主伐保留株数(表11-7)。

表11-7　马尾松中径材速生丰产林初植密度主伐保留株数参照

产区	立地级	初植密度(株/公顷)	主伐保留株数(株/公顷)
最适宜区	Ⅰ	2000～3300	600～750
	Ⅱ	2000～3300	750～900
	Ⅲ	2000～3300	750～900
适宜区	Ⅰ	2500～3300	825～900
	Ⅱ	2500～3300	900～1050
	Ⅲ	2500～3300	900～1050

498. 马尾松中径材速生丰产林幼林如何进行抚育?

根据造林地当年现状采用不抚育或培土保湿，造林后头3年，每年1～2次进行块状锄草松土，结合扩穴连带、除蘖培土等。松土深度6～10厘米为宜，第4年全面锄草1次，除下的草应覆盖在林地上。

499. 马尾松小径材速生丰产林林分合理密度是多少?

初植密度，根据立地条件、培育目标、劳力、经济条件等，确定各小班初植密度。主伐保留密度，根据立地条件、技术措施，在最后一次抚育间伐时要确定各小班主伐保留株数(表11-8)。

表11-8　马尾松小径材速生丰产林初植密度主伐保留株数参照

产区	立地级	初植密度(株/公顷)	主伐保留株数(株/公顷)
最适宜区	Ⅲ	2700～3600	1050～1200
适宜	Ⅱ	2700～3600	1050～1200
	Ⅲ	2700～3600	1200～1800
较适宜区	Ⅱ	2700～3600	1200～1500
	Ⅲ	2700～3600	1200～1800

500. 马尾松小径材速生丰产林幼林如何进行抚育?

造林后抚育3年，每年1～2次进行块状锄草松土，结合扩穴连带、除蘖培土等，此后劈草到郁闭，每年一次。

501. 培育马尾松速生丰产林的投工量如何?

投工估算应根据培育目标、林地现状、抚育方式、抚育次数、林道、防火林带、病虫害防治等项目具体情况估算。各项目作业用工估算参照表11-9。

表11-9　马尾松速生丰产林投工估算

作业项目		投工数(工/公顷)	说　　明
林地准备	挖穴	15~60	挖明穴回表土
	劈草清杂	15~60	全面劈除杂草灌及清理
	挖草根、整地	15~75	块状整地
植苗		15~30	包括苗木费
幼林抚育	全面除草每次	15~60	全面松土除草等每年1~2次
	块状除草每次	15~45	树兜四周各0.5米左右松土除草等
	劈草或培土每次	15~30	劈草、藤蔓或培土等
抚育间伐	间伐每次	15~60	采用下层抚育间伐或机械间伐
	间伐后深翻施肥	15~60	间伐后全面深翻施肥
林道及修建附道		15~30	
护林、森林病虫害防治等		15~60	

502. 马尾松混交林的营建技术主要有哪些？

马尾松人工纯林面积过大，容易发生病虫害和森林火灾等。为了提高马尾松林对灾害的抵抗能力、充分发挥造林地营养空间、改善立地条件等，应提倡营造混交林。马尾松混交林的营建技术主要有：

(1)选择适宜的混交树种。应符合适地适树原则，根据混交目的，选择与马尾松生态习性差别较大、无共同病虫害、经济价值较高的树种，与马尾松能够相互协调。马尾松的主要混交树种有杉木、木荷、相思树、桉树、栎类、枫香、建柏、火力楠、楮栲类等。

(2)确定合理的混交比例。不同的混交比例可影响到种间关系的发展方向和混交效果的发挥。常见的混交比例：马尾松×木荷(1~2:1)，马尾松×桉树(1~2:1)，马尾松×相思树(1:1~2)，马尾松×火力楠(1~2:1)，马尾松×建柏(1:1~3)。

(3)选择正确的混交方法。混交方法主要有株间混交、行间混交、带状混交、块状混交、植生组混交、插花混交、块带混交等。

503. 马尾松如何采脂？

胸径达20厘米以上开始采脂，一般采用下降式采脂法。在疤节较少的向阳面树干上刮去粗皮至无裂纹，残留粗皮厚度不超过0.4厘米。采脂年限在

10年以下的割面可加大，最大不超过周长的80%。割面一般比刮面窄4厘米。在刮面正中开中沟，长约25～35厘米，宽约1.5～2厘米，沟槽外宽内窄，笔直而光滑，深度以下伤及内皮为宜。在中沟顶端向两侧开侧沟，夹角90°，沟深0.3～0.4厘米，宽度不超过0.2厘米。然后依次由上往下开侧沟，侧沟要求等长、等深、平行，两侧沟的开割间隔期为1～2天。采脂年限在10年以上的，割面约占树干周长的40%。翌年的割面紧接在原割面的正下方，如此逐年采割，直至距地面20厘米左右为止。

504. 松脂的采割季节是什么时候？

刮皮最好在冬季或早春进行，这时树液流动量少，不易伤及内皮。采脂最好在夏季，此时气温升高、雨量多、温度大、光合作用强、树液流动快、产脂量增加，是最好的采脂季节。

十四、火炬松速生丰产林培育技术

505. 火炬松的造林地如何选择？

火炬松的造林地选择在低山丘陵台地和滨海砂地。土层厚度一般要求在60厘米以上，排水良好，地形开阔的Ⅰ、Ⅱ级地。具体见表10-10。

表11-10　火炬松立地条件划分表

项目	主要立地因子	产区	
		最适宜区	适宜区
地形	坡位	长坡中下部及凹形坡	长坡中上及短坡
	坡向	半阳坡、半阴坡且地形开阔	半阳坡、半阴坡
	坡度	<25°	<25°
	海拔	<500米	<600厘米
	地类	Ⅰ、Ⅱ	Ⅰ、Ⅱ
土壤	土层厚度	>80厘米	60～80厘米
	质地	砖红壤性红壤、黄红壤、沙壤土	山地红壤、黄红壤
	松紧度	松－散	散
	pH值	5.5～7.0	4.5～6.0
植被	植被以木荷、梅叶冬青、绣线菊、山龙爪等灌木树种和芒萁等草本为主		
地位指数	最适宜区为2016以上。适宜区为2014以上		

506. 火炬松速生丰产林的种苗如何选择？

种子优先选用种子园和母树林品质优良的种子，种子必须进行质量检测，并达到Ⅰ级种子标准，苗木选择Ⅰ级苗。

507. 火炬松速生丰产林的林地如何进行清理？

根据造林地地形、天然植被数量或采伐剩余物多少、造林方式、经营条件等选用人工劈草、机械割草、化学灭草或堆烧等方法。尽量避免采用炼山，对于植被高大茂密，难以进行人工整地的山场，可采用局部炼山，炼山时要严格做好防火工作。林地清理过程中应注意环境保护，搞好水土保持，维持地力，提高森林资源利用率。

508. 火炬松速生丰产林的林地如何进行整地？

山地以块状整地为主，有条件的地方采用带状整地，坡度较大易引起水土流失的山地，可挖暗穴，并呈品字形排列。严禁全面整地，防止水土流失。

509. 火炬松速生丰产林应如何进行施肥？

火炬松在栽培前要施用基肥，利用腐熟有机质肥加磷肥作基肥效果最佳。一般条件下以土杂肥为主，如草皮泥、海河渠沟塘泥混以一定的农家肥或适量磷肥，每穴施农家肥 10 千克或磷肥 0.2～0.5 千克。

510. 火炬松速生丰产林合理的造林密度是多少？

火炬松合理的初植密度范围每公顷为 1200～2500 株，具体情况根据立地条件、培育目标、经济条件而定。

根据不同适宜区和立地等级确定各小班最后一次间伐时的保留株数表 11-11。

表 11-11　火炬松速生丰产林初植密度和主伐保留密度参照

适生区	立地等级	初植密度（株/公顷）	主伐前保留株数（株/公顷）
最适宜区	Ⅰ	1200～2200	400～600
	Ⅱ	1500～2500	500～800
适宜区	Ⅰ	1500～2500	500～800
	Ⅱ	1800～2500	600～800

511. 火炬松速生丰产林的植苗方法如何？

采用容器苗或一年生实生苗进行穴植，造林时间在初春或冬末，栽植前用黄心土、新鲜牛粪加钙镁磷调成泥浆沾根。造林成活率应不小于85%。

512. 火炬松幼林如何进行抚育？

在造林后前3年，每年必须采取除草、扩穴松土等抚育措施，在造林地土壤贫瘠时要追肥。除草抚育最好在夏末杂草迅速生长以前进行，一般每年抚育1次。追肥以复合肥为主，缺硼的林地应追加适量的微量硼肥。

513. 火炬松速生丰产林的抚育间伐技术如何？

间伐原则是砍小留大、砍密留稀、砍劣留优；间伐过程不得造成林窗或疏林地，间伐后郁密度不得低于0.6；火炬松间伐开始时间、间伐次数、间伐强度及间伐间隔期根据初植密度、培育目标、立地条件和郁闭度等因素而定。具体措施可参照表11-12。

表11-12　火炬松抚育间伐方法

适宜区	培育目标	立地质量	初植密度 株/公顷	首次间伐年龄 年	间伐次数	间伐间隔期	间伐强度	间伐方法
最适宜区	大径材	Ⅰ	1200～2200	6～8	3	第1、2次及2、3次间隔期均为8年	间伐30%～50%，每次间伐强度均以株数计算	第1次间伐方式采用。机械疏伐，第2、3次间伐采用下层抚育间伐
		Ⅱ	1500～2500	8～9	3			
	中径材	Ⅰ	1200～2200	8～9	2			
		Ⅱ	1500～2500	9～10	2			
适宜区	大径材	Ⅰ	1500～2500	8～9	2			
		Ⅱ	1800～2500	9～10	2			
	中径材	Ⅰ	1500～2500	7～8	1			
		Ⅱ	1800～2500	8～9	1			

514. 培育火炬松速生丰产林的投工量如何？

培育火炬松速生丰产林每公顷用工225～430天，各作业项目用工见表11-13。

表 11-13　火炬松速生丰产林投工估算

作业项目	投工数(日/公顷)	说 明
林地准备	50～100	劈草炼山，挖茅根清杂等，整地以块状为主
植苗	15～30	苗木栽植
幼林抚育	40～90	除草、松土、培土等
抚育间伐	75～120	间伐 2～3 次
林道	15～30	林道及附道修建
护林及森林保护	30～60	护林防火、病虫害防治及其他

十五、桉树培育技术

515. 常见的桉树种有哪些及其主要特性如何？

桉树属桃金娘科，原产澳大利亚，树种达 900 多种，分布跨度大，表现差异也大。福建省引种栽培表现良好、速生丰产、适应强、推广面积较大的有巨尾桉、尾巨桉优良无性系和巨桉、赤桉优良种源。赤桉较耐寒、抗风。

(1) 巨尾桉、尾巨桉的主要无性系：早期选育推广的多为巨尾桉，近年选育推广的多为尾巨桉。目前推广面积较大的有尾巨桉 DH32－29，广林 9 号、EC1、EC4、EC2、DH32－27、DH32－22、DH33－27 等，这些无性系保持了父母本的优良性状，速生、丰产、优质，适应性广、抗逆性强，可耐－2℃的低温。适宜在闽南、闽东及闽西部分区域种植。广东、广西、海南、云南等地则已经大面积推广种植。

(2) 巨桉的主要无性系：近年来，福建在巨桉种内无性系选育方面开展了大量的工作，多数用“A”开头编号，如 A1、A2……A6 等，这类无性系生长迅速，但比巨尾桉小，由于较耐寒，适度抗风，较适宜在南亚热带北缘和中亚热带推广。

(3) 尾赤桉的主要无性系：速生且干形良好，材质优，抗寒性强，可耐－3～－5℃的低温。容易繁殖。扦插繁殖系数较高，作为耐寒速生品种栽培成功的把握性大，前景广阔。福建省除闽南地区可以种植外，在闽中和闽东大部分地区以及闽西北部分地区种植，湖南、江西南部和四川、云南等地亦有推广种植。目前在福建已试验推广的尾赤桉无性系 201，为所引桉树杂交种中抗寒性能最好的，但抗风能力差，不适合于沿海种植。

(4)赤桉：适应性强，对立地条件要求不严，耐周期性水淹，在较干旱贫瘠而土层深厚的地上也能正常生长。能耐－5℃短时低温。强喜光树种，具早期速生的特性，在光照不足或庇荫的情况下长势不良。赤桉根系较深，主根发达，树干坚实，枝叶较稀疏，小枝下垂，因而抗台风能力强，能抗11～12级台风。

(5)尾圆桉的主要无性系：为尾叶桉和圆角桉的杂交种。速生且干形良好，材质优、抗逆性强，可耐－3℃的低温，福建省除闽南地区可以种植外，可在闽中和闽东大部分地区以及闽西北部分地区种植。容易繁殖，扦插繁殖系数较高。如尾圆桉184。

(6)柳隆桉：具有父母本的优良特性，杂交优势明显，生长迅速。一年生平均树高10.14米，平均胸径7.36厘米，单株平均材积比双亲增长83.6%，比最大亲本增长32%，比对照增长235.7%。

(7)蓝大桉：由四川省林业科学研究所从自由授粉的蓝桉母树上采种育苗，从中选出形态变异的特殊苗木培育而成的。

(8)邓恩桉：速生、材质好，抗寒性强，幼树可耐－5℃低温。

516. 桉树造林如何选择苗木？

(1)按照适地适树的原则，应使用经中试，适合于当地的优良无性系或优良种源。

(2)苗木质量应符合Ⅰ级或Ⅱ级苗木标准(容器苗高15～25厘米，根系发达)。

(3)为了提高造林成活率，提倡就地培育组培苗、扦插苗，就地栽植，以免长途运苗造成苗木的损伤。

517. 桉树造林地如何选择？

应选择土层深厚、疏松、呈酸性排水良好、肥力较高，坡度25°以下，海拔600米以下，交通方便的丘陵、台地、平原和低山下部。造林地绝对低温应大于－5℃，否则易受冻害。

518. 桉树造林如何清理、整地？

应在造林前一年的7～9月份完成，主要进行劈草炼山，挖除杂灌头和五节芒头。炼山时应注意防火和保持水土。对新植林，在林地植被稀少的地段，不宜炼山，以确保林地可持续利用。草灌茂密，难以整地的山场，可实行全部或局部有控制的炼山，采取堆烧清理或沿等高线平铺成带。对萌芽更新林，可实行不炼山清理方式。应在造林前一年的年底前完成，一般采用块状整地，挖明穴回表土，穴规格60厘米×40厘米×40厘米，种植点成“品”字形排列。

519. 桉树造林地如何进行白蚂蚁防治？

在造林前一年的9～10月投放灭蚁灵诱饵剂，每公顷投放225～400包，以“品”字形均匀投放于造林地，造林地周围应适当多放，投放点挖10～15厘米深小坑，铺薄层枯草，连袋放入药剂1～2包，覆土压实即可。在已炼山未整地的宜林地上投放，防治效果最好；如果造林前未及时防治，也可在造林当年的4月投放诱饵剂，但造林时必须在根区施驱蚁药保护。

520. 桉树造林如何施基肥？

桉树对肥料十分敏感，施基肥是营造丰产林的重要措施。在造林前1个月左右回表土时施长效的钙镁磷或钙镁磷与等量尿素混合肥、桉树专用肥，每穴均施500克。基肥还可就地取材，靠海捞海肥，靠山积绿肥。每穴施海肥1～2千克、土杂肥2～3千克。

521. 桉树的造林密度是多少？

一般为1350～1800株/公顷，为充分利用桉树喜爱侧光的生长特性，采用宽行窄株的方式配置株行距，一般采用2米×3米的规格。

522. 桉树的造林季节是什么时候？

桉树无明显休眠期，长年可造林。2～5月初，晚霜过后，气温低、雨水多，栽植后成活率高，是桉树最好的造林季节，如遇春旱，应待雨后造林。9～10月，秋雨季节造林也较很好，但要注意天气，久旱无雨则不宜造林。应避免在台风天气造林。

523. 桉树容器苗如何定植？

营养杯苗应浸湿或淋透水后方可上山造林，当日用不完的苗木应置于荫棚内淋水保湿。栽植时，剥掉容器或塑料薄膜袋，撕袋前应双手压紧容器土，袋子应全撕取出，不可只撕底不撕边。定植覆土时应从四周向内压紧，杜绝垂直下压，以防破坏容器土。定植时应注意不要把苗木栽在基肥上，以免使幼苗根部接触肥料造成“烧苗”而影响成活。还要注意舒根和压紧，使幼苗根部能与土壤紧密结合。

524. 桉树幼林如何抚育?

春季造林 2 个月后应及时除草一次，至 8 ~9 月杂草种子成熟前再除草松土一次。第 2 年还需适时进行 1 ~2 次抚育，经过 2 年抚育管理后，幼林即可郁闭。

525. 桉树如何进行追肥?

在定植后 1 ~2 月及时追肥一次，7 ~8 月雨后再追肥 1 次，第 2 年的早春结合锄草松土追肥一次，施尿素或复合肥，每次每株追肥以100 ~250 克为宜。

桉树施肥的注意事项:

(1) 因地施肥，即根据林地土壤的养分、水分、质地和酸碱度等特性与地形条件进行施肥，每次施肥前要除净杂草;

(2) 施肥时应在穴的后坡方向开沟深埋，以减少肥料流失;

(3) 雨后施肥，以加速肥料溶解和减少肥料淋失;

(4) 山脊、山坡中上部等贫瘠地段应多施，沟边、山谷等肥沃地少施。

526. 桉树林如何进行抚育间伐?

培育目标为短周期工业原料林(生产纸浆材)，不需进行抚育间伐，但对出现的病株及风折木要及时砍伐清除。若培育大径材，可安排 1 ~2 次抚育间伐。闽南地区应在造林后第 2 ~3 年安排一次抚育间伐。

527. 巨尾桉、尾巨桉短周期工业原料林福建省内适宜产区的范围包括哪些地方?

芗城区、长泰、南靖、平和、华安、龙海、诏安、云霄、漳浦、东山、厦门、杏林、同安、鲤城、晋江、惠安、南安、安溪、永春、莆田、仙游、晋安区、闽侯、长乐、福清、平潭、连江、马尾(琅岐)。

528. 巨尾桉、尾巨桉短周期工业原料林福建省内一般产区的范围包括哪些地方?

罗源、闽清、永泰、宁德、福安、霞浦、古田、三元、梅列、永安、大田、新罗、永定、连城、漳平、德化。

529. 巨尾桉、尾巨桉短周期工业原料林丰产的指标如何?

以培育纤维材为主要目标，数量成熟年龄 5 ~7 年。根据省地方标准，7 年生时丰产林指标见表 11-14。

表 11-14　7 年生的巨尾桉、尾巨桉短周期工业原料林丰产林指标

指标 / 产区	Ⅰ、Ⅱ类地				Ⅲ类地			
	平均树高（米）	平均胸径（厘米）	每公顷平均蓄积量（米^3）	每公顷年均生长量（米^3）	平均树高（米）	平均胸径（厘米）	每公顷平均蓄积量（米^3）	每公顷年均生长量（米^3）
适宜产区	16.1	14.5	191.3	27.3	14.3	12.8	141.4	20.2
一般产区	14.3	12.8	141.4	20.2	12.5	10.6	85.0	12.1

530. 培育巨尾桉、尾巨桉短周期工业原料林投工量如何？

具体内容见表 11-15。

表 11-15　培育巨尾桉、尾巨桉短周期工业原料林每公顷投工估算

作业项目	投工数（天）	说　明
林地准备	70 ~ 100	林地清理、整地、挖明穴、施基肥、回表土
栽 植	5 ~ 10	苗木运输等费用
施 肥	30 ~ 40	施基肥和追肥
幼林抚育	70 ~ 90	块状除草松土或全面除草至幼林郁闭
林道及森林保护等	20 ~ 40	林道、护林防火、病虫害防治及其他
合 计	195 ~ 280	

531. 如何选择巨尾桉、尾巨桉短周期工业原料林造林地？

按表 11-16 的内容选择巨尾桉、尾巨桉短周期工业原料林造林地。

表 11-16　巨尾桉、尾巨桉短周期工业原料林造林地选择指标

立地因子 \ 立地质量等级		Ⅰ、Ⅱ类地	Ⅲ类地
地形	坡位	长坡中下部、短坡全部	
地形	海拔（米）	≤500	
土壤	土层厚度（米）	≥1	0.8 ~ 1
土壤	腐殖质层厚度（厘米）	≥25	15 ~ 25
土壤	特征	pH 值为 5 ~ 7，排水良好，由花岗岩、砂岩、片麻岩、页岩等风化而成的红壤、黄红壤、暗红壤	
植被	群落种类	杂灌丛、苦竹、五节芒、鳞盖蕨、高芒萁等群落	
植被	盖度、高度	采伐迹地盖度 0.8 以上、五节芒 1 米以上	采伐迹地盖度 0.8 左右、五节芒 0.8 米以上
立地指数		0720 ~ 0718（适宜区） 0718 ~ 0716（一般区）	0718 ~ 0716（适宜区） 0716 ~ 0714（一般区）

注：0720 即 7 年时，林分优势高达 20 米，其余类推。

532. 巨尾桉、尾巨桉短周期工业原料林的初植密度如何?

一般为1250～1798株/公顷，立地条件好的适当稀些，反之适当密些。株行距配置采用2.5米×3.0米或2.3米×2.4米，并呈“品”字形排列。若是坡地行的方向应与等高线平行，若是平坦地以南北向。在台风频繁的地区行向与风向平行。造林初植实际密度和设计密度误差应不大于10%。

533. 巨尾桉、尾巨桉短周期工业原料林如何进行幼林抚育管理?

造林当年上半年应结合施肥及时块状除草并松土、培土，下半年再进行一次全面除草。郁闭后保存率不小于85%。

534. 巨尾桉、尾巨桉短周期工业原料林如何进行施肥?

(1)肥料种类：主要施用氮、磷、钾、钙肥，对长期经营桉树的林地，应配施适量的锰、铁、锌等微肥。

(2)肥料品种及施用时间：磷肥以钙镁磷或过磷酸钙肥做基肥，于造林前一周施用；氮肥以尿素，钾肥以氯化钾做追肥，或施用复合肥，分别于造林后上半年和下半年结合抚育分两次施用。

(3)氮磷钾肥施肥量：每株氮(N)90～95克，磷(P205)95～100克，钾(K20)52～58克，N∶P205∶K20比例为1∶1.06∶0.60。

535. 巨尾桉、尾巨桉短周期工业原料林地如何维持地力?

整个经营期内保留枯枝落叶并在采伐时将叶、皮、枝归还于林地；做到合理施肥；提倡营造混交林或林地轮种，间种豆科或固氮植物，改善土壤肥力。

536. 桉树林如何促进萌芽更新?

(1)萌芽更新季节：在东南沿海以冬春为好。

(2)伐根准备：为确保林分萌芽更新质量，采伐时伐根应低于5厘米，同时扒开伐根四周杂草和采伐剩余物以防伐根被遮荫。

(3)整理萌芽条：第一次整理萌芽条应于皆伐更新后3～6月，萌芽条高达1.5～2米时进行。采取去弱留强办法，每伐桩留3～4株，经1～1.5年的培育后再进行第二次整理，最后留伐根东南部位生长快、粗壮的1～2株，每公顷保留1800～1950株为宜。及时除去长势差的萌芽条，每个伐桩保留健壮的1～2株，并结合施肥、除草、培土，培土高度至盖没伐根，以利萌芽林形成新的根系。

(4)抚育施肥：在采伐后林地清理完就要松土抚育，使土壤疏松通风透气，减少地表水分蒸发，利于伐根萌芽生长。施肥在采伐后萌芽前进行，采用沟施法，宜在伐桩上方 30 ~ 50 厘米处开沟施肥。每株施复合肥或尿素 100 ~ 250 克，以促进林分生长。有条件最好与有机肥一起混合施用。

537. 桉树林如何进行冻害复壮？

林龄 3 年以内，桉树遭到 V 级冻害，树干冻害 1/3 以上，要在冻害 1 个月以内，进行平茬更新复壮。平茬时，在伐桩及周围覆盖一层薄土，以促进复苏萌芽。在平茬当年 3 月底前采用挖沟施肥的方法，在伐桩上方 30 ~ 50 厘米处挖长 30 ~ 40 厘米，深 10 ~ 15 厘米的半月形沟，每株施复合肥或尿素 100 ~ 250 克，以促进林分生长。并在萌芽更新当年除草除萌条一次，每伐桩保留 1 ~ 2 根萌芽条。

十六、相思树培育技术

538. 常见相思树种的适生环境条件如何？

（1）台湾相思：原产于台湾省，常绿耐瘠薄畏寒的相思树种，抗风力强，寿命长，根系发达且具根瘤菌，固氮力极强，对土壤不严，福建省除福鼎外的沿海各县(市)低山、丘陵、台地、平原均适合栽培。

（2）大叶相思：原产澳大利亚北海岸及托雷斯海岸附近岛屿，引种范围很广，在北纬 26°以南生长较正常，以北易受冻害，海拔低于 700 米较适宜，在福州以南沿海地区均可栽培，甚至海潮短期淹浸的地方也可以生长。

（3）马占相思：原产澳大利亚昆士兰沿海，我国南亚热带的沿海地区有引种栽培，闽南地区可大量栽培，除石灰土外，以中性土壤为佳。

（4）肯氏想思：适生于年均温 21℃以上沿海地区的丘陵、台地、平原，在福建南亚热带温暖、土层深厚、湿润、肥沃的土壤生长良好。

（5）厚荚相思：原产澳大利亚昆兰士东北部，适合于南亚热带引种栽培，对土壤要求不严，适生于海滨沙地，耐干旱、高温。与桉树、木麻黄等树种生长极好。

（6）灰木相思：普遍分布于澳大利亚东部，垂直分布从海平面附近至 1500 米，最冷月平均气温 3 ~ 10℃，对土壤要求不严，可生长于各种酸性土壤及裸露山顶，近几年闽东北地区引种，生长良好，表现较耐寒。

（7）黑木相思：分布于澳大利亚昆士兰至塔斯马尼亚，近几年闽东北地区引种，生长良好，表现较耐寒。

539. 相思树造林地如何选择？

速生丰产林一般应在海拔300米以下，选择阳光充足、背风、土质疏松、排水良好的立地造林。相思树对土壤要求不严，闽东南地区的山坡顶部，低山、丘陵的全部瘠薄类型地土壤可栽培台湾相思；土壤疏松、肥沃的地方可选择马占相思、大叶相思；滨海沙土可种植厚荚相思，闽东北可选择耐寒性强的黑木相思和灰木相思。

540. 相思树造林如何整地？

在造林前一年冬季进行整地，使土壤充分风化，同时消灭部分害虫，最好采取炼山，并于10月份诱杀白蚂蚁。采取挖穴的方式，呈正方形或三角形配置，规格40厘米×40厘米×30厘米，回表土，土壤贫瘠的地方最好施客土或基肥。厚荚相思，则不必挖大穴，无须下客土，风积沙地上植穴规格以锄头的长宽为度，深度30厘米。

541. 相思树的栽植方式和密度如何？

株行距一般采用2米×3米为宜，立地条件差的可适当密些，立地条件好的和培育大径材可适当疏些。台湾相思的造林密度可大些，一般株行距1.5米×1.5米，即每公顷4400株。其他相思类树种与桉、松、樟混交效果很好，可采用株间混交或行间混交，飞播造林可与马尾松种子1:1混播。

542. 相思树的栽植技术如何？

造林季节最好选在3、4月份，最迟不宜超过6月份，宜在小雨或雨后湿润的阴天栽植。起苗应剪去叶子大部分或全部，切除主干上部一大半，保留主干30~40厘米，保留主根长20~25厘米，侧根尽量保存，修剪后蘸黄泥浆。容器苗栽植，应将容器苗浇湿，小心将薄膜撕掉，放直，压实。台湾相思可用种子进行人工穴播，种子经热水烫种催芽后，于雨季初期播种造林，每穴4~6粒种子，播后覆土1~1.5厘米。

543. 相思树幼林如何进行抚育？

相思类多属喜光树种，栽植2个月后应及时除草抚育一次，丰产林应于5~6月份用尿素100克/株穴施。在秋季杂草种子成熟前再除草、松土一次，丰产林应再施复合肥100~150克/株。当年抚育追肥与否是造林成败的关键，翌年适时进行抚育1~2次，清除杂草、松土、扩穴和追肥，一般2年即可郁闭。

第十二章　竹林培育技术

十七、毛竹林培育技术

544. 如何选择毛竹造林地？

造林地一般应选择在山坡中下部，土层浓厚、肥沃、疏松、湿润、排水良好的宜林地、疏林地或低价值次生林。营造丰产林的造林地，Ⅰ、Ⅱ立地级应占70%以上。

545. 毛竹造林地应如何进行清理？

（1）植被繁茂的荒山荒地，应先劈除杂草、灌木、挖净茅草兜。坡度25°以下可酌情堆烧清理，并做好防火工作。坡度25°以上容易引起水土流失的山场，可将杂草、灌木切碎沿等高线平铺在种植行之间成带状。

（2）疏林地、低产林或间伐后林分套种毛竹，可沿等高线进行带状劈草清杂，平铺成带或进行块状劈草清杂。

546. 毛竹造林地应如何进行整地？

沿等高线按株行距挖明穴，回表土。穴面120厘米×60厘米，深度40～50厘米，实生苗与无性繁殖苗挖穴面60厘米×60厘米，深度30～40厘米，三角形配置。

547. 毛竹造林如何施基肥？

每穴施磷肥250～500克，有条件的可施沤熟的农家肥或土杂肥，每穴10～20千克。实生苗与无性繁殖苗，每穴施磷肥250克或土杂肥10千克。肥料应与底土充分拌匀。

548. 毛竹造林密度为多少？

（1）宜林地种竹。移栽母竹每公顷造林495～630株，行距4～5米，株距4米；实生苗或无性繁殖苗每公顷造林600～900丛，立地条件较差取上限。

（2）林地套种。移栽母竹每公顷种植225～300株；实生苗或无性繁殖苗造林，每公顷450～750丛。

(3) 混交造林。根据立地条件与混交树种，移栽母竹每公顷300～450株，实生苗或无性繁殖苗每公顷600～900丛。

549. 如何选择移栽母竹？

母竹应选择1～2年生(偶有3年生)，胸径3～6厘米，分枝较低，枝叶繁茂，竹秆鲜绿，无病虫害。

550. 如何挖取移栽母竹？

挖取时，做到细心挖掘。切忌摇晃竹秆，保护鞭芽，少伤鞭根。来鞭留25～30厘米，去鞭留40～50厘米，要求鞭色鲜黄，具有饱满鞭芽4个以上，竹蔸多带宿土包扎。母竹留枝叶3～5盘，斜切去梢部，切口用干净黄心土堵塞，并及时搬运到造林地栽植，严防损伤秆柄(螺丝钉)。

551. 毛竹造林季节是什么时候？

造林季节12月至翌年3月，以1～2月为佳，雨后阴天最适宜。

552. 毛竹母竹移栽造林应如何栽植？

将母竹放入穴中，顺应竹兜形状，使鞭根舒展，竹兜与底土密接，分层填土打实，防止踩伤鞭芽。如土壤较干燥应浇足“定根水”。要求浅栽高培，根盘表面与穴面等高，竹秆基部培成丘形，并加盖松土以保墒，风口处造林应架设支柱。在造林穴上方周围开排水沟。

553. 毛竹实生苗与无性繁殖苗造林应如何栽植？

每穴栽植实生苗或无性繁殖苗一丛，栽植深度15～20厘米，填土高出原地面3～5厘米即可，表土培成丘形，切忌下陷成坑，防止积水烂鞭。

554. 毛竹幼林如何进行抚育管理？

(1) 保护管理。造林后要有专人管护，严禁放牧。发现鞭根出露应及时培土，林地积水应及时挖沟排水，防止积水烂鞭。干旱地区应在种植穴周围盖草保墒。

(2) 劈草清杂。林地套种毛竹成活后，每年向母竹四周劈草抚育1～2米，此后逐年扩大范围。劈除杂草和部分灌木。

(3) 除草松土。造林当年5～7月进行扩穴翻土，深度15～20厘米，将杂草埋入土中腐烂。此后每年全面劈草，块状锄草松土 1 次，直至郁闭成林。

(4) 林地间种。裸地种竹应提倡间种豆类、绿肥、西瓜、薯类、中草药等，以耕代抚，定期压青，改善土壤结构。林地间种可持续到竹林基本郁闭。

(5) 深翻、施肥。结合幼林抚育，每年施肥 1 次，采用穴施，每株施厩肥 20 千克或 0.5 千克的复合肥(N: P: K 为 5: 4: 1)，造林后 3 年内通过逐年深翻扩穴，深度 20 ~ 30 厘米，基本达到全面翻土垦复一遍。

(6) 竹林郁闭后适当伐除过密孱弱的小竹(胸径 3 厘米以下)以及 6 年生以上的老竹，以改善竹林结构，促其越长越大。

555. 如何做到合理留笋养竹？

材用竹林应护笋养竹，一般只挖退笋、弱笋；笋竹两用林，立春前合理挖冬笋，春季适量生产春笋；笋用竹林，冬笋、春早笋尽量多挖，适当挖鞭笋；纸浆竹林，早春笋适当疏挖，盛期、末期挖退笋弱笋，粗壮笋全留。

在春笋盛期(3 月 25 日至 4 月 10 日)，按立竹密度的要求，均匀留足粗壮大笋培育新竹，其余笋挖除。提倡留养小年竹，培育花年竹林，确保竹林结构趋于合理。立竹密度小于 900 株/公顷的低产毛竹林，在投产前应禁挖鞭笋和冬笋，春笋期间及时挖除退笋。

556. 号竹的方法如何？

新竹长成当年的秋末冬初，逐株号竹，在竹秆 1.6 米处用碳笔标明出笋年度。

557. 竹林如何进行劈草抚育？

劈草次数视杂草生长而定，杂草滋生的林地每年 1 次。劈草时间为 6 ~ 7 月，此时杂草幼嫩尚未结籽，有利于杂草腐烂增肥。

558. 竹林清除杂灌的技术如何？

每年夏季劈除竹林中过密的下木、杂灌，适当选留部分耐荫、落叶或固氮灌木树种，如朱砂根、杜茎山、冬青、山龙爪、黎茶等，以维护地力，保护害虫的天敌繁殖。

559. 竹林锄草松土有何技术要求？

每年锄草松土埋青 1 次，挖除茅草根蔸、老竹鞭。山场坡度 35°以上，应采用隔带锄草松土。锄草松土时间宜在发笋大年的 5 ~ 12 月和发笋小年的 4 ~

7月(竹笋夜蛾危害区，锄草应推迟到8月以后)。

560. 竹林如何进行翻土垦复?

根据竹山地形、坡度确定垦复方式、方法和深度。一般是每4~6年翻土垦复1次，深度20厘米以上。土块翻成覆瓦状，挖除老竹蔸、老竹鞭、灌木树蔸、茅草蔸，使地下鞭根网络厚而宽松。平缓坡及土壤板结深些，陡坡浅些；坡度26°以上采用带状或沟带状翻土，带宽1.0米左右，保留带与翻土带等宽或略窄以利层层截流，防止水土流失。坡度35°以上不宜翻土垦复。竹木混交林土壤疏松湿润的不必翻土垦复。翻土垦复季度以发笋大年新竹长成后的6月至翌年2月，以冬季翻土为宜；花年竹林每年5~7月翻土。

561. 竹林压青培土的技术如何?

结合土壤垦复，将林地幼嫩杂草或绿肥埋入土中，露出的竹鞭应培土覆盖。

562. 竹林如何进行蔓青盖草?

笋用林、笋竹两用林如林地干燥无杂草，可在大年盛夏高温或干旱季节覆盖稻草或杂草，以减少水分蒸发，冬天保持土壤温度，促进提早出笋，增加产量。

563. 竹林引水灌溉有何技术要求?

根据竹林生长情况，毛竹笋用林每年灌溉3~4次，第1次是地下茎生长的8月，第2次是笋芽形成到肥大的9~10月，第3次是出笋前到早发笋的2~3月，培养冬笋的竹林可在11月视林地干燥程度再加灌一次。其他经营类型竹林一般只在8~10月灌溉一次。每次的灌水量是根据土壤干燥程度及灌水间隔长短而定，一般每次灌水8~15吨/亩。有条件地方提倡应用滴灌、喷灌等节水灌溉技术。

564. 毛竹摇梢的关键技术有哪些?

每年立夏前后，当新竹长成，而竹秆上生长侧枝的高度占全株高2/3左右时，人站在山坡上，用双手把握新竹竹秆，猛力摇晃一下，竹梢部因脆嫩而断折0.5~1米左右为宜。关键掌握好摇梢时间和用力力度。过早摇梢，新竹太嫩，竹梢断折过长而影响盘数，如全株已抽生侧枝，则太晚难以摇断竹梢。

由于新竹生长速度的差异，一片竹林，需经2~4次摇梢才能完成。也可采用部分高大竹株摇梢，部分竹株不摇梢。

565. 毛竹钩梢主要技术有哪些？

在海拔较高，坡陡岭急常发生雪压、冰挂、风倒的毛竹林，可在白露至小雪(10~11月)适度钩梢，但竹林叶面积指数应不小于7。方法用接在9~12米长竹秆上的钩梢刀，人站在山坡上，把刀口搁在竹梢上，突然用力猛拉，即可钩断竹梢部。钩梢强度依竹林生长而定，密而高大的竹林多钩些，稀而矮小的竹林少钩些，一般不超过竹冠总长度的1/3，每株留竹枝不少于15~20盘。立竹也可部分钩梢、部分不钩。

566. 竹林施用的肥种有哪些？

有条件的应选用农家肥、土杂肥、饼肥等有机肥料或尿素、硫胺、碳胺、过磷酸钙、钙镁磷、硫酸钾复合肥。施化肥应注意N、P、K的合理比例(N∶P∶K合理比例为5∶3∶2或5∶4∶1)。

567. 竹林的施肥方法有哪几种？

施肥方法有开沟埋施、穴施、结合深翻撒施、竹蔸施肥、根外施肥等。

(1) 穴施，距立竹基部40~50厘米处的坡上部挖半月形沟(深15~20厘米)，施入肥料，并随之覆土埋沟。

(2) 竹蔸施肥，在毛竹采伐后1年内，打通竹蔸节隔至秆基，施入复合肥，然后覆土入桩。

(3) 沟施，沿等高线挖沟，沟深20~25厘米，宽25厘米，沟距1~3米，施入肥料随后覆土埋沟。

(4) 全面撒施，结合翻土垦复将肥料均匀地撒在林地上，然后翻土将肥料埋入土壤中。

(5) 根外施肥，利用竹秆基部注射生长素、生物肥料或叶子喷洒微肥、生物肥。

568. 竹林的施肥时间是什么时候？

孕笋肥宜在发笋小年6~9月施用，产笋肥宜在10月至翌年2月。长叶肥应在毛竹换叶时(3~4月)或新竹展叶(5~6月)时，长鞭肥宜在新竹长成后的6~7月；竹蔸施肥应在毛竹采伐后1年内施用(以半年内较佳)。

569. 竹林的施肥量是多少？

根据不同的经营类型，丰产竹林的年施化肥量一般为 10 ~ 30 千克/亩，不超过 50 千克/亩。

570. 毛竹丰产林的产量指标是多少？

毛竹丰产林的产量指标见表 12-1。

表 12-1　毛竹丰产林每度(2 年)产量指标

适生区	最适宜区		适宜区		较适宜区	
经营类型	竹材	竹笋	竹材	竹笋	竹材	竹笋
材用丰产竹林(吨/公顷)	17		16		15	
笋竹两用丰产竹林(吨/公顷)	10	3	9	2.5	8	2
笋用丰产林(吨/公顷)	6	6	5	5		
纸浆丰产竹林(吨/公顷)	17		15		13	

注：现有竹林集约经营 4 ~ 6 年达标进入投产期。

571. 材用毛竹林丰产结构因子指标如何？

具体指标见表 12-2。

表 12-2　材用毛竹林丰产结构因子指标

经营类型	竹林结构因子	最适宜区	适宜区	较适宜区
材用竹林	树种组成	10 竹至 7 竹 3 木	10 竹至 8 竹 2 木	10 竹至 8 竹木
	立竹密度(株/公顷)	3750 ~ 4520	3600 ~ 4500	3600 ~ 4500
	经营密度(株/公顷)	3000 ~ 3750	2700 ~ 3750	2700 ~ 3750
	平均胸径(厘米)	≥10.5	≥10.0	≥9.0
	年龄组成	1° ~ 4°各占 25%	1° ~ 4°各占 25%	1° ~ 4°各占 25%
	均匀度	≥3	≥3	≥3
	整齐度	≥7	≥7	≥7

572. 材用毛竹丰产林发笋大年的培育关键技术有哪些？

春护笋养林。及时挖退笋、弱笋。夏施长叶肥，秋钩梢，秋冬土壤垦复，劈草抚育，冬季伐竹，竹蔸施肥，全年防治病虫害。

573. 材用毛竹丰产林发笋小年的培育关键技术有哪些？

春留养小年竹。夏、秋劈山抚育或锄草松土。夏施长叶肥、竹蔸施肥或秋施孕笋肥（沟施），冬笋不挖，全年防治病虫害。

574. 花年材用毛竹丰产林的培育关键技术有哪些？

春护笋养竹，挖退笋，夏、秋竹山抚育，垦复埋青，夏施长鞭肥，秋施孕笋肥，冬季采伐小年竹，竹蔸施肥，全年防治病虫害。

575. 笋竹两用毛竹林丰产结构因子指标如何？

具体指标见表12-3。

表12-3　笋竹两用毛竹林丰产结构因子指标

经营类型	竹林结构因子	最适宜区	适宜区	较适宜区
笋竹两用林	树种组成	10竹至8竹2木	10竹至8竹2木	10竹至7竹3木
	立竹密度（株/公顷）	2800～3500	2700～3450	2700～3450
	经营密度（株/公顷）	2250～2700	2250～2700	2100～2550
	平均胸径（厘米）	≥9.5	≥9.0	≥9.0
	年龄组成	1°～3°各占30%，4°占10%	1°～3°各占30%，4°占10%	1°～3°各占30%，4°占10%
	均匀度	≥3	≥3	≥3
	整齐度	≥7	≥7	≥7

576. 笋竹两用丰产林发笋大年的培育关键技术有哪些？

立春前合理挖冬笋。春合理生产春笋，留足粗壮笋培养新竹，夏施长叶肥。适度摇梢或秋钩梢，夏秋冬土壤垦复、清除三头。冬伐竹，全年防治病虫害。

577. 笋竹两用丰产林发笋小年的培育关键技术有哪些？

春留养小年竹，夏除草松土埋青、施长叶肥，秋施孕笋肥。冬适量疏冬笋或结合挖冬笋施产笋肥，全年防治病虫害。

578. 花年的笋竹两用毛竹丰产林培育关键技术有哪些？

冬季、立春疏冬笋。立春后合理生产春笋。留足新竹，夏季垦复埋青，断鞭，清除三头。秋施孕笋肥，覆盖增温，冬季伐除小年竹，全年防治病虫害。

579. 笋用毛竹林丰产结构因子指标如何?

具体指标见表 12-4。

表 12-4　笋用毛竹林丰产结构因子指标

经营类型	竹林结构因子	最适宜区	适宜区	较适宜区
笋用竹林	树种组成	10 竹至 9 竹 1 木	10 竹至 9 竹 1 木	
	立竹密度株/公顷	2500 ~ 2800	2600 ~ 2800	
	经营密度株/公顷	2000 ~ 2250	2000 ~ 2250	
	平均胸径(厘米)	9.0 ~ 10.0	8.5 ~ 9.5	
	年龄组成	1° ~ 3°各占 30%，4°占 10%	1° ~ 3°各占 30%，4°占 10%	
	均匀度	≥3	≥3	≥3
	整齐度	≥7	≥7	≥7

580. 笋用丰产竹林发笋大年的培育关键技术有哪些?

春早笋多挖。盛期笋留足粗壮笋培养新竹，夏施长鞭肥，适当挖鞭笋、秋钩梢。冬伐竹。新竹长成后(6 ~ 12 月)土壤垦复埋青，清除三头，适当断鞭，施有机肥。全年防治病虫害。

581. 笋用丰产竹林发笋小年的培育关键技术有哪些?

春留养小年竹。夏抚育除草埋青，秋施孕笋肥，冬适量疏冬笋或结合挖冬笋施产笋肥，全年防治病虫害。

582. 花年的笋用丰产林培育关键技术有哪些?

春季合理疏笋。前期多挖少留，盛期留足新竹，夏季锄草松土或翻土垦复。秋施孕笋肥或冬施产笋肥，冬季伐除小年竹(叶枯黄)。竹蔸施肥，合理疏冬笋，全年防治病虫害。

583. 纸浆用毛竹林丰产结构因子指标如何?

具体指标见表 12-5。

表 12-5　纸浆用毛竹林丰产结构因子指标

经营类型	竹林结构因子	最适宜区	适宜区	较适宜区
纸浆竹林	树种组成	10 竹至 7 竹 3 木	10 竹至 7 竹 3 木	10 竹至 7 竹 3 木
	立竹密度(株/公顷)	3750～4500	3600～4500	3600～4500
	经营密度(株/公顷)	2400～3000	2400～3000	2400～3000
	平均胸径(厘米)	≥10.0	≥9.5	≥9
	年龄组成	1°～4°各占 25%	1°～4°各占 25%	1°～4°各占 25%
	均匀度	≥3	≥3	≥3
	整齐度	≥7	≥7	≥7

584. 纸浆竹林发笋大年的培育关键技术有哪些？

早春笋适当疏松。盛期、末期挖退笋、弱笋，粗壮笋全留养竹，夏砍青竹，留足母竹，施长叶肥，土壤垦复埋青或施有机肥，冬季合理砍伐老竹，全年防治病虫害。

585. 纸浆竹林发笋小年的培育关键技术有哪些？

春留养小年竹。夏抚育埋青，秋施孕笋肥，客土埋鞭或覆盖增湿，禁挖冬笋，全年防治病虫害。

586. 花年纸浆竹林的培育关键技术有哪些？

早期春笋适当疏挖。盛期、末期笋仅挖退笋，全留粗壮笋，夏砍青竹，留足母竹，土壤垦复埋青，施长叶肥或秋施孕笋肥。冬季采伐小年竹，竹蔸施肥，全年防治病虫害。

587. 竹木混交林的混交比例应如何确定？

一般是立地条件好、集约经营的丰产林，伴生树种混交比例小些，立地条件越差或一般经营的竹林，应加大伴生树种比例，山顶、山脊保留乔木树种戴帽。

588. 竹杉混交林营造的关键技术有哪些？

一般是在杉木林中套种毛竹或周边竹林自然扩鞭繁殖侵入，形成以杉木或毛竹为主的杉竹或竹杉混交林。

以杉木为目的树种的中幼林，毛竹比例控制在4成以内；杉木进入近成熟林以后，随着杉木的择伐利用，毛竹比例可增加到5~6成。以毛竹为主的竹杉混交林，随着杉木的成熟采伐，毛竹比例逐步增加，最终形成毛竹纯林。

杉木幼林套种毛竹，一般应在杉木Ⅱ龄级间伐之后；杉木疏林地或立地较好的杉木低产林，可选择山凹、沟谷、林窗，零星套种毛竹，成活率高，抽鞭长竹成林快。

各类竹杉混交林、杉木未成熟之前，不应毁杉留竹。

589. 竹松混交林营造的关键技术有哪些？

马尾松林下套种毛竹或周边毛竹自然侵入，形成各种混交比例的竹松混交林，是一种深根型与浅根型的复合栽培，有利于环境资源的合理利用。尤其是阳坡、中上坡或较高海拔山场，高大耸直的马尾松对毛竹起良好保护作用，促进毛竹高大通直，减少雪压。马尾松的混交比例可占3~5成。马尾松寿命长。成材之后一般不可全部砍伐，每公顷可保留60~100株，以培育大径级马尾松。

590. 竹阔混交林营造的关键技术有哪些？

由毛竹扩鞭侵入天然阔叶林，形成竹阔、竹松阔、竹杉阔等类型混交林，林内温湿适宜，毛竹生产潜力大，禁止将阔叶树砍光或环剥立枯。如阔叶树郁闭度过大，可适当择伐、修枝调整竹木混交比例。

（1）毛竹刚侵入阔叶林的新兴竹林混交林，应注意保护天然阔叶林，如阔叶林比例过大，需经申请批准后适当择伐霸王树，逐步调整混交比例。

（2）山坡中下部、山洼、阴坡、缓坡立地条件较好，竹木混交比例8:2~9:1为宜；中上坡、阳坡、陡坡或立地条件较差时，竹木混交比例7:3~6:4；上坡、山顶、山脊、急坡竹木混交比例6:4~4:6或保留天然林戴帽。

（3）阔叶树应优先选留树干通直，冠幅较小，落叶或固氮树种，如杨梅、枫香、罗木石楠、拟赤杨、酸枣、山杜英、泡桐、山柿以及米槠、栲树等部分壳斗科树种。

（4）阔叶树应注意分层选留，高于毛竹的上层乔木每公顷保留50~100株；与毛竹同层的伴生阔叶树，如冠幅过大，可强度修枝、缩小冠幅。毛竹林冠下的下木也应适当选留。

591. 竹木混交林的如何进行土壤改良？

竹木混交林土壤一般较疏松、肥沃、湿润、灌木多、杂草少，只要调整好混交比例，采用一般经营即可。如果立地条件较差，林地荒芜可酌情土壤改良。新兴竹木混交林一般不必深翻垦复。衰败的毛竹纯林，可套种杨梅或耐荫性树种，以改善地力，增加物种多样性。

592. 荒芜低产竹林如何进行改造？

竹林面积大、劳力不足、抚育管理粗放，杂草丛生、林地荒芜或长期失管的竹山，应先劈山清杂以草代肥，酌情翻土，土壤垦复应与护笋养竹同步。林缘或林中空地应翻土施肥，诱导竹鞭生长。立竹稀疏的竹山应在改造期间封山育竹2～3年。

593. 衰败低产竹林如何进行改造？

由于过度挖笋、过量伐竹，破坏竹林结构，导致竹林衰败，小老竹比例大，幼壮竹少，地下断鞭和无效鞭段较多。改造关键是禁止掠夺性经营，强化土壤垦复和施肥，及时更新老竹，留养新竹，调整竹林结构复壮竹林。改造期3～4年翻土垦复1次，施肥2～3次，锄草松土2次，坚持护笋养林，合理采伐。

594. 立地贫瘠低产竹林如何进行改造？

立地条件差，土层瘠薄或石质山、土壤板结、水土流失严重，引起低产的竹林应以增加立竹密度，保水固土为根本，陡坡竹山应多保留高大通直的松阔乔木树种和耐荫性灌木、下木，提高林地覆盖度。并采用伐桩施肥；平缓坡，土壤板结应强化土壤垦复，埋青、施有机肥或以草代肥，急坡险坡的竹山禁止采用深翻和全面锄草，以竹蔸施肥为主。立地贫瘠的竹山不宜经营笋用林。

595. 灾害型低产竹林如何进行改造？

毛竹遭受病虫害、火灾、野兽危害以及冰挂、雪压等自然灾害，引起竹林衰败低产，其改造措施因灾害不同而异。如因病虫危害需加强生物防治，生物防治与化学防治相结合；因冰挂、雪压危害应多保留高大乔木树种，坚持竹木混交和适度摇梢。

596. 竹材加工如何进行防霉防蛀处理？

(1) 浸泡蒸煮法：用药剂溶液通过浸渍、涂刷或加压渗透到竹材内部，使菌虫直接与药剂接触而中毒死亡。也可用挥发性毒气熏蒸剂毒死菌虫。防霉防虫主要药剂有硼酸、硼砂溶液，五氯酚钠和硫酸锌溶液混合剂，五氯酚钠和明矾溶液混合剂，氟化钠和五氯酚钠溶液混合剂，五氯酚清漆溶液，五氯酚钠酒精溶液，石碳酸、酚醛树脂和五氯酚钠溶液混合剂等。应以无毒、不污染环境和成本较低为原则，选择合适的防治方法，如6%硼酸、硼砂溶液浸渍法，2%氢氧化钠溶液沸煮法，5%的漂白粉溶液沸煮法，5%明矾溶液沸煮法；通常浸渍时间数天，沸煮时间30~50分钟。

（2）涂布法：用油漆和清油等涂料均匀地涂布或喷射在竹材成品上，以隔绝菌虫感染危害。

十八、绿竹笋丰产培育技术

597. 绿竹造林应选择哪些林地？

选择农地或溪河两岸冲积地、路边、村旁、房前屋后、山坡中下部、山凹等地均可，林地海拔一般不超过300米，林地要求土层深厚、水肥条件好、腐殖质含量高、质地疏松的酸性或微酸性土壤的Ⅰ、Ⅱ类地。

598. 绿竹造林密度是多少？

株(丛)行距4米×4米或3米×4米，每公顷630~825株(丛)。

599. 绿竹造林整地技术如何？

整地挖穴。定穴采取“品”字形配置，穴规格为70厘米×50厘米×40厘米(面×深×底)，表土与心土分开置放，造林前1个月施基肥、回表土。

600. 绿竹造林如何施基肥？

选择山地种植应下基肥，栽植前15~30天施基肥，每穴施农家肥20千克，或山灰20千克+过磷酸钙0.5千克或桐饼1.5千克，在穴中与表土拌匀，覆土3~5厘米。

601. 绿竹移蔸苗如何选择？

选择生长健壮，竹蔸入土深，无病虫害，具有饱满芽目2对以上，根系发达的1年生新竹为移蔸苗，地径3~5厘米。

602. 绿竹挖移蔸苗的技术如何?

要在离移蔸苗 30 厘米外，由远至近、由浅至深细心扒开土壤，找出移蔸苗和母竹的连接处，用利刀切断秆柄，做到不撕裂、切面平，再将分离后的移蔸苗斜劈去竹梢，保留秆长 1.2～1.5 米，切口斜向与竹蔸弯曲方向一致，最上一节尽量留长，以利于蓄水保湿。移蔸苗当天挖取当天栽植。

603. 绿竹宜于何时造林?

在 3 月至 4 月上旬，选阴天或小雨天进行造林。

604. 绿竹栽植方法如何?

栽植时，蔸部去箨，竹秆切面朝上斜放 30°～45°，覆土比母竹原入土深 10 厘米，分层压实，盖草保湿，多日无雨需浇水，成活率要求 90% 以上，翌年补植死株。

605. 绿竹幼林如何进行管理?

绿竹造林后一个月可生根发叶，第三年可挖笋。种竹当年 6～7 月和 9～10 月各除草松土 1 次。第二年除草松土 2 次，时间分别为 3～4 月和 8～9 月。栽植当年，结合抚育时进行施肥，8～9 月施肥，丛施复合肥 100～150 克。第二年施 2 次肥：第一次，扒土晒目结束后，结合覆土时进行；第二次 9 月中旬进行，每次丛施碳酸氢铵 1 千克 + 过磷酸钙 1 千克，边混边施；或施复合肥 100～150 克。栽竹当年可以套种豆科等矮秆作物，以耕代抚。

606. 绿竹成林全年应抚育几次?

一年抚育 3 次。

第一次，时间 3～4 月，结合砍除老竹时进行，全面除草、松土、挖去老竹蔸、扒土晒目。

第二次，时间 9 月中旬，全面除草松土、培高。

第三次，时间在 12 月，应全面除草松土。

607. 绿竹笋用丰产林合理竹丛结构如何?

砍除老竹：每年 3～4 月结合抚育时，砍去老竹，保留合理竹丛结构（表 12-6）。

表 12-6　绿竹笋用丰产林竹丛结构

地类	每丛保留立竹量（株）	每公顷丛数（丛）	每公顷立竹量（株）	每丛年留新母竹（株）	丛保留不同竹龄立竹量(株)	
					一年生竹	二年生竹
山地	6 ~ 8	630 ~ 825	3800 ~ 6600	4 ~ 5	4 ~ 5	1 ~ 3
冲积地农地	7 ~ 9	630 ~ 825	4400 ~ 7400	5 ~ 6	5 ~ 6	1 ~ 3

608. 绿竹林如何进行科学地留笋养竹？

栽植后第 1 年和第 2 年，以养竹为主，每丛留竹数量应符合竹丛结构指标，多余笋挖去。第 3 年后每年 8 ~ 9 月留足健壮竹笋，以保持合理的竹丛结构。

609. 如何挖绿竹笋？

挖笋时间 5 ~ 10 月，除留母竹笋以外，其余笋全部挖去。在清晨，笋尖尚未破土至笋尖露土小于 3 厘米时，扒开笋周围的土壤，露出笋体，用凿笋刀从笋蔸上部凿断取出，保护好笋蔸，让笋蔸在当年或翌年继续长笋。

610. 扒土晒目如何进行？

绿竹栽植后，自第 2 年开始，每年于 3 ~ 4 月，把竹丛周围表土扒开。深度以暴露竹蔸、笋目为准，让阳光晒 20 ~ 30 天，以提高地温，促进芽目早发育。

611. 绿竹笋用林如何施肥？

一年施肥 3 次。

第一次，在 3 ~ 4 月，扒土晒目结束后，结合覆土时施笋前肥，施肥量按每丛立竹数量确定，平均每株施碳酸氢铵 + 过磷酸钙 1∶1 比例混合肥 0. 5 ~ 0. 65 千克，或每株施复合肥 200 ~ 250 克。

第二次，在 7 ~ 9 月施笋期肥，每株施复合肥 150 克。

第三次，在 12 月，每丛施饼肥 1 ~ 2 千克，或农家肥 25 千克，起到养竹和促进翌年提早出笋的目的。

612. 绿竹生产年事活动如何安排？

具体见表 12-7。

表 12-7　绿竹笋生产年事活动表

月份	主要活动项目	技　术　要　点
3～4 月	竹苗选择	应选择生长健壮、根系完整、无病虫害的竹苗。移蔸苗：竹秆芽和竹蔸芽目饱满，高 120～150 厘米，地径 3～5 厘米，4 个芽目以上；扦插苗：苗高≥80 厘米，地径≥1.0 厘米，每丛 2～3 株
	栽植	3～4 月上旬，选阴天或小雨天进行造林，栽植方法：移蔸苗造林，栽植时蔸部去箨，竹秆切面朝上斜栽 30°～45°，覆土比母竹原入土深 10 厘米，分层压实，盖草保湿
	砍除老竹	砍去 2 年生以上老竹，保留合理竹丛结构，每亩保留 300～350 株，每丛保留立竹量 6～8 株，使一、二年生竹比例为 2∶1 或 3∶1
	除草挖蔸	结合砍竹、扒土晒目，全面进行除草、松土、挖去老竹兜
	扒土晒目	把竹丛周围表土扒开，深度以暴露竹蔸、笋目为准，让阳光晒 20～30 天后培土覆盖，以提高地温，促进芽目早发育
	覆土、施肥	扒土晒目结束后，结合覆土时施笋前肥，平均株施碳酸氢铵 + 过磷酸钙 1∶1 比例混合肥 0.5～0.65 千克，或复合肥 0.2～0.25 千克
	病虫防治	竹蚜虫，用 80% 敌敌畏液 800～1500 倍液喷洒防治，每 10 天一次，连续 2～3 次
5～10 月	挖笋	除留母竹笋以外，其余笋全部挖去。在清晨，笋尖尚未破土至笋尖露土小于 3 厘米时，扒开笋周围的土壤，露出笋体，用凿笋刀从笋蔸上部凿断取出，保护好笋蔸，让笋蔸在当年或次年继续长笋
5～8 月	病虫防治	竹螟，成虫羽化期在绿竹林边缘设黑光灯诱杀成虫；幼虫期用白僵菌等进行生物防治，每亩施放 6～10 个；或化学防治，采用治虫灵 1500～2000 倍液或 50% 敌敌畏乳剂 1000～1500 倍液或 90% 敌百虫 500 倍液等进行喷雾防治。异岐蔗蝗，6～8 月用 2.5% 溴氰菊酯乳油 2000～3000 倍液或 90% 敌百虫晶体 200 倍液，进行喷雾防治。竹笋象，7～8 月进行人工捕捉，或用 90% 敌百虫 500 倍液或 50% 敌敌畏 1000 倍液喷洒防治。竹蚜虫，7 月进行防治，方法同上
8～9 月	施肥	施笋期肥，每株施复合肥 150 克
	留笋养竹	留足健壮竹笋，多余笋挖去，使竹笋在竹丛中均匀分布。并按照山地每丛保留立竹量 6～8 株、年留新母竹 4～5 株，冲击地、农地每丛保留立竹量 7～9 株、年留新母竹 5～6 株的丰产林竹丛结构标准进行留笋养竹
	病虫防治	竹螟，成虫羽化期，在绿竹林边缘设黑光灯诱杀成虫。在绿竹园周围的蜜源植物区发现成虫时，用 2.5% 敌百虫粉、杀螟粉或 80% 敌敌畏 1000 倍液等农药进行喷布

（续）

<table>
<tr><th>月份</th><th>主要活动项目</th><th colspan="2">技术要点</th></tr>
<tr><td rowspan="7">11月至翌年2月</td><td>清理竹园</td><td colspan="2">及时将林分中的枯枝、病株及废弃物清理出林地，保持林分中的通透性</td></tr>
<tr><td>施肥</td><td colspan="2">12月施养竹肥，每丛施饼肥1～2千克或农家肥25千克</td></tr>
<tr><td rowspan="5">造林地准备</td><td>选地选择</td><td>海拔一般不超过300米，立地要求土层深厚、水肥条件好、腐殖质含量高、质地疏松的酸性或微酸性土壤的Ⅰ、Ⅱ类地，农地或溪河两岸冲积地、路边、村旁、房前屋后、山坡中下部、山凹等地均可</td></tr>
<tr><td>林地清理</td><td>山地造林可采取带状或块状劈杂清理林地，不提倡全面整地，杂灌少的林地可直接整地</td></tr>
<tr><td>造林密度</td><td>株行距4米×4米或3米×4米，每亩42～55株(丛)</td></tr>
<tr><td>整地挖穴</td><td>定穴采取“品”字形配置，穴规格70厘米×50厘米×40厘米(面×深×底)，挖取时表土与心土分开置放，回表土</td></tr>
<tr><td>施基肥</td><td>造林前一个月施基肥，每穴施农家肥20千克，或山灰20千克+过磷酸钙0.5千克或桐饼1.5千克，在穴中与表土拌匀，覆土3～5厘米</td></tr>
</table>

十九、台湾桂竹培育技术

613. 如何选择台湾桂竹造林地？

台湾桂竹生长好差与立地条件关系最为密切，一般以土层浓厚湿润的砂质壤土生长最好。凡土壤黏重、积水洼地或岩石地均不利于种植，土壤pH值4.5～6.0为适宜。在条件相似的地段，北坡的成活率和母竹的繁殖率以及高和粗的生长均高于南坡和东坡。

614. 台湾桂竹造林如何进行整地？

一般以块状整地挖穴，每亩70株左右，株行距3米×3米或3米×4米。穴长60～70厘米，穴宽50厘米，深40厘米。挖穴时，把心土和表土分别置放于穴的两侧，在坡地上挖穴时，应注意将穴的长边与等高线平行。

615. 台湾桂竹的造林季节是什么时候？

台湾桂竹适应性强，全年各月基本都可以造林，但一般冬至清明(12月中旬至翌年 3 月底)，造林成活率最高。

616. 台湾桂竹造林如何选择壮苗?

母竹要选择 1～2 年生、竹秆直、枝叶繁茂、叶色深绿、生长健壮、无病虫害的竹子，作为母竹。2 年生母竹发笋能力强，最好，一年生的次之。选择地径以 2～3 厘米，第一盘枝为双枝的，枝下高较低，各盘枝和竹秆所成的枝角较小，节间密的不宜作为母竹。选择竹林边绷或稀疏竹林中的竹子做母竹，易挖掘，不易伤鞭根，根株发育好，多发新鞭，壮鞭，抗风、抗旱力、适应性都较强。

617. 如何挖取母竹?

挖掘母竹应先判断竹鞭的走向，据观察，大多数竹子最下一盘枝的方向与其竹鞭的选抽大致平行一致。挖母竹时，先在母竹 50~ 60 厘米周围用锄头轻轻挖开土层，找到竹鞭，在40~ 50厘米处斩断竹鞭，至少要保留 1~ 2 根竹鞭，并要有 3～4 个健壮芽。挖掘时，不要摆动竹秆，以免损伤竹杆和竹鞭的连接处影响成活率。取苗时斜砍去竹尾，留 2～3 盘枝。

618. 台湾桂竹的栽植方法如何?

台湾桂竹选林目前采用移母竹造林法。将母竹放入穴中，鞭根要舒展，下部要与土壤密接，掌握“深穴、浅栽、培厚土、分层压实”原则，竹头落土深度比原苗深 1～2 厘米。覆土时要捡尽石头树根，表面做成馒头形，高出地面 10～15 厘米，以利排水，如果在砂砾地及沙滩上种植时，要客土造林，以免遇干旱成活率低。

619. 台湾桂竹成、幼林如何进行抚育?

栽后头 2 年出笋成竹的新竹株最好在展叶时剪去顶梢(约竹冠的1/5)。在竹林郁闭前(一般为 5～6 年)，每年要除草松土 1～2 次，第一次在 5～6 月，竹株已经形成，锄草不易伤幼竹，此时，地下竹鞭生长加速时期，锄草松土能为竹鞭的生长提供良好的环境条件，促进竹林，结合浅松土，深 3～4 厘米即可。第二次在 12 月至翌年 1 月，较深地方翻一次。有条件的地方在林地内间种作物，既增加收入又能经耕代抚。

竹林郁闭后，每年要进行劈草抚育或垦复抚育，劈草抚育较为粗放管理，劈草每年 7～8 月进行效果较佳。垦复抚育是用锄头疏松竹林土壤，清除杂灌、树蔸等，改善竹林土壤条件。冬季对竹林土壤进行深翻 15～20 厘米，挖去竹蔸、树蔸等。竹林土壤通过垦复，使土壤疏松，改善土壤的透水、保水、通气性，有利于地下茎和鞭根从土壤中吸收水分、养分和氧气。在松土时，靠近竹蔸地方要浅除，较远地方宜深翻。结合垦复，砍除一些病虫害株及劣株，有条件的结合施肥，产量更高。

620. 台湾桂竹如何进行合理砍竹？

竹林一般采用按竹龄级择伐方式。培育台湾桂竹主要以用竹材为主，砍伐年龄最好在材质稳定期。过早砍，材质力学强度不够，过迟砍，材质下降，根据台湾桂竹材质稳定期一般砍 6 ~ 7 年生竹。但要注意“采育兼顾”每亩保留合理的株数，一般每亩均匀保留 300 株就够了。砍伐竹子适宜在冬季，这时竹子生理活动减弱，竹材力学性好，不易虫蛀，竹材砍伐后对竹林无不利影响。砍伐的原则应该要严格按砍伐年龄砍伐，但还要考虑到竹林合理分布及竹株生长情况等，科学合理砍竹，竹林才能高产稳产，永续利用。

二十、雷竹笋丰产林培育技术

621. 雷竹造林地如何选择？

雷竹喜湿润怕积水，喜光怕风。要选择背风、向阳、光照充足的东南坡、南坡的平地、山田地、缓坡地，土壤疏松、透气、肥沃、排水良好而湿润的微酸或中性土壤。盐碱土、石灰性土不适宜栽培。

622. 雷竹造林如何整地？

全面整地深翻或块状深翻。每亩挖 40 ~ 60 个穴，株行距 4 米 ×4 米或 3 米 ×4 米，为速成林，每亩可挖 100 ~ 110 穴，株行距 2.5 米 ×2.5 米，穴长 80 ~ 100 厘米，宽 50 ~ 60 厘米，深 30 ~ 40 厘米。每穴下基肥用过钙 0.5 千克 + 山灰 50 千克或饼肥 2 ~ 3 千克。整地要提前 5 ~ 6 个月进行。

623. 雷竹宜于何时造林？

选择梅雨季节到来之前和秋季，即 5 ~ 6 月或 9 ~ 10 月。选阴天、小雨天造林。

624. 雷竹造林母竹如何选择？

选择细叶雷竹品种，冠幅小、枝条细、竹叶狭卷、小枝叶片多、竹秆节间短、匀称、新秆白粉少的雷竹作为母竹。选择 1 ~ 2 年生无病虫害、无开花、生长健壮、分枝低、胸径在3厘米左右的竹为母竹。

625. 雷竹母竹如何挖取?

挖母竹时，来鞭留10~20厘米，去鞭留20~30厘米(要有完整鞭芽3个以上)，尽量多带宿土，挖取母竹留3~4盘枝，多余竹梢劈去。

626. 雷竹应如何栽植?

穴内土要打细疏松，竹鞭要放平，母竹顺势而立，适当浅栽，竹鞭入土20~25厘米。覆土时先回表土再回心土，分层压实，必要时浇定根水，打桩固定。要保护好鞭芽和竹鞭根系，防止鞭秆(俗称“螺丝钉”)脱离，并注意保湿，以提高成活率和发笋长竹量。

627. 雷竹幼林应如何进行抚育管理?

新造雷竹前2年可在林地中套种作物，以耕代抚，又增加收入，没有进行套种的，每年要抚育2~3次，5~6月深翻约25厘米，9~10月浅锄约15厘米，第三次在2月进行浅削。

抚育时结合施肥2~3次。当年母竹株施尿素或复合肥50~150克，人粪尿5~10千克，化肥均匀撒施或冲水浇施，人粪尿冲水2~4倍浇施。冬季施缓效有机肥为好。

留养新竹离母竹距离越远越好，促地下鞭迅速分布全林地，速成林分。部分母竹当年就会出笋，是移栽母竹时母鞭上笋芽长成的，其笋离母竹都较近，留1~2株健壮的笋培育新母竹，其余笋及时挖去。幼林及成林留笋养竹都采取留远、挖近、留强、挖弱、留稀、挖密。

628. 雷竹林如何科学地留笋养竹?

雷竹以产笋为目的，要注意科学挖笋，留好母竹多产笋。新母竹的留养时间以出笋高峰期稍后为好，一般在清明前后一星期内进行，不宜过早或过迟。留笋养竹的株数每年每亩留150~200株，其余笋全部挖去。雷竹亩立竹量保留600株为宜，1~3年生的母竹应占70%以上。母竹以2~3年生出笋能力最强，4~5年生下降，6年生以上的老竹全部砍去。新竹每年要留养，老竹每年在6月间连蔸挖去。

629. 雷竹林的林地应如何管理?

一般成林每年5月底至6月初深翻松土一次，结合施肥，深度在25~30

厘米，此时新鞭尚未生长，深翻对竹鞭根损伤度轻。雷竹四个生长期，6～7月为发鞭期，8～10月为笋芽分化期，11月至翌年2月为孕笋期，3～5月为长笋和新竹生长期，其他季节不深翻，结合施肥时进行浅除，一年进行1～3次。在有条件的地方对林地进行加土，增加土层，改良土壤。

630. 雷竹林应如何科学地进行肥水管理？

推广应用四次施肥法技术。一年施四次肥是雷竹高产施肥技术总结，根据雷竹一年四季四个不同的生长期而施肥。

第一次施肥在5月下旬至6月，称“产后肥”或“长鞭肥”。由于经过笋期大量挖笋竹以及新竹生长成林，大量消耗了土壤养分，要及时施肥，施速效肥为主，施肥量应施全年施肥总量的35%左右。亩可施尿素25千克、猪厩肥500千克、钾肥15千克、过磷酸钙50千克。撒施地表翻入土中，有机肥要腐熟。

第二次施肥在9月，称为“催芽肥”。可施全年肥量的15%，亩可用人粪尿1000千克冲水2～4倍浇施。

第三次施肥在12月，称为“保暖肥”或“孕笋肥”。施不需腐熟的有机肥，将厩肥、堆肥直接铺施在竹林地表，提高土温，使来年竹笋早出高产。可施全年肥量的40%左右，每亩施猪、牛厩肥2000千克，或结合加土进行。

第四次施肥在出笋中期3月，称为“催笋肥”或“长笋肥”。对竹林养分不足给予适当的补充，施以氮肥为主的速效肥。提高竹笋产量与质量。施肥方法采用穴施，即在挖过笋的穴内施入肥料后盖土，施肥量以全年施肥量的10%左右，每亩可施尿素25千克，每个笋穴可施尿素0.01～0.02千克或冲水浇入穴中。这一次施肥实际上需要一段时间才能完成。

雷竹喜欢湿润土壤，但又怕积水，竹林内要开好排水沟，干旱季节又要注意灌溉。

631. 雷竹笋覆盖增温早出笋的关键技术如何？

正常经营的雷竹出笋时间在3月初，如果采用早出技术，春节前1月中旬就有雷笋出土，延长了出笋时间，增加产量，笋价格高，增加经济收入。用竹叶、谷壳、稻草、麦壳、麦秆、杂草、锯木屑、有机肥等材料都可以用来覆盖增温。用竹叶，一般每平方米覆盖11千克，厚度在30厘米左右，覆盖后的地表温度可以达到10℃以上，并且可以保持2个月以上的时间，在肥水条件适宜的情况下，覆盖后30～40天开始出笋，覆盖最佳时间为12月上旬至中旬。用谷壳，每平方米覆盖8千克，初笋期比不覆盖的提早45天出笋。用稻草覆盖，易吸水，保温增温的效果差些，覆盖时应将稻草铡碎，每平方米覆盖 8 千克，初笋期比不覆盖提早 18 天，最好采取稻草与其他覆盖物结合起来使用。覆盖物发酵腐烂后，作为有机肥使用，数量较多时，堆积旁边分批施入。

632. 雷竹笋施肥提早出笋的技术如何?

增施氮肥，前期出笋增多，出笋期也有所延长；增施磷肥，提高发笋率，增强延长中后期出笋量；增施钾肥能增加单株笋重。氮、磷、钾的比例可采 5:1:2 进行施肥，一年分四次施肥。第一次 5 月底 6 月初，以速效肥为主，每亩施尿素 50 千克，厩肥 1000 千克，撒施地表，结合松土，翻入土中。第二次 8 月底 9 月初，亩施复合肥 100 千克，冲水 5000 千克浇施，或撒施地表再浇水。第三次施肥，10 月底 11 月初，亩施厩肥 4000 千克，浅翻入土中，第四次 12 月中旬，在覆盖保温时进行，每亩施尿素 60 千克，冲水 15000～25000 千克，浇透林地。

633. 雷竹二季出笋的培育技术如何?

雷竹在集约经营管理条件下，秋季能第二次出笋，秋笋出土一般从 9 月到 11 月，出笋期 90 天左右。主要技术：早施重肥。在 5 月底 6 月初，每亩施有机肥 3000 千克，可以利用覆盖物作为有机肥，再施尿素 50 千克；9 月初再施复合肥 100 千克，翻入土中，结合浇水，秋季 8～9 月多高温干旱，一定要适时浇水或灌溉。

二十一、竹笋的质量分级指标

634. 毛竹春笋的质量分级指标如何?

具体见表 12-8。

表 12-8　毛竹春笋质量分级指标

等级	单笋重量(千克)	长度(厘米)	外　观
一级	0.50～1.50	20～30	根基无粗老部分，笋体饱满完整、新鲜清洁、色泽良好、无腐烂、无霉变、无异味、笋肉纤维细嫩，无病虫害斑点、虫口和机械损伤
二级	0.30～1.50	20～40	根基稍带粗老部分，笋体饱满完整、新鲜清洁、色泽良好、无腐烂、无霉变、无异味、笋肉纤维细嫩，无病虫害斑点、虫口和机械损伤

635. 毛竹冬笋质量分级指标如何?

具体指标见表 12-9。

表 12-9 毛竹冬笋质量分级指标

等级	单笋重量（千克）	形状	笋壳	外观
一级	0.20～0.75	两头小，腰子形，大小匀称、美观，不带泥沙、杂质	正常、笋壳紧包、黄色、无褐斑，发根不能大于2节	无损伤、无裂口、无伤皮、不变色、无霉斑、不失水，笋体饱满完整、新鲜清洁、色泽良好、无腐烂、无霉变、无异味、笋肉纤维细嫩，无病虫害斑点、虫口和机械损伤
二级	0.10～0.60	炮弹形（老龙头）、无杂质，可微带泥沙	笋壳稍松、黄色或略带褐色、稍有褐斑，发根不能大于3节	可稍有伤皮、稍变色、少量斑点、稍有失水，笋体饱满完整、新鲜清洁、色泽良好、无腐烂、无霉变、无异味、笋肉纤维细嫩，无病虫害斑点、虫口和机械损伤

636. 毛竹鞭笋质量分级指标如何?

具体指标见表 12-10。

表 12-10 竹鞭笋质量分级指标

等级	形状	饱满度	切口	整体
一级	长度 25～40 厘米，粗度鞭径 > 2 厘米	饱满可食部分占笋总长的 75%	切口平整，无损伤	大小匀称、美观、不带泥沙，笋体饱满完整、新鲜清洁、色泽良好、无腐烂、无霉变、无异味、笋肉纤维细嫩，无病虫害斑点、虫口和机械损伤
二级	长度 15～40 厘米，粗度鞭径 < 2 厘米	欠饱满，可食部分占笋总长的 50%	切口欠平整，稍有损伤	不够匀称、微带泥沙，笋体饱满完整、新鲜清洁、色泽良好、无腐烂、无霉变、无异味、笋肉纤维细嫩，无病虫害斑点、虫口和机械损伤

637. 苦竹笋类质量分级指标如何?

具体分级指标见表 12-11。

表 12-11 苦竹笋类质量分级指标

等级	单笋重量（千克）	长度（厘米）	可食部分（%）	外观
一级	0.15～0.50	20～35	≥55	符合 3.1 规定
二级	0.10～0.80	15～45	≥50	符合 3.1 规定

638. 早竹笋质量分级指标如何?

具体分级指标见表 12-12。

表 12-12 早竹笋质量分级指标

等级	品种类	长度（厘米）	单笋重量（千克）	外观
一级	覆盖笋	20～30	0.15 以上	色泽、无破损、无拔节，笋体饱满完整、新鲜清洁、色泽良好、无腐烂、无霉变、无异味、笋肉纤维细嫩，无病虫害斑点、虫口和机械损伤
	不覆盖笋	25～30	0.15 以上	
二级	覆盖笋	20～40	0.15 以上	
	不覆盖笋	15～35	0.15 以上	

639. 绿竹笋质量分级指标如何?

具体指标见表 12-13。

表 12-13 绿竹笋质量分级指标表

级别	头部直径（厘米）	长度（厘米）	单笋重量（克）	可食率（%）	外观
特级	5.5～8.4	≤17	200～400	≥60	未露土、马蹄状、切口平整，产于山地红壤。笋箨紧实、金黄色，笋肉乳白，笋体饱满完整，新鲜，无异味，无霉变，无腐烂，无明显的病虫害和机械损伤
一级	5.5～8.4	≤17	200～400	≥60	未露土、马蹄状、切口平整。笋箨紧实、金黄色，笋肉乳白，笋体饱满完整，新鲜，无异味，无霉变，无腐烂，无明显的病虫害和机械损伤
二级	4.5～9.4	≤20	-	≥55	未露土或露土笋尖小于 3 厘米，切口平整。笋箨紧实、金黄色，笋肉乳白，笋体饱满完整，新鲜，无异味，无霉变，无腐烂，无明显的病虫害和机械损伤

640. 麻竹笋分级指标如何？

具体分级指标见表 12-14。

表 12-14　麻竹笋分级指标表

等级	单笋重量（千克）	可食率（%）	外　　观
一级	0. 35 ~ 1. 50	≥60	笋尖出土长度小于 10 厘米，色金黄，箨紧实，笋基切面稍结膜，无老化纤维状，笋体饱满完整、新鲜清洁、色泽良好、无腐烂、无霉变、无异味、笋肉纤维细嫩，无病虫害斑点、虫口和机械损伤
二级	不限	≥55	笋尖出土长度小于 15 厘米，笋体饱满完整、新鲜清洁、色泽良好、无腐烂、无霉变、无异味、笋肉纤维细嫩，无病虫害斑点、虫口和机械损伤

第十三章　生态公益林培育技术

641. 如何选择水土保持林的造林树种？

选择适应性强，生长旺盛、根系发达、固土力强，具有穿入深层土壤根系，能以根蘖和压条繁殖以及匍匐茎保护土壤，耐瘠薄、抗干旱，可增加土壤养分、恢复土壤肥力，能形成疏松柔软、具有较大容水量和透水性死地被凋落物的树种。

642. 福建省水土保持林主要造林树种有哪些？

马尾松、黄山松、华山松、油松、湿地松、火炬松、杉木、铁杉、水杉、柳杉、池衫、墨杉、墨柏、柏木、栓皮栎、茅栗、槲树、化香树、川桦、光皮桦、红桦、毛红桦、枫杨、青冈栎、刺槐、银杏、杜仲、旱柳、苦楝、樟树、朴树、白榆、楸树、侧柏、麻栎、小叶栎、檫木、小叶杨、黄连木、香樟、木荷、榉树、枫香、青冈栎、乌柏、喜树、泡桐、毛竹、刚竹、淡竹、茶秆竹、孝顺竹、凤尾竹、漆树。

643. 水土保持林应采用什么营造方式？

以封山(沙)育林(草)为主，结合飞播造林(草)。当封山与飞播难以恢复林草植被或必须新造林(草)才能满足建设需要时，进行人工造林(种草)。

退化草场、水土流失和风蚀严重，或乔灌树种难以成活，但地面有草类残留根茬与种子，当地的水热条件能满足自然恢复植被需要的地区应实行封坡(沙)育草。

644. 营造水土保持林应优先选用哪些混交类型？

针叶树种与阔叶树种混交；深根系树种与浅根系树种混交；耐荫树种与喜光树种混交；乔木与灌木混交；保留、诱导能与更新树种共生的幼树形成人工与天然混交林。

645. 营造水土保持林应采用哪些混交方法？

主要采用以下几种混交方法：

带状混交：适用于大多数立地条件的乔灌混交、耐荫树种与喜光树种混交；

块状(局部)混交：适用于树种间竞争性较强，或地形破碎、不同立地条件镶嵌分布的地段；

株间混交：适用于瘠薄土地和水土流失严重区，在乔木间栽植具有保土、保水的灌草，或在灌草中稀疏栽植耐干旱、瘠薄的乔木。

646. 水土保持林的混交比例应如何确定?

水土保持林的混交比应在 30% 以上。立地条件差的地方，混交比应大些，并以灌木树种为主；水土流失严重的地区，加大灌木树种、草本的比例。

647. 如何选择水源涵养林的造林树种?

选择树体高大、冠幅大，林内枯枝落叶丰富和枯落物易于分解，具有深根系、根最多和根域广；长寿、生长稳定且抗性强的树种。

648. 福建省水源涵养林主要造林树种有哪些?

马尾松、华山松、油松、黄山松、白皮松、湿地松、火炬松、柳杉、池杉、水杉、落羽杉、柏木、侧柏、栓皮栎、茅栗、槲树、化香树、川桦、光皮桦、红桦、毛红桦、杉木、青冈栎、青檀、刺槐、银杏、茶秆竹、孝顺竹、风尾竹、杜仲、旱柳、苦楝、樟树、朴树、白榆、楸树、麻栎、栓皮栎、小叶栎、檫木、小叶杨、意大利杨、黄连木、香梅、木荷、榉树、枫香、南酸枣、朴树、乌桕、喜树、枫杨、泡桐、毛竹、刚竹、淡竹、漆树。

649. 水源涵养林应采用什么营造方式?

以封山(沙)育林(草)为主，结合飞播造林(草)。当封山与飞播难以恢复林草植被或必须新造林(草)才能满足建设需要时，进行人工造林(种草)。

退化草场、水土流失和风蚀严重，或乔灌树种难以成活，但地面有草类残留根茬与种子，当地的水热条件能满足自然恢复植被需要的地区应实行封坡(沙)育草。

650. 水源涵养林应采用什么营造模式?

以营造混交且垂直郁闭好的复层群落结构模式为主。应根据具体情况尽可能增加阔叶树的比例。

651. 如何选择防风固沙林的造林树种？

应选择抗干旱、抗风、抗寒、耐沙压、耐瘩薄的树种，海岸线上选择耐水浸、耐盐碱、抗风、耐旱树种；同时，能改良土壤，有效提供燃料、饲料、木料、肥料，耐平茬、热能高、耐啃食、适口性好的树种。

652. 福建省防风固沙林主要造林树种有哪些？

黑松、火炬松、水杉、侧柏、刺愧、榔榆、朴树、白榆、苦楝、旱柳、皂角、乌桕、黄连木、合欢、短柄木包、淡竹、柽柳、枸杞、单叶蔓荆、枣、牛奶子、泡桐、红树类。

653. 福建省的防风固沙林应采用什么营造方式？

封山(沙)育林(草)、飞播造林和人工造林种草相结合。

沿海风沙区一般分为沙滩沙丘、盐碱滩地、农用地和丘陵山地4种类型，前3种类型以人工造林为主，后一种类型以封山(沙)育林为主。

654. 沿海风沙区防风固岸造林主要有几种模式？

(1) 海岸防护林带。沿沙质、泥质海岸线，为防止海风长驱直入并阻隔流沙移动，以及保护农耕区，采用人工造林的方式，结合农田防护林建设营建防护林网。

(2) 海岸沙地造林。沿沙质海岸线，选择耐水浸、耐沙压、耐瘠薄的固沙树种，采取人工造林方式营造防护林带。

(3) 海岸盐碱地造林。沿盐碱质海岸线，选择耐水浸、耐盐碱、耐瘠薄的乔灌树种，采取人工造林方式营造防护林带。

(4) 红树防风固岸林。在热带和南亚热带的陆海交界处，包括河口水域、滩涂的各个潮带及潮上带的部分宜林陆域，以消浪、促淤、造陆和护堤为主要目的，采取封滩育林与人工造林相结合的方式营造红树林。

655. 海岸防护林带的方向与结构如何设置？

垂直于主害风方向设置，也可与附近农区的农田林网、村镇绿化林带的方向一致。

海防林带应采用疏透结构，对保护果树、橡胶等种植园为主的防护林网(带)，可采用紧密结构。

656. 海岸基干林带的适宜宽度是多少？

海岸基干林带宽度视沿海地区地形和风沙危害程度而定。一般农田区林带宽度 50 米左右；在沙岸地段，从海水涨潮的最高限，向岸上延伸 200 米范围；在泥岸地段，从海滩能植树的地方起，向陆地延伸 100 米；低湿地或盐碱地林带宽度 200 米；其他地段 50 ~ 100 米。

657. 海岸防护林带的带距及网格面积多少为宜？

海岸防护林带采用窄林带小网格，以利于抗强台风，一般主带距 150 米，副带距 250 ~ 400 米，每个网格面积 4 ~ 8 公顷。

658. 海岸沙地造林的主要技术要求是什么？

（1）随整地随造林；

（2）适当深栽，合理密植；

（3）风口处设置立式草沙障；

（4）粗沙地和地下水位较低的固定沙地，进行客土施肥，改善立地。

659. 海岸盐碱地造林的主要技术要求是什么？

（1）修建排水的主干河道，挖沟起垄，抬高地面形成台地；

（2）种植绿肥或耐盐碱植物，改良土壤；

（3）对台田深翻细耙，细致整地；

（4）选择耐盐碱树种营造混交林，并合理密植，尽快郁闭覆盖地面；

（5）采用植苗造林，植苗不宜过深，植后不要在苗周堆土，以减轻盐分对幼苗危害。

660. 防风固岸红树林营造的主要技术要求是什么？

（1）封育与造林相结合。通过封育促进天然林的自然繁衍能力，同时对大片林隙和海岸外侧泥滩以人工造林为主。

（2）根据滩涂高低、盐度与基质类型等选择不同的树种，沙质海滩以白骨壤、木榄为主；高盐度地区以秋茄、白骨壤等为主；淤泥深厚地带以无瓣海桑、海桑、红海榄、桐花树等为主；近陆地带以半红树林树种海漆等为主。

（3）采集发育好的胎生苗进行带状造林，秋茄胎生苗的芽胚轴部分受损，对成活率的影响不大，合理密植，一般 1 米 ×1 米；无瓣海桑、海桑、红海榄、桐花树等一般 1.5 米 ×1.5 米。

661. 如何选择农田防护林的造林树种？

应选择根深、树冠较窄，不易风倒、风折，速生尤其高生长快、干直兼有经济效益，具有较强的抗寒、抗旱、抗高温、抗病虫害、耐水湿、耐盐碱等能力，与防护对象协调共生关系好，不能与作物有共同病虫害或是其中间寄生的树种。

662. 福建省农田防护林主要造林树种有哪些？

水杉、池杉、黑杨、楸树、枫杨、苦楝、榆、槐、刺槐、乌桕、黄连木、栾树、梧桐、泡桐、喜树、垂柳、旱柳、银杏、杜仲、毛竹、刚竹、淡竹、木麻黄、窿缘桉、桑、香椿、毛红椿。

663. 营造农田林网如何选择不同的林带结构？

根据外部形态和内部树种配置与树冠结构分为紧密结构、疏透结构和通风结构3种类型，其使用范围见表13-1。

表13-1　不同林带结构特点与使用范围

类型	主要特点	使用范围
紧密结构	由带幅较宽，行数较多，造林密度较大的乔灌木树种组成。透光度 <0.3，透风系数 <0.3	用作果园、种植园防护林，或保护某些重要建筑物和工程设施，以及阻止流沙侵袭等
疏透结构	由行数较少，带幅较窄的乔灌木树种组成。灌木只在林带外侧或内外两侧配置一行。透光度0.3～0.4，透风系数0.3～0.5	广泛用于平原农区和风沙区农地的防护
通风结构	行少带幅窄，一般由乔木组成。透光度0.4～0.6，透风系数 >0.5	用于一般风害区或风害不大的坡土耕地，或风速不大的灌溉区和风影响较小的水网区

664. 农田林网的林带方向如何设置？

在有显著主害风和盛行风地区，采取主林带为长边的长方形网格，并与主害风方向垂直，风偏角的变化不得超过45°；无主害风的地区，林网网格可采取正方形。

665. 农田林网林带的间距与网格面积应如何定？

根据土壤条件、害风状况、林带结构、林带高度及有效防护距离确定林带间距与网格面积。一般主林带间距为防护林树种成熟林木平均树高 15～20 倍，林带由 2～4 行树木组成，风害小的地区间距可大些，风害大的地区间距可适当小些。副林带间距可适当大些，由 1～2 行树木组成。林网的网格面积一般 15～20 公顷，最大不应超过 30 公顷，严重风沙危害区控制在 15 公顷以下。

666. 农林间作（林粮间作）如何选择不同的类型？

（1）以林为主类型：在土壤条件较差、自然灾害较重的中低产地区采用，如风沙、盐碱地区；

（2）以粮为主类型：在土壤条件较好、自然灾害一般的地区采用；

（3）林粮并重类型：在土壤条件较差、自然灾害也较明显的地区采用。

667. 如何选择护路林的造林树种？

选择干形端直、树冠较大、枝叶茂密，根系固土作用强；生长健壮，高生长和直径生长快；耐修剪，抗性强，对烟尘、废气有较强的耐性与抗性，对不良气候与土壤条件的适应性强，防噪声、防风沙、防雪效果好；树木寿命长，能长期稳定地发挥防护效益；树形美观，有观赏价值和美化作用的树种。

668. 如何选择堤岸防护林的造林树种？

选择深根系、根系发达，固持土墩、抗蚀防崩能力强；耐水湿水淹，树冠与枝叶的减浪能力强；耐盐碱，防土壤次生盐渍化和培肥改土能力强的树种。

669. 福建省护路护岸林主要造林树种有哪些？

金钱松、水杉、池杉、落羽杉、意杨、檫木、栾树、梧桐、泡桐、枣、喜树、香樟、黄连木、窿缘桉、柽柳、合欢、毛白杨、楸树、薄壳山核桃、枫杨、苦楝、白榆、国槐、乌桕、榉树、垂柳、旱柳、柳树、银杏、杜仲、毛竹、刚竹、淡竹、木麻黄。

670. 营造高路基护路林有哪些关键技术？

绿化乔木应栽植在路基以外的平地上，林带内侧的边行与路基坡脚的距离应根据有无人行道或人行道路面宽窄而定。路堤的坡面上，按等高线栽植护坡灌草。

一般为疏透结构或通风结构林带，在风蚀严重或风沙较大地区可配置紧密结构林带，采用一定数量的常绿树种，并在林带两侧各配置1~2行灌木。

671. 营造挖方线路护路林有哪些关键技术？

挖方深度在2米以内时，坡顶可栽植灌木，外侧再栽植乔木；深度大于2米时，在坡顶与道路成平行方向挖排水沟，于沟外侧1~2米处先栽植1~2行灌木，再配置乔木林带。挖方边坡上，生物护坡与工程护坡相结合，生物护坡宜种植草皮和灌木相结合。

672. 营造平坦线路护路林有哪些关键技术？

在道路两侧人行道以外栽植乔灌林带，林带行数根据需要而定。可采用保留天然植被和人工造林相结合的方式，在内侧栽植1~2行林带，带外以天然植被为主。

一般为通风结构林带，在风蚀严重或风沙较大地区应配置紧密结构林带，并在林带两侧各配置1~2行灌木。

673. 营造半挖半填线路护路林有哪些关键技术？

通过山区、丘坡或河流沟坡的线路，应在坡面上沿等高线栽植成行乔灌木，并注重保留天然植被，以扩大绿化面积，减少水土流失。新开坡面除采取工程防护措施外，应根据土壤、地质和气候状况选择适当灌木草种，进行植被护坡。

道路交叉处、急转弯处、桥涵附近，以及高速公路两侧都不宜配置影响视线的高大乔木及高大灌木道路交叉路口、高等级公路分车带内可用花坛、低矮绿篱、花灌木或人工草皮等进行绿化美化。

674. 营造固岸护堤林有哪些关键技术？

大型干渠、河川堤坝分堤脚、堤坡、坡顶几部分营建生物固岸护堤体系。堤脚因接近水面，应栽植耐水湿、耐盐碱的乔灌树种；堤坡栽植固土护坡能力强的灌草树种；堤顶道路两侧栽植护路林带。

无人工堤坝和固定河床的地段，应结合水源涵养林建设在山坡脚部营造固岸林带，宽度根据河流、湖库水体的重要性和生态脆弱性等级确定，注意与泄洪线路统筹安排。实行乔灌草相结合，封山育林与人工造林相结合。

675. 营造拦沙林有哪些关键技术?

在水库上游河流和水沟口的滩地上，为拦截淤留来自河流和水沟的泥沙，营造多带式紧密结构并能耐水湿的乔灌木混交林。

676. 营造防浪林有哪些关键技术?

在河、湖、库岸下部靠近水面处，栽植草带，常水位线以上营造灌木林带，以及耐水湿水淹、树冠枝条抵御风浪能力较强的乔木林带，以减缓大风大浪对堤岸的冲刷。

677. 营造生物排水林有哪些关键技术?

库坝下游和其他低湿地区，选择抗盐或耐水湿的乔灌木树种，进行垄式或台阶式整地营造片林。实行生物排水，防止土壤次生盐渍化和沼泽化。

678. 福建省风景林主要造林树种有哪些?

红豆杉、水杉、池杉、龙柏、蜀桧、枫香、银杏、桂花、石榴、月季、山茶、梅花、白玉兰、紫玉兰、广玉兰、垂柳、杜梨、巨紫荆、海棠花、樱花、木莲、楸树、刺槐、鹅掌楸、七叶树、栾树、梧桐、椴树、棕榈、合欢、紫薇、木槿、华盖木、珊瑚树、栀子花、黄荆、女贞、桃、李、杜鹃、凌霄、紫藤、喜树、木芙蓉、杨梅、枇杷、油茶、茶树、蜡梅、迎春、香樟、厚朴、栾树、苏铁、榕树、银桦、白兰花、无患子、秋枫、天竺桂。

679. 福建省环境保护林主要造林树种有哪些?

罗汉松、柳杉、桧柏、侧柏、柏木、龙柏、合欢、悬铃木、臭椿、梧桐、构树、夹竹桃、女贞、泡桐、桑树、垂柳、棕榈、无花果、桂花、枫香、木槿、珊瑚树、石楠、构骨、广玉兰、刺槐、香樟、紫薇、橙、柠檬、茉莉、黑松、榕树、黄杨、石榴。

680. 福建省生态公益林造林适用的主要灌木树种有哪些?

爬柳、密枝杜鹃、紫穗槐、胡枝子、夹竹桃、孛孛栎、枹树、茅栗、化香、白檀、海棠、野山楂、冬青、红果钓樟、绣线菊、马桑、水马桑、蔷薇、黄荆。

681. 福建省生态公益林造林适用的主要草种有哪些？

香根草、芦苇、水烛、菖蒲、莲藕、芦竹、芒草、野古草。

682. 生态公益林管护的主要任务有哪些？

森林管护的主要任务是以封山(沙)护林措施为主，进行综合性经营管理，以及预防、及时发现和阻止森林火灾与森林病虫鼠害的发生发展，防止乱砍滥伐、乱捕滥猎、乱采滥挖、超载过牧等破坏森林资源的行为发生。

683. 生态公益林能否开展抚育活动？

特殊保护地区的生态公益林不允许进行任何形式的抚育活动；重点保护地区的生态公益林抚育必须进行限制；一般保护地区的生态公益林可以进行必要的森林抚育活动。

生态公益林抚育以不破坏原生植物群落结构为前提，其主要目的是提高林木生长势，促进森林生长发育，诱导形成复层群落结构，增强森林生态系统的生态防护功能。

684. 哪些防护林可进行抚育？

目的树种多、有培育前途，并且抚育不会造成水土流失和风蚀沙化的防护林分，符合下列情况之一时应列为抚育对象：

（1）郁闭度0.8以上，林木分化明显，林下立木或植被受光困难；

（2）遭受病虫害、火灾及雪压、风折等严重自然灾害，病腐木已达10%的林分。

685. 哪些特用林可以进行抚育？

有培育前途，抚育不会造成特种功能降低，并符合下列情况之一的林分应列为抚育对象：

（1）林分密度大，竞争激烈，分化明显，影响人们审美和休闲游憩需求的林分；

（2）林木生长发育已不符合特定主导功能的林分；

（3）遭到病虫害、火灾及雪压、风折等自然灾害，病腐木达5%的林分。

686. 生态公益林林分抚育方法有哪些？

（1）定株抚育。对幼龄林在出现营养空间竞争前进行定株抚育。按不同生态公益林的要求分 2～3 次调整树种结构，进行合理定株。伐除非目的树种和过密幼树，对稀疏地段补植目的树种。封山育林和飞播造林形成的幼龄林必须进行定株抚育。

（2）生态疏伐。为使森林形成林冠梯级郁闭，林内大、中、小立木都能直接接受阳光，诱导形成复层异龄林，增强森林生态系统的生态防护功能而进行的一种综合抚育方法。

（3）景观疏伐。对风景林按森林美学的原理，改造或塑造新的森林景观，创造自然景观异质性，维护生物多样性，提高旅游和观赏价值。

（4）卫生伐。坡度大于 25°的防护林原则上只进行卫生伐，伐除受害林木。

687. 生态公益林林带的抚育方法有哪些？

（1）以耕代抚。在林粮间作区对农作物精耕细作的同时，对林木进行除草、松土、施肥等，促进林木生长。

（2）间伐。在不影响林带结构和防护效益的前提下，按去劣留优、去弱留强、去小留大的原则对林带进行抚育间伐。

（3）修枝。林带间伐时配合进行人工修枝。通过合理修枝调整林带疏透度、促进林木生长、提高防护效益。幼龄林阶段修枝高度不超过树高 1/3，中龄林阶段修枝高度不超过树高的 1/2，修枝后林带疏透度不大于 0.4。

（4）卫生伐。伐除受害林木。

688. 生态疏伐的关键技术有哪些？

（1）选择林分。对坡度小于 25°、土层深厚、立地条件好，兼有生产用材的防护林采用生态疏伐法（或综合疏伐法）。

（2）划分立木类型。先将彼此有密切联系的林木划分成若干植生组（树群）；然后按照有利于林冠形成梯级郁闭，主林层和次林层立木都能直接受光的要求在每组内将林木分为优良木、有益木和有害木。

（3）伐除有害木，保留优良木、有益木和适量的草本、灌木与藤蔓。

（4）疏伐强度。一次疏伐强度为总株数的 15%～20%，伐后郁闭度应保留在 0.6～0.7。未进行过透光伐的飞播林，首次疏伐每公顷保留 3500 株以上或伐后郁闭度控制在 0.7～0.8。天然次生林生态疏伐强度用单位面积立木株数作为控制指标。立地条件较好的地段保留株数可适当小些，反之则大些。适宜保留合理密度。

689. 坡度大于25°的防护林林分如何进行抚育？

坡度大于25°的防护林原则上只进行卫生伐，伐除受害林木。

690. 哪些农田防护林带需要进行抚育？

（1）林带密度大，竞争激烈，林带郁闭出现挤压现象。

（2）林带结构不符合防护要求的。

（3）遭受病虫害、火灾及雪压、风折等自然灾害，但受害木少于20%的。

691. 哪些护路护岸林带需要进行抚育？

（1）杂草、灌木、藤蔓等明显影响目的树种生长的。

（2）密度大、竞争激烈、严重影响林木生长的。

（3）对交通安全构成威胁的。

（4）林相残破、景观效应差的。

（5）遭受病虫害、火灾及雪压、风折等自然灾害，但病腐木少于20%的。

692. 林带如何进行间伐？

（1）株间间伐，主要适用于路、渠和农田三边隙地的单行或双行林带。

（2）行间间伐，主要适用于一般风沙区的三行以上的宽林带，成行伐除密度过大的树行。

（3）隔行或隔株间伐，适用于初植密度偏大的宽林带，每隔一行去一行或在保留行内隔一株去一株。伐后宽林带郁闭度控制在0.6～0.7；林带疏透度约0.4，并保持原有的林带结构。对郁闭的中龄林与近熟林带禁止实行强度间伐。

693. 低效公益林都应进行改造吗？

特殊保护地区和重点保护地区的低效林不允许进行改造；一般保护地区的低效林可以进行改造。原生型低效公益林一般不进行改造。

694. 哪些低效防护林可以进行改造？

一般保护区内，土壤侵蚀潜在危险程度小，因人为干扰或经营管理不当而形成的经营型低效林，具体符合下列条件之一时可以进行改造：

（1）林木分布不均，林隙多，郁闭度不到0.3。

（2）年近中龄而仍未郁闭，林下植被覆盖度<0.4。

（3）单层纯林尤其是单一针叶树种的纯林，林下植被覆盖度 <0.2，土壤结构差，枯枝落叶层厚度 <1 厘米。

（4）病虫鼠害或其他自然灾害危害严重，病腐木超过 20% 。

695. 低效生态公益林林分改造的方法有哪几种？

主要有补植改造、效应带改造、综合改造。

696. 林相残破的稀疏林分如何进行改造？

（1）均匀补植。用于林隙面积较小，且分布相对均匀的低效林。在林分中清理造林环境，割除影响整地和幼苗生长的灌丛杂物，进行穴状整地，整地规格根据造林树种和苗木类型确定，补植密度视林隙天然更新频度确定。一般天然林中补植 1000 ~ 2000 株/公顷，人工林中补植 1500 ~ 2000 株/公顷。改造后形成人工与天然镶嵌分布的混交群落。

（2）局部补植。用于林隙面积较大、形状各异，分布极不均匀的林分。利用边缘效应原理，选择适宜树种在林隙内人工栽植阔叶树或针叶树形成不同规格的效应岛。岛的大小 0.5 ~ 1.0 公顷，初植密度依造林树种而异。造林后及时进行除草松土等幼苗管护，每年 1 ~ 3 次，连续 3 ~ 5 年。改造后形成原有林分与人工栽植“阔叶岛”或“针叶岛”呈岛状镶嵌分布的复合群落结构。

697. 林相残破的天然次生林和结构简单型的针叶纯林如何进行改造？

对林相残破的天然次生林和结构简单型的针叶纯林主要以效应带改造为主。

效应带走向在坡度较大、水土流失较严重地区，应与等高线平行。效应带与保留带等宽。

在开拓效应带时，要求保留目的树种的幼苗、幼树，同时对保留带进行抚育。在效应带和保留带上通过选择适宜的造林树种栽植人工更新层，使得生态位效益得以充分发挥，从而形成有序带状混交格局。

698. 林相老化型和自然灾害型的低效林如何进行改造？

林相老化型和自然灾害型的低效林主要以综合改造为主。

综合改造带状或块状伐除非适地适树树种或受害木，引进与气候条件、土壤条件相适应的树种进行造林。一次改造强度控制在蓄积的 20% 以内，迹地清理后进行穴状整地，整地规格和密度随树种、林种不同而异。

699. 哪些低效生态公益林带可以进行改造?

（1）林木生长不良，达不到防护效果。
（2）连续缺带 20 米以上。
（3）树种结构或层次结构不良的。
（4）病虫危害严重，病腐木超过 20% 的。

700. 林带的改造方法有哪些?

（1）疏伐改造。主要适于密度过大或病虫害危害严重的林带。进行隔株或隔带疏伐，伐除过密林木和受害木。

（2）补植改造。主要适于缺株断带严重的林带，用大苗进行补植。

（3）综合改造。主要适于林带结构不良，没有成林希望、缺水少肥的“小老树”林带。伐除非目的林木，补植适宜树种，并通过引水灌溉、蓄水保墒、松土培垄等方法，保进林木生长。

701. 所有的生态公益林都可以进行更新吗?

不是。特殊保护地区内的生态公益林不允许进行任何更新采伐活动；重点保护地区的生态公益林的更新采伐必须经特殊批准；一般保护地区的生态公益林允许进行合理更新。

702. 哪些防护林林分可以进行更新?

主要树种平均年龄达到防护成熟龄（同龄林）或大径级立木蓄积比达到 70% ~80%（异龄林）；濒死木超过 30%；病虫危害严重的林分可以进行更新。

703. 哪些生态公益林林带可以进行更新?

生长停滞、防护效益严重下降，主要树种平均年龄（防护成熟龄）达到规定标准，或濒死木超过 30% 以上的林带可以进行更新。

704. 生态公益林林分的更新方式有哪些?

生态公益林以天然更新和人工促进天然更新为主，人工更新为辅。在采伐前或采伐后的当年与翌年及时进行更新。

705. 哪些生态公益林林分可采用天然更新方式？

下列情况可采用天然更新：

（1）择伐更新林地；

（2）采伐后保留目的树种天然幼苗不少于5000 株/公顷的迹地；

（3）具有天然下种母树60 株/公顷以上，或萌蘖能力强的树根不少于900 个/公顷，分布均匀的迹地。

706. 哪些生态公益林林分可采用人工促进天然更新？

下列情况可采用人工促进天然更新：

（1）渐伐更新林地；

（2）采伐后保留目的树种天然幼苗少于5000 株/公顷，通过补植、补播可以成林的林地。

707. 哪些生态公益林林分可采用人工更新？

不满足天然更新和人工促进天然更新条件的林地应进行人工更新。

708. 生态公益林更新采伐有哪些关键技术？

（1）对于生态脆弱性等级和生态重要性等级3、4 级地区的天然次生林，森林内群丛状分布天然幼苗较多的，应采用渐伐方式。采伐时寻找具有幼苗幼树的林窗作为基点，由此向外扩大采伐，每公顷4～5 个基点，分3～4 次采伐完成，每次采伐强度小于伐前林木蓄积的25%，在一个龄级期内采伐完成。

（2）对于生态脆弱性等级和生态重要性等级2、3 级地区、一般保护地区或经特殊批准的重点保护地区生态公益林一般实行群状择伐，可根据实际情况确定每群面积大小，但最大采伐林窗的直径不应超过周围林木高度的2 倍。平均择伐强度不超过伐前林木蓄积的15%，采伐间隔期应大于一个龄级期。

（3）对需要更新的异龄林，特别是天然次生林采取径级作业法，严格按立木径级大小进行采伐更新。采伐木的选择分别地区与优势树种确定；同时满足大径木蓄积比和最小采伐胸径两个指标。一次采伐强度不小于蓄积量的15%，间隔期大于10 年。

709. 生态公益林林带更新的方法有哪些？

（1）带内更新。对原带隔株采伐(大行距可不采伐)，带内栽植新树种，或将原带一侧皆伐一部分林木，在皆伐迹地上栽植新树种。

（2）带间更新。对宽度500米以上的大网格，在两条老林带间营造一条新林带，当新林带建成后将老林带伐除。

（3）伐前更新。为控制水土流失，在原带一侧栽植更新树种，待更新树种成林后再伐除老林带。

（4）原带皆伐更新。对已不起防护作用的衰老林带或小老树林带，将原带全部伐除，原地用大苗营造新林带。

710. 农田林网如何进行更新？

（1）林带宽度5亩以下的，应当先在林带一侧营造不小于原林带宽度的新林带。待新林带高达5亩以上时，方可采伐原林带。

（2）主林带必须从背风面开始更新，采用同时更新或隔带更新。同时更新，即整个林网同时进行更新，此时必须从林带的背风面先伐去一半，保留迎风面的一半林带，待背风面更新造林成功后，方可进行另一半的采伐更新。

（3）林带侧面不能造林的。实行隔行采伐更新。

（4）进行更新时，采伐迹地的树茬根系要挖净。重新整地、挖穴，加客土，下基肥。当年采伐，当年或翌年造林，发现原主林带与主害风方向不垂直，其偏角大于30°时，应予以纠正。

711. 天然次生林抚育不同径阶适宜保留株数是多少？

具体见表13-2。

表13-2 天然次生林抚育不同径阶适宜保留株数

类型	径阶(厘米)						
	6	8	10	12～14	16～18	20～22	22以上
针阔混交林	3600～5760	1900～3960	1340～2320	790～1520	650～1050	560～700	510～660
硬阔叶林	2250～3700	1350～2680	1020～1800	720～1100	660～870	550～710	510～630
软阔叶林	3600～5700	1800～4180	1440～2620	950～1750	770～1250	660～1000	

712. 生态公益林主要树种更新采伐控制指标如何？

具体指标见表13-3。

表 13-3　生态公益林主要树种更新采伐控制指标

树　种	起源	同龄林	异龄林	
		防护成熟龄(年)	大径木蓄积比(%)	采伐胸径(厘米)
柏木、南方红豆杉	天然	>121	>81	>49
	人工	>101		
马尾松	天然	>61	>76	>49
	人工	>51		
杨树、桉树、苦楝、泡桐木麻黄、枫杨	人工	>26	>71	>47
木荷、枫香	天然	>71	>71	>47
	人工	>51		
栎(柞) 栲、水曲柳	天然	>121	>81	>47
	人工	>71		
杉木、柳杉、水杉	人工	>36		
毛竹	人工	>10		

注：大径木是指胸径大于 25 厘米的林木。

713. 防护林带主要树种更新采伐年龄是多少？

具体见表 13-4。

表 13-4　防护林带主要树种更新采伐年龄

树种(组)	最低采伐年龄(年)	树种(组)	最低采伐年龄(年)
泡桐	15～20	臭椿	20～30
枫杨	15～20	桉类	25～30
速生杨类	15～20	桑树	25～30
木麻黄	10～20	喜树	35～50
刺槐	20～30	栎等硬阔类	50～70
苦楝	20～25	槐树	25～35
旱柳	10～25	水杉、池杉、落羽杉	35～45

注：立地条件好的地段取下限；立地条件差的地段取上限。

714. 适于木麻黄造林的土壤类型有哪些？

滨海盐土、冲积土；滨海风沙土、潮沙土；砖红壤性红壤，粗骨性砖红壤性红壤。

715. 如何选择木麻黄品种？

海岸基干林带造林选择短枝木麻黄；其余防护林宜选用无性繁殖优良品系造林；农田防护林实生苗造林宜选择细枝木麻黄或粗枝木麻黄。

716. 木麻黄地造林地林地如何清理、整地？

林地清理必须在造林前一年的秋冬进行。挖穴规格采用60 厘米×50 厘米×40 厘米的明穴。

根据土壤类型，风沙地要下客土，黏土要拌沙，每穴客土或拌沙 15～20 千克，下基肥(过磷酸钙)0.2 千克。

717. 木麻黄防护林造林的主要技术有哪些？

(1) 造林时间。每年的 4～6 月份造林最为适宜，容器苗造林可灵活掌握，雨季较好。

(2) 造林方式。采用植树(苗)造林。

(3) 造林密度。海岸基干林带 1 米×1 米，667 株/亩；防风固沙、农田林网 1.5 米×1.5 米，300 株/亩。

(3) 造林工程措施。对处于风口的造林地，应在最外围采用石砌或用土堆成一道挡风墙，高度 2 米以上，石墙宽度 50 厘米以上。土墙顶宽 1 米以上。内侧每 30～50 米加设一道高 2 米以上的竹秆或芦苇秆墙，用以减弱风沙对幼林的危害，保证造林成活率。

在以粗沙为主的造林地，因保水性能特差，在造林时应采用保水剂造林，即以 5 克/株的保水剂进行苗木蘸根，然后造林，以增强苗木根系的保水功能，提高造林成活率。

718. 木麻黄防护林幼林如何进行抚育？

(1) 除草培土。滨海沙地，由于植被少，风沙严重，一般不必进行松土除草，但在杂草繁茂的沙地，应视情况进行必要的除草工作。流动沙丘的幼林，在台风袭击后，应进行林地检查，扶正植株，除去沙埋，培土覆盖露出的侧根。

(2) 追肥。一般情况下不必进行追肥，但在土壤比较瘠薄的造林地，最好在造林后的 1～2 年内进行 1～2 次追肥，以促进幼林快速成长。追肥最好在每年 3～4 月进行。采用穴施在植株周围挖 1～2 个小穴，埋入化肥。每亩可用 30 千克复合肥或其他化肥。

（3）修枝。在幼林郁闭后分期进行，修枝高度不超过树高的1/4，疏透度不大于0.4，修枝时间在秋后。基干林带不修枝。

（4）疏伐。片林郁闭后，按林木发育、受光状况，分为Ⅰ、Ⅱ、Ⅲ级木，分期将Ⅲ级木伐除，Ⅱ级木选伐，只伐个别过密的Ⅰ级木，每亩保留150～200株。

第十四章　珍贵树种培育技术

二十二、南方红豆杉培育技术

719. 南方红豆杉的主要生物学特性有哪些？

南方红豆杉，国家一级保护珍贵树种，常绿乔木，树干通直，树姿优美。多为混生，零星分布，很少见到集中连片分布的纯林，多数是零星散生在常绿阔叶林和毛竹林中。生长速度较慢，一般需经 30 ~ 40 年后，才能开花结实，雌雄异株，种子 11 月初成熟，据调查福建省南方红豆杉种源有大粒种、小粒种之分。主根不明显，侧根发达，须根细小密集透明状。温暖湿润气候及排水良好的酸性土，在中性土及钙质土山地也能生长。

720. 南方红豆杉造林地如何选择？

选择海拔 500 ~ 1600 米，日照短、水湿条件好的中下坡，土壤肥厚、有机质含量多、疏松、立地质量等级Ⅰ或Ⅱ级林地。禁止在陡坡或阳光直照地方营造红豆杉。或选择壳斗科的槠栲类、木荷、枫香等阔叶树林以及毛竹，林冠透光度 50% ~ 60% 的林分中，营造混交林。

721. 南方红豆杉造林如何整地？

块状整地，挖暗穴，规格为 50 厘米 ×50 厘米 ×30 厘米，要求穴内草根、树根、石头、杂物捡干净，穴内土壤一律打细碎，11 月底前完成整地。也可沿等高线带状整地，带宽 100 厘米，挖净草根、树根、土壤打碎整畦。

722. 南方红豆杉造林的密度为多少？

培育中、大径材的，混交林造林密度为每亩 50 ~ 60 株，纯林造林每亩 100 ~ 120 株。培育短周期原料林的，株行距为 0.6 米 ×1.0 米，每亩 800 ~ 1000 株。

723. 南方红豆杉造林苗木如何选择？

应选择红豆杉的苗高 20 厘米以上、地径 0.25 厘米的一年生苗木，根系、冠幅发育较好，顶芽饱和，无损伤、无病虫害。

724. 南方红豆杉宜于什么时间造林？

南方红豆杉造林宜在当年的11月底到翌年3月上旬前完成造林，做到随打浆随造林。选择阴雨天气造林为宜，造林后要适当遮荫，提高成活率。

725. 南方红豆杉短周期药用原料林如何选择造林地？

选择土壤肥厚，有机质含量多，疏松、湿润，排水良好的壤土或砂壤土，宜以微酸性、酸性、中性土为宜，水源充沛、交通方便的地方。

726. 南方红豆杉短周期药用原料林如何整地？

要求冬天翻土，晒白，12月底前完成三犁三耙和作床，畦高25～30厘米，畦宽80厘米，每亩施用农家肥不少于300千克，基肥施后定型整畦。整畦后覆盖地膜。

727. 南方红豆杉短周期药用原料林造林须搭荫棚吗？

由于南方红豆杉幼苗和幼林阶段中性偏耐荫，必须遮荫。在全光照的农田采用塑料遮阳网，荫棚高2～2.5米，透光度50%～60%为宜。在山垅田半日照(即上午有光照，下午无光照)，不必遮荫。

728. 南方红豆杉短周期药用原料林的造林密度如何？

大田种植，株行距60厘米×60厘米，每亩定植为1600株。山地林下培育，株行距为0.6米×1.0米，每亩800～1000株。

729. 南方红豆杉短周期药用原料林如何进行抚育管理？

(1) 锄草。每年于4～5月和8月锄草，但注意不得锄伤红豆杉的根系，每次锄草必须结合清沟、培土，病虫害防治。覆盖地膜的，每年只需8月中旬锄草。

(2) 施肥。一般安排每年8月，结合抚育进行，施肥采用含硫复合肥或农家肥，农家肥每株0.2千克，复合肥每株0.1千克。

(3) 排灌。雨季，做到农田步道雨停后无积水。干旱高温季节，必须及时灌溉，保持畦床土壤湿润。

(4) 截干。三年截干一次。截干部位为幼树离地面高10～15厘米左右。

730. 南方红豆杉开发价值如何？

南方红豆杉树干通直，树姿优美，种子成熟时，假种皮呈红色，红色假种皮挂满树冠，鲜艳夺目，是高档园林观赏的树种。其木材质优，坚硬细密，干缩性小，心材呈淡红色，不会腐烂，是高级雕刻、高雅室内装饰和珍贵高档家具用材，枝、叶、树皮能提取新型抗癌物质紫三醇，具有很高的开发价值，可以建立短周期药用原材料基地，是短、中、长结合，并集药用、观赏、绿化、特种优质用材为一体，经济效益极高的树种。

二十三、闽楠培育技术

731. 闽楠的主要生物学特性有哪些？

闽楠俗称楠木，樟科楠属，为我国特有珍贵用材树种，国家二级珍贵树木。为常绿乔木，树高可达 40 多米，胸径 1.5 米，树干通直，树皮灰黄色或浅黄褐色，呈不规则浅纵裂，片状剥落。园锥花序腋生，4 月开花，黄色，10 ~ 11 月果熟，浆果状核果，黑色，卵状椭圆形。

732. 闽楠的生长特性有哪些？

楠木的生长对立地要求严格，喜湿耐荫、病虫害少。在阴坡或阳坡下部山脚地带生长良好，最好在排水良好的山洼、山谷冲积地或河边，土层深厚、腐殖质含量高、土质疏松、湿润含有机质的中性土或微酸土或砂壤土。

733. 楠木造林地如何选择？

楠木喜湿耐荫，立地条件要求较高，造林地以选择土层深厚、肥润的山坡、山谷冲积地为宜。

734. 楠木的造林地如何整地？

楠木造林时应挖明穴，规格 60 厘米 ×40 厘米 ×40 厘米，纯林每亩 150 ~ 200 株。

735. 楠木的造林苗木如何选择？

楠木造林时应选择 1 年生苗木，可适当修剪枝叶和过长根系。

736. 楠木的造林应选择什么时间?

楠木造林宜在冬季萌芽之前造林(12 月至翌年 2 月)，1 年生苗侧根虽较多，但比较嫩，容易干枯，所以起苗要随即打好泥浆，加强保护。尽量做到随起苗随造林。栽植时，选阴天和小雨天，严格掌握苗正、根舒、深栽、打紧等技术措施，以保证成活。

737. 楠木可与哪些树种混交?

楠木幼苗喜阴湿、忌强光，营造林混交林有利于楠木生长和造林成活。楠木可与杉木、香樟、檫树及壳斗科树种混交。混交比例一般楠木大一些 3 ~ 4∶1，行带混交。

738. 楠木如何进行抚育管理?

造林后 3 ~ 5 年内，每年抚育 2 次，山坡下部及山谷杂草繁茂地带还应适当增加抚育次数。抚育时间应安排在楠木生长高峰季节到来之前，即第一次抚育在 4 ~ 5 月，第二次抚育在 7 ~ 8 月。楠木树冠发育较慢，幼年又较耐荫，所以幼林严禁打枝，抚育时也不得损伤树皮，否则将显著减弱其生长。

739. 楠木的开发价值如何?

楠木素以材质优良而闻名，木材呈黄褐色，芳香，材质致密坚韧，加工容易，削面光滑，纹理美观，为上等建筑、家具、工艺雕刻及造船之良材。

二十四、樟树培育技术

740. 樟树的主要生物学特性有哪些?

樟树属樟科樟属，常绿大乔木，树皮幼时绿色，光滑，老时呈黄褐色或灰褐色，有不规则纵裂。叶卵形或卵状椭圆形，具有芳香味，花淡黄绿色，花期 4 ~ 5 月，果期 9 ~ 10 月，浆果球形，紫黑色。

741. 樟树的生长特性有哪些?

樟树属喜光树种，喜温暖湿润的气候和酸性或中性的砂壤土，不耐干旱瘠薄。幼林稍耐荫，随树龄增长，对阳光需求增加，到壮年后需强光。1 ~ 2 年生幼树对低温、霜害敏感，易受冻害，以后抗寒逐渐增强。对水肥要求高，在一般山地丘陵上均可生长，但只有在水肥条件好的林地上生长良好。

742. 樟树造林的苗木应如何选择？

樟树造林时应选择出圃苗，一般以地径 2 ~4 厘米为宜。苗木主干树皮应呈绿色，若树干呈黑褐色，说明树苗老化，不宜栽植。去枝数量按移栽培养的年数而定，

大体分为三层次：移栽 3 ~6 年的剪去整体枝条数的 1/2；移栽 7 ~10 年的剪去 3/5；移栽 11 ~14 年的剪去 4/5。修枝方法是对树体 1/3 以下侧枝全部剪除。2/3 以上树体选留其侧枝方位分布均匀 3 ~7 个层次。

743. 樟树造林应选择什么时间？

樟树的栽植时间较为重要。移栽次数越多，根系越发达，成活率越高。宜在冬季萌芽之前造林(12 月至翌年 2 月)，为保证成活率，香樟起苗时要带土球，一般以 20 ~20 厘米为宜。栽植深度以地面与香樟苗的根颈处相平为宜。栽植时，护根土要与穴土紧密相连，回土不紧、不实会形成吊空。因此，当大苗入坑后，要边填边踩实，直至土壤填至坑口饱满为止，并做到坑土内紧表松。

744. 樟树幼林如何进行抚育管理？

不论是阴天或晴天种植樟树，都应及时浇透一次定根水。遇到干燥、曝晒的天气要每 7 天左右灌一次透水，连续 3 ~4 次即可。

745. 樟树的开发价值如何？

樟树是我国珍贵的乡土阔叶树种，材质致密、坚硬、光滑美观，有特殊香气，耐湿，抗腐防虫，易加工，干燥后不翘不裂，是造船、家具、美术工艺品的上等用材。其根、茎、叶均可提炼樟脑油，并含有桉叶素、黄樟素、芳香醇、松油醇、柠檬醛等重要成分，价值很高，广泛应用于化工、医药、国防工业等部门，是重要的出口产品。樟树树冠浓密，树形美观，耐烟尘，是园林绿化的优良树种。

二十五、乳源木莲培育技术

746. 乳源木莲的主要生物学特性有哪些？

乳源木莲属木兰科，具半落叶特性的常绿乔木树种，高可达 20 米，胸径

60 厘米。除芽被有金黄色柔毛外，全株无毛。树皮灰褐色或黑褐色，平滑；叶革质，狭倒卵状椭圆形或倒披针形，花单生枝顶，花蕾绿色，近卵形；聚合果卵形或卵圆形，小果木质，顶端有小尖头，熟时鲜红色至暗红色，每个有 3 ~ 4 枚种子；花期 3 ~ 5 月，果期 9 ~ 10 月。

747. 乳源木莲的生长特性有哪些？

乳源木莲为中性喜光浅根性树种，幼树稍耐荫，主根不太明显，侧根非常发达，萌芽力强，天然更新良好。主干通直，顶端优势明显，冠幅中型，但光照充足时侧枝粗壮扩展，生长快。

748. 乳源木莲造林地如何选择？

乳源木莲造林地宜选择在Ⅰ、Ⅱ地位级的阳坡、半阳坡或阳坡中下部，要求土层深厚、肥沃疏松的酸性土壤。

749. 乳源木莲造林如何整地？

乳源木莲造林要挖明穴，穴位规格为回表土，有条件的地方可在穴内施基肥，基肥可用磷肥或复合肥。

750. 乳源木莲造林苗木如何选择？

乳源木莲造林时要选择一年生的小苗，种植前应对苗木进行适当的修剪，剪去部分侧枝，留 1/3 树冠。同时，还应修剪过长的主根或受伤的根系。一般要求苗木起苗、修剪、打黄泥浆同步进行，且起苗后要及时栽植。

751. 乳源木莲造林宜于什么时间？

乳源木莲宜在早春 1 ~ 2 月。

752. 乳源木莲的栽植方法如何？

根据不同苗木规格，先在穴内回 1/3 表土，放入苗木，回土到穴深 1/2 时扶正苗木，踩紧，并浇水；然后回土至穴面平，再踩紧；最后回土堆成馒头形，确保苗木根系入土比圃地时多 8 ~ 10 厘米。造林密度纯林每亩 80 ~ 150 株，混交林每亩 133 ~ 166 株，采用株间混交或行间混交，混交比例以 2 杉 1 阔或杉阔 1∶1 为宜。由于木兰科树冠较大，为保证有足够的营养空间，乳源木莲的株行距应大于杉木，这是混交造林成败的关键措施之一。

753. 乳源木莲应如何进行抚育管理？

乳源木莲造林后前3年，每年在5月和9月进行两次锄草松土，并逐步扩穴通带，以后每年锄草1次，直至林分郁闭，有条件的地方应做到适当施肥和深翻。

754. 乳源木莲的开发价值如何？

乳源木莲干形通直，冠幅中等，木材结构细，纹理直，耐腐性较好，较易加工，是建筑、装饰、家具等优质用材。乳源木莲是濒危的珍贵树种，因其花大芳香，树形优美，也是优良的园林绿化树种。

二十六、光皮桦培育技术

755. 光皮桦生长特性有哪些？

光皮桦喜温暖湿润气候，喜土层深厚的酸性土壤，较耐干旱瘠薄，多生于向阳、干燥山坡的林缘及林中空地，既能适应丘陵、荒山、夏秋炎热干燥，又能适应冬季严寒的高寒山区，常混生于常绿阔叶林、竹林或与其他阔叶树种组成的次生林中。光皮桦生长迅速，年均生长量：高1.5~3米，径1.5~2.5厘米，蓄积0.8~1.0立方米/亩。光皮桦可以与杉、松等进行混交，起到改良土壤、增加肥力的作用。

756. 光皮桦造林地如何选择？

光皮桦在中、低山地或丘陵荒山和采伐迹地均可造林。但不同的立地条件，其生长量差异较大，以土层深厚肥沃的山地生长尤佳，较差立地条件宜选作混交造林地。

757. 光皮桦造林应如何整地？

光皮桦种植的林地清理后块状整地，挖明穴，穴位规格为60厘米×60厘米×40厘米。

758. 光皮桦造林苗木如何选择？

光皮桦种植时宜选择一年生苗木造林为宜。

759. 光皮桦造林宜于什么时间？

“立春”至“雨水”间下透雨后造林。

760. 光皮桦的栽植方法如何？

光皮桦营造纯林的初植密度 80～110 株/亩，做到深栽、根舒、栽直、压实。光皮桦适宜与杉木、建柏、柳杉、马尾松等树种营造针阔混交林。与杉木混交造林，造林密度 120～140 株/亩，杉桦混交比 1∶1 或 2∶1，行间混交，但光皮桦株距应加大。

761. 光皮桦应如何进行抚育管理？

造林当年扩穴培土一次，全面锄草块状松土一次，并追肥一次，第 2～3 年各全面锄草或块状锄草松土 1～2 次。第 4 年以后采用劈草抚育，直至幼林郁闭。根据初植密度的大小间伐 1～2 次。

762. 光皮桦的开发价值如何？

光皮桦的木材呈淡黄或淡红褐色，材质细致坚韧而富有弹性，耐磨不耐腐，切面光滑，木纹美观，干燥性能良好，粘胶容易，易加工，钉着力大，可作为纺织器材、枪托、文具、家具、细木工、胶合板和造纸等，树皮含有芳香油，可供化妆品、食用香料和替代松节油。树皮含有鞣质，可提供栲胶、桦焦油，用于消毒剂、治皮肤病等。

二十七、香椿培育技术

763. 香椿的主要生物学特性有哪些？

为楝科香椿属，高大落叶乔木，是我国特有珍贵速生用材树种。树高可达 25 米，胸径 70 厘米，树皮赭褐色至灰褐色，呈不规则的条状纵裂，片状脱落。叶互生，羽状复叶，长 25～50 厘米，有香味；小叶对生，10～22 个。花两性，顶生圆锥状花序，花白色有芳香味，花期 6 月。蒴果，果熟期 10 月。

764. 香椿有哪些生长特性？

香椿繁殖容易，在阳光充足的条件下，接近地面的根系容易长成新株；

较耐水湿，多分布在溪谷、宅旁、冲积土壤水分较好的地方，但在低洼积水地、盐碱重(pH8.5以上)或特别干旱瘠薄的山地、沙地上生长不良；喜肥沃砂质，对土壤的酸碱性要求不严格，在石灰质山地棕壤上生长良好，其中以土层深厚、肥沃湿润、疏松通气、排水良好的中性冲积砂壤土生长最快，年胸径生长量可达2厘米以上。

765. 如何选择香椿品种？

我国香椿约有十余个栽培品种，大体上可分为红椿和绿椿两大系列。作为木本蔬菜，以选择红椿系列为优，如红香椿、褐香椿、黑油椿、红油椿、红芽绿等品种。而绿椿系列，树干通直，宜作为速生用材树种。

766. 如何选择香椿造林地？

香椿喜土层深厚、肥沃、湿润、疏松通气、排水良好的砂质土壤，对土壤酸碱度要求不严，应选择山坡中下部、冲积地、谷地、园地、山脚、荒芜农地及四旁地等，坡向以阳坡为主。

767. 如何选择香椿造林苗木？

营造香椿用材林应选择本地的速生的香椿品种，应选择生长健壮、顶芽饱满、无病虫害，1年生苗高1.0米以上，地径1.2厘米以上的良种壮苗。

768. 香椿的造林应选择什么时间？

春季造林时间以早春阴雨天为宜。

769. 香椿造林如何栽植？

挖穴的规格一般为60厘米×50厘米×40厘米(面×深×底)，回表土，施农家肥或有机肥。可对苗木进行适当修枝，剪去过长受伤的根系，栽植时要做到，苗直根舒、深浅适当、根土密接，栽植深度高出根颈3～5厘米为宜。

770. 香椿用材林造林有哪些模式？

香椿纯林。初植密度120～150株，一般不用进行间伐。到10～15年生时，即可根据市场行情进行皆伐。

可与茶叶、果树、蔬菜、农作物等间作，并通过混农作物的经营达到抚育香椿林的目的。可以采用株行距2米～5米×6米～8米进行全面栽植，或按株行距 2 米 ×3 米定植 2 ~3 行形成带状，带间距 8 ~20 米。

与毛竹、杉木、苦楝等针阔树种进行混交，分别可以采用带状、块状方式进行混交。

四旁林。利用村庄旁、宅院旁、道路旁、水及农地旁的空地，见缝种香椿，其效益相当好。这种模式也是目前香椿种植的主要模式。

771. 香椿用材丰产林如何抚育？

（1）除草松土。造林当年应于 4 ~5 月和 7 ~8 月除草松土各 1 次，第 2 ~3 年进行 1 ~2 次块状锄草松土，结合扩穴连带，除蘖培土等。第 4 ~ 6 年，每年进行锄草、劈草一次。

（2）施肥。结合锄草松土，进行林分施肥。每株施尿素 150 + 氯化钾 100 的混合肥 0. 25 千克，或施复合肥 0. 25 千克。1 年施一次肥以4 ~5 月为佳。

（3）除萌。4 ~5 月和 7 ~8 月结合除草松土，对香椿树干上的萌芽应全部去除，以促进顶芽的高生长。

（4）灌溉。湿润的土壤环境有利香椿的生长，如逢遇久旱的天气，应适当采取引水灌溉等措施，应确保香椿的正常生长。

772. 香椿菜用林应如何进行抚育管理？

菜用林要矮化修剪，促进枝萌发。由于香椿生长迅速，栽植当年，就要进行矮化。可采取摘方式进行矮化，使树高保持在 1 米左右。香椿在栽植的第 2 年，便可采收椿芽，3 年以后可形成一定的产量，一般每年每株可产鲜椿芽 3 千克左右。5 年后，可轮流对植株进行平茬，每次 1/3，平茬时保留树桩 30 厘米，以促进生长更多的萌发枝。菜用香椿林，每年每亩要施用有机肥 3 ~ 4 吨，每次采摘椿芽后要追施混合肥，以保证椿树对营养的需求，以生产优质椿芽。

773. 椿芽何时采收？

香椿椿芽采得过早，产量低；采得过迟，品质差。头茬芽，即在枝头顶端最早萌生的芽，宜在 12 ~ 15 厘米时采收，此为椿芽中的上品，品质和颜色俱佳。二茬芽，即头茬芽采收后萌发生长的侧芽，可在 20 厘米左右时采收，此时不宜整枝采收，要在基部留下 2 ~ 3 片叶，以形成辅养枝，恢复树势。椿芽采收的重点是头茬芽和二茬芽，三茬芽及以后的芽产量低、品质差。温室大棚内培育的棒芽萌发比较整齐，大致 10 天可采一次，可采 4 ~ 5 次。

774. 椿芽如何采收？

采收椿芽，最好用刀剪采取，尽量避免用手瓣摘，以免伤枝，影响再次萌芽。采下的椿芽，捆扎成把，小袋包装，防止萎蔫。如不能立即上市，可将芽把在清水中泡12小时，然后单层放置于木架上，在0～10℃的环境下贮存数天。

775. 香椿的开发价值如何？

香椿的营养价值较高，椿芽是一种木本蔬菜，含有较高的维生素和胡萝卜素，具有较高的经济价值和药用价值；其木材呈深红紫色，质地坚硬，纹理细致，具光泽，坚固耐用，为家具之良材，同时，还是建筑、造船等用材，号称“中国的桃花心木”。香椿也是一种观赏树种，秋季叶呈红色，故有“红椿”之称。种子含油率高达38.5%，是一种优良的木本食用油。

二十八、福建柏培育技术

776. 福建柏的主要生物学特性有哪些？

福建柏亦称建柏，为我国特有的树种，也是第一批列为我国二类重点保护珍稀树种，与树蕨(桫椤)等植物一样同属于冰川时期保存下来的古老植物。福建柏为常绿乔木，树高可达20～30米，胸径80厘米。树皮呈紫褐色，浅纵裂。

777. 福建柏的生长特性有哪些？

喜温暖湿润，夏无炎热，冬少霜雪的气候，年平均气温在15℃以上，极端低温不低于－12℃。年降水量1200毫米以上，分布比较均匀，相对湿度80%左右。天然林对土壤要求较严，适生于土层深厚、黑表土层明显、肥力中上的红壤、黄壤；福建柏为浅根性树种，主根不明显，侧根发达。幼树较耐荫，母树林下可天然更新。

778. 福建柏造林地如何选择？

福建柏对立地条件要求较严，应选择Ⅰ、Ⅱ类的山地造林为好。建柏较耐荫，为良好的伴生树种，可选择疏林地、杉木、马尾松低产林分营造混交林。

779. 福建柏造林地如何整地?

福建柏造林地整地时要块状整地，挖穴回表土，穴位规格为 50 厘米×40 厘米×30 厘米，穴内要清除草根、石块等杂物。

780. 福建柏造林苗木如何选择?

福建柏造林时宜选用 1～2 年生的健壮实生苗进行造林。

781. 福建柏造林应选择什么时间?

福建柏造林宜选在以晚冬早春即 1～2 月为宜。

782. 福建柏的栽植方法如何?

在风大干旱地栽植时应注意苗梢不“反山”(即鳞叶的正面朝下坡，有白粉气孔线的背面向上坡)，须根舒展，适当深栽。适当密植可以提早郁闭，抑制侧枝生长，减少抚育次数。株行距以 1.7 米× 1.3 米(300 株/亩)或 2 米×1.7 米(200 株/亩)为宜。福建柏较为耐荫，与杉木、柳杉、马尾松、樟树、檫树、火力楠、闽楠等树种混交造林，都表现出生长稳定、相互促进的良好效果。

783. 福建柏应如何进行抚育管理?

福建柏造林当年苗木小，易被杂草覆盖，栽植 3 个月后应及时除草扩穴一次。在秋季杂草种子成熟前(9～10 月)再除草松土一次。以后每年抚育 1～2 次，连续抚育 3 年，至幼林郁闭为止。

784. 福建柏的开发价值如何?

福建柏具有适应性强、生长快、造林成本低等特点。主干通直，材质细密，芳香耐久，耐腐，不虫蛀，为建筑、室内装饰、雕刻家具、细木工等的高级用材。福建柏亦是珍贵绿化树种，具常绿鳞形叶，树姿优雅，是庭院、行道绿化树种。在海拔 400～1000 米，立地条件较差的荒山荒地，福建柏生长明显超过杉木，在高海拔山地也可超过马尾松和木荷，因此，福建柏又是绿化荒山的造林树种。

二十九、马褂木(鹅掌楸)培育技术

785. 马褂木的主要生物学特性有哪些?

马褂木又称鹅掌楸、鸭掌树，为木兰科古老的孑遗植物，属国家二级珍稀濒危树种。马褂木为落叶大乔木，树皮呈灰白色，浅纵裂；冬芽为2枚鳞片状包被；叶互生似马褂状，复似鹅掌，叶背呈青白色，有乳状突起。树冠圆锥形或长椭圆形，树形端正，枝序秩然，花两性，顶生杯状形，表面白色里面黄白色，单生枝顶幽香。5~6月开花，10月果熟，聚合果纺锤形，小坚果具翅，连翅长2~3.5厘米，熟时撒落。种子千粒重83~110克。

786. 马褂木的生长特性有哪些?

马褂木的顶端优势明显，树干高大通直，适应性强，生长迅速，浅根性，繁殖容易，造林成活率高。要求温暖湿润，雨量充沛，湿度较大环境，不耐干旱和水湿。幼林时较耐荫蔽，长大后喜光。自然整枝良好，寿命长。异花授粉，有孤雌生殖现象，雌蕊不受精可以发育。3月下旬至4月上旬春梢萌动，全年生长期210~240天。

787. 马褂木造林地如何选择?

马褂木生长快，喜湿润疏松土壤，一般应选择山坡中下部水湿条件较好的地方造林，入冬前完成整地。

788. 马褂木造林应如何整地?

马褂木造林的穴位规格60厘米×60厘米×40厘米。造林密度不宜太大，Ⅰ、Ⅱ级立地每亩100~110株；Ⅲ级立地每亩110~120株为宜。

789. 马褂木造林苗木如何选择?

马褂木造林时宜选用1年生苗，苗高60厘米，地径0.8厘米以上的健壮苗。

790. 马褂木造林应选择什么时间?

马褂木造林宜选在1~2月份。

791. 马褂木可与哪些树种混交？

马褂木可与檫树、杉木、桤木、拟赤杨、柳杉、木荷、火力楠等树种混交，混交方法采取行状混交、块状混交或星状混交。

792. 马褂木应如何进行抚育管理？

马褂木造林后第1年3~4月份进行扩穴培土，第2~3年5~6月与8~9月份全面锄草松土。每年冬季休眠期可适当修枝，整枝高度为树高的1/3。马褂木幼林生长迅速，在正常抚育管理下2~3年可郁闭成林。

793. 马褂木的开发价值如何？

马褂木是我国中亚热带、北亚热带需要大力推广的速生珍贵阔叶树种，其木材轻软细密，韧性好，变形小，是细木工的优质用材，也是优异的纸浆用材和胶合板用材。树皮可入药，治风湿风寒引起的咳嗽、口渴、四肢微肿等。叶形奇特，花色艳丽，有很高的观赏价值，被誉为世界级观赏树种。

三十、红锥培育技术

794. 红锥的主要生物学特性有哪些？

红锥，又称红栲，壳斗科常绿大乔木，树干高大通直，是南亚热带优良速生树种，喜温暖湿润的气候，较耐荫，不耐干旱，深根性，萌芽力极强。4~5月开花，果实11月成熟。材质优良，木材坚硬耐腐，心材褐红色，边材淡红色，色泽和纹理美观。

795. 红锥适生环境条件如何？

红锥在福建主要分布在闽南地区，北纬25°以北少见分布。适生环境条件为，年降水量1300毫米以上，年平均气温18~24℃，最冷月平均气温7~18℃，极端最低温0~5℃，海拔一般不超过1000米，土层深厚、疏松、肥沃、湿润、排水良好的酸性红壤、黄壤或砖红壤性红壤，不适于石灰岩地区，低洼积水地不能生长。闽南地区可大力发展，也可适当扩大范围。

796. 红锥的造林地如何选择？

红锥对立地条件要求不严，但营造纯林或速生丰产林应选择中下坡、下坡的Ⅰ、Ⅱ类地，与杉、松营造混交林一般中等产地条件即可。闽中、闽北地区造林应选择与松、杉、福建柏混交造林。

797. 造林方式与密度如何？

红锥造林可采取纯林与混交林两种方式。营造纯林，造林密度为1200～1800株/公顷，造林密度不可太大。由于红锥生长快，冠幅大，造林密度大，势必要早间伐，间伐材小，利用价值低。

营造混交林，红锥的混交比例一般不超过其30%，也即混交的株数原则上保留到主伐，每公顷混交株数为600～750株/公顷。比较好的造林模式，如在杉木采伐迹地上套种红锥1000～1200株/公顷，留取杉木萌芽条900～1200株/公顷，到林分郁闭时采伐杉木萌芽条当间伐材，红锥保留750～1000株/公顷，继续培养大径材；马尾松中龄林或疏林地下套种红锥，利用红锥的耐荫性，形成复层混交林。

798. 红锥的栽植技术如何？

裸根造林季节为1～2月为宜，宜早不宜迟，容器造林在5月左右，栽植质量要求做到适当深栽，根系舒展，土壤砸实。

799. 红锥的幼林如何抚育？

造林前3年应加强土壤管理，主要是采取松土除草，必要的土壤垦复施肥，直至幼林郁闭。

800. 红锥林如何进行抚育间伐？

红锥纯林郁闭度达到0.8～0.9时，应进行第一次抚育间伐，采用下层疏伐，间伐强度30%～40%，必要时进行二次间伐，最后的保留株数一般不超过900株/公顷。红锥与杉、松混交造林，由于红锥混交比例小，间伐对象一般是杉木、马尾松，确定间伐强度的原则是让红锥有足够的营养空间，使其具有合理的树冠结构，培育成大径材。

三十一、红豆树培育技术

801. 红豆树的主要生物学特性有哪些？

红豆树，又名鄂西红豆树，属蝶形花科半落叶乔木，属国家二级保护珍贵植物，性喜温暖、湿润，幼树喜光，不耐庇荫。树干分杈性强，根系发达，具菌根，生长速度中等，在天然林中常与枫香、樟、楠、栲、栎等树种混生，处于林冠上层。木材坚实硬重，耐磨，耐腐，耐蛀，结构细，纹理美观。

802. 红豆树的适生环境条件如何？

红豆树在福建省分布在海拔 500 米以下的丘陵地带，年平均气温 18～25℃，极限最低温 -8℃以下，幼树即遭冻害。土壤 pH 值 4.5～7.0，对水肥条件要求较高，在水分缺乏的山坡、丘陵顶部生长不良。

803. 红豆树造林地应如何选择？

红豆树要求水肥条件较高，造林地以选择土层深厚、肥沃的Ⅰ、Ⅱ级地位级的山坡下部、山洼为宜。山顶、山脊部位和干燥、瘠薄的立地不能营造红豆树。

804. 造林整地与密度如何？

整地一般用水平带垦挖大穴，为培育好干形，初植密度应适当加大，纯林一般 2000～2500 株，混交林 1200～1800 株。

805. 红豆树的栽植技术如何？

造林季节 12 月至翌年 3 月，栽植前，苗木要剪去部分枝叶和过长的根，打好拌药的泥浆，以防鼠咬。

806. 红豆树幼林如何进行抚育？

造林后要加强抚育管理，幼林抚育一般每年一二次，连续数年，至幼林郁闭为止。红豆树主干不突出，要结合抚育进行适当修枝，修剪影响主干生长的部分侧枝，延续到郁闭后。

807. 红豆树林如何进行抚育间伐？

幼林郁闭后进行第一次抚育间伐，主要伐除被压状态的Ⅲ、Ⅳ级木和个别生长过密的Ⅱ级木，间伐强度可达为 30% 。

第十五章 经济林、药用植物培育技术

三十二、油茶培育技术

808. 油茶的生物特性及其适宜的自然环境条件如何？

主要生物特性：山茶科山茶属，常绿小乔木；深根性；喜光，喜温暖湿润气候；萌蘖性强，耐瘠薄。

适宜自然环境条件：长江中游和珠江上游地区；山地、丘陵地带，阳坡；年平均温度 15～21℃，最低月平均温度不低于 0℃。最高月平均温度 31℃；年日照时数 1800～2200 小时；年降雨量 1000～2200 毫米；土壤 pH 值 5.0～6.0，土层深厚、疏松肥沃、排水良好的砂质壤土。

809. 如何选择油茶的造林地？

pH 值为 5～6.5 的酸性、微酸性土壤，通气、排水、保水性能良好，地下水位在地面 1 米以下。南坡、东南坡最好，有西北风和北风侵害的地段不宜造油茶林。15°左右的缓坡地适宜油茶的栽种。普通油茶在海拔 200～800 米生长良好，小果油茶在 200～800 米生长较好，攸县油茶在 100～300 米生长较好，浙江红花油茶在 600～800 米生长较好。沿海近海迎风面不宜营造油茶林。

810. 油茶的合理造林密度是多少？

立地条件好、实行间种的造林密度要小，反之则大；寒露品种类型造林密度大，霜降品种类型造林密度小。普通油茶一般每亩栽植 60～120 株。

811. 油茶造林如何进行整地？

造林前 3、4 个月进行，采取全垦整地、带垦整地和块状整地等方式。坡度在 15°以下，实行全面整地，深度山区的 20～25 厘米，丘陵的 25～30 厘米，全垦整地要注意做好水保措施。坡度在 15°～25°，应采取水平梯整地，水平梯宽度要在 2 米以上。丘陵地区可进行环山撩壕整地，挖宽 60 厘米、深 50 厘米的壕沟。带状整地必须沿等高线进行，带宽在 2 米左右，带间保留原在植被。穴状整地，开挖正方米 50 厘米 ×50 厘米 ×40 厘米的定植穴，挖穴时要将表土和心土分开，深施钙镁磷肥 75 千克/亩或土杂肥 2000 千克/亩。

812. 油茶造林如何选择品种？

应选用通过国家或省级审定的良种，且要符合当地生产发展区域良种适生要求。无合适良种的地区，可通过良种引种试验，选择优良品种。产量高、性状特征明显的当地农家品种、家系、无性系也可适当补充。

油茶为异花授粉的树种，且异树授粉的授粉率高，因此造林时须选用多个品种(通常要求 5 个以上)混合配置，各品种的花期和果实成熟期应一致，以利于授粉、采摘和管理。

813. 油茶栽植的方法如何？

栽植时间最好在 12 月至翌年 1 月，最迟不超过次年 3 月中旬，雨季或雨季前夕，选择阴天或小雨天气造林。根据“三埋一提三踩”的原则，栽植深度要适宜，不能埋叶或露根，以超过原圃地根际 1 ~ 1.5 厘米为宜，嫁接口应高于地面，根系舒展，主干正立，踩紧压实。苗木应随起随栽，当天栽不完的应假植。

814. 油茶幼林如何进行抚育管理？

(1) 松土除草。造林当年除草松土 1 次，以后每年进行 2 次，第一次在 5 ~ 6月份，第二次在 9 ~ 10 月份。松土深度一般以 3 ~ 5 厘米为宜。造林当年宜浅，以后逐年加深；幼树兜边宜浅，向外渐深；无性系苗宜浅，实生苗宜深；壤土宜浅，黏土宜深。

(2) 林农间种。油茶林内可间种 1 年生豆科作物有花生、黄豆、蚕豆、绿豆等以及其他作物如油菜、药材等。

(3) 施肥。施肥时间除冬施基肥外，追肥宜在每次抽梢前和叶萌动时。一般在 3 月上旬、5 月中下旬和 7 月中下旬。施肥方法有撒施、环状沟施和放射沟施 3 种。肥料以氮肥为主，适量配合磷、钾肥等。

(4) 整形修剪。油茶造林后 1 ~ 2 年内，顶芽萌发的春梢应保留，使其迅速形成主干，秋季要摘除花芽。主干高 60 厘米时，在其四周选留 3 ~ 4 个强壮主枝。每一主枝上的副主枝数目以树体大小等而定。修剪宜在早春进行。每次修剪量宜小不宜大，以免过分伤害树体和减少过多叶面积，修剪后使其呈自然开心形或自然圆头形，并及时除萌。

(5) 害虫防治。油茶幼林时期，虫害主要是食叶性害虫、如食叶甲、金龟子、蚜虫等。危害严重时，常把嫩叶、嫩梢咬断，影响幼树生长，因此要及时进行防治。

815. 如何培育土蜂提高油茶产量？

油茶是异花虫媒授粉树种，自花和风媒授粉座果率仅 0 ~ 3% ，异花授粉的坐果率为 20% ~ 35% ；油茶林中，授粉昆虫有蝇、蚁、虻、蛾、蝶、蜂等 40 多种，其中授粉效果最好的是土生野蜜蜂(土蜂、地蜂)，引放油茶土蜂的坐果率比原来提高 24% 。应保护和培育土蜂，林内平均每株树有 1 ~ 2 个大分舌蜂，授粉媒介就基本解决。

816. 油茶丰产林主要管理措施有哪些？

(1)土壤耕作。根据林地情况分别采取全垦、带垦、穴垦等方式，以利保持水土。垦复深度 15 ~ 30 厘米，“七月锄金，八月锄银”，保留梯埂草被(杂草劈除)，开挖竹节沟以利蓄水保墒。

(2)间作与施肥。较陡坡地以绿肥为主，缓坡地经济作物或绿肥。盛果期株施有机肥 25 千克，复合肥 0. 5 ~ 1 千克。

(3) 林相结构调整。密度调整，普通油茶 60 ~ 120 株/亩，通过冬春季修剪，夏季后摘心，尽可能培育矮干型树冠。

(4)整形修枝。每次修剪的强度不宜过大，油茶花芽多集中分布在枝梢顶端，故宜疏删，不宜短截，修剪的切口要平滑，修去的病虫枝尽快搬出林外妥善处理，最好烧毁。修剪后加强树体管理，及时除萌、抹芽。

(5)培育土蜂。应保护和培育土蜂，林内平均每株树应有 1 ~ 2 个大分舌蜂。

(6)加强病虫防控。重点是疸疽病、兰翅天牛、油茶象虫、油茶毒蛾等病虫害。

817. 油茶低产林更新改造技术要点有哪些？

截干萌芽或火烧萌芽更新，在做好防火措施的前提下，火烧林地，然后沿树颈部 5 ~10 厘米截断，使伐根萌发新枝。

部分更新，保留栽植点上原有的优良木，砍掉受灾的折断木或病死木，在林间空地按要求定点补植良种壮苗或移植幼树。

全伐更新，适宜病虫害严重、植株稀疏不齐、生产能力极低的成林。

818. 油茶低产林逐步替代更新改造技术要点有哪些？

定点预栽，品种差、林相乱而尚有一定产量的林分，可选育良种壮苗，进行定点预栽，预栽的幼树必须保证必要的阳光，其上方遮光的老树枝条需砍除，侧方庇荫的枝条需适度修剪，以利幼树茁壮成长。

自然交替更新，衰老株周围新株长到一定规模后，可逐步将衰老株砍去。

819. 油茶低产林新品种置换改造类型有哪些？

低产油茶幼林低接换冠，未经过精细选种、管理不善、林木生长缓慢、产量低下的幼林可通过砧木处理、接穗采集、换冠等措施，实行低接换冠，以尽快恢复林地的生产能力。

低产油茶成林高接换冠，低产劣质的油茶成林可采用优良品种接穗对其进行高接换冠。高接一般在树下距地面 50 ~ 100 厘米的二级分枝部位进行，常采用撕皮嵌接和切接两种嫁接方法。

820. 油茶低产林强化抚育改造的技术要点有哪些？

（1）清山砍杂，砍除油茶林中的杂木和野藤，夏季和秋初进行。

（2）垦复，根据地势的不同，采用全垦、带状轮垦和穴垦等方式。全垦适于地势平坦，坡度 15°以下的林地；15° ~ 25°的林地，适宜用带垦或穴垦；30°左右的林地，以穴垦为宜。

（3）修筑水平带或平台，有利于保水、保土、保肥，提高土壤肥力。15°以下的林地梯面不能少于 2.5 米，15° ~ 25°的林地梯面不能少于 1.7 米，25° ~ 30°的林地梯面不能少于 1 米。梯面要里低外高，带距 2.5 ~ 3 米。

（4）竹节沟和排水沟，在一条沟内隔 4 ~ 7 米筑一个形似破开的竹节的小土埂，在梯面内侧修筑深宽度各 20 ~ 60 厘米的小水堰，能起到良好的拦水和蓄水作用。

（5）整形修剪，遵循阳坡宜轻剪，阴坡可酌情多剪；密林适当重剪，稀林轻剪；冠下适当重剪，中上部轻剪或不剪；幼林轻剪，老树重剪；强树轻剪、弱树适当重剪的原则。

（6）施肥，根据土壤养分含量和油茶生长状况等确定是否施肥、施肥种类、施肥量、施肥时间和施肥方法。

821. 油茶高冠换种嫁接技术要点有哪些？

（1）嫁接时间。宜于 5 月下旬至 7 月上旬进行。

(2) 砧木的选择与整理。应选择生长旺盛的低产植株，每株选择2~4个分枝角度适当、干直光滑、生长健壮、无病虫害的主枝。

(3) 穗条采集。穗条应在无性系采穗圃中选择，剪取树冠中上部外围，发育充实、健壮、腋芽饱满、无病虫害的当年生枝条。穗条以早上采集为宜，采集后，放入清水中浸湿，甩干水后，装入塑料袋中密封保温，应随采随用，若要运输，应放荫凉的地方，不要挤压穗条。

(4) 砧木的整理。对原有的油茶林进行除草，有条件的结合施氮肥；对油茶进行清理，剪除藤蔓、树蔸萌生的小枝和枯枝、病虫枝、弱枝、过密枝、交叉枝，以及嫁接部位以下的小侧枝。

(5)高冠嫁接。采用嵌芽接或拉皮切接的方法进行嫁接。

(6) 加保湿罩。用塑料薄膜在砧木接穗处包扎一个保湿罩，保湿罩要适当宽大些，不要接触到接穗的叶、芽。用牛皮纸按东西向扎在塑料袋外层遮荫。罩口要扎紧，防止水分蒸发。

(7) 接后管理。加强水肥管理，增施氮肥，促进愈合、萌芽和抽梢。防止蚂蚁危害。接后15日内予以补接。

(8) 解罩。接后30天左右抽梢，40天左右新梢由红色变绿色时，在傍晚除去保湿袋，但还需遮荫。当新梢长至6厘米时，可解绑。

(9) 断砧。断砧应分三次进行：第一次结合松罩，以保留2个小枝为前提在嫁接部位上方，约20厘米处，剪去以上部分；第二次在接芽抽长到8~10厘米，或者经过一个月半左右，接芽仍未见抽梢，但叶片、幼芽仍然保持常绿，可在嫁接部位上方，以保留一个小枝为前提，约保持12~15厘米处下剪，同时结合抹除砧木的萌蘖和对已抽长的接芽进行扶梢；最后一次一般在第2年的2月底3月初进行。要视砧木的大小，用手锯或剪枝剪在嫁接部位上方2~5厘米处进行断砧，断面涂上油漆。及时抹除砧木萌蘖，对生长快的芽梢，要进行扶梢加固，以防断裂。

822. 油茶高冠嫁接法的具体方法如何?

嵌芽接的方法：在砧木离地面30~80厘米处，选择光滑平直的嫁接部位，用干净的棉纱或抹布擦去树皮污物。再用接刀割切一个“H”形，深达木质部，上下间的长度与左右间的宽度应尽量和接穗的长短与大小一致，并从“H”形的中横切口处朝上、下撕皮，同时切去“H”形口上部的部分表皮。接穗以芽为中心，向下留1.5厘米，朝上留1厘米处的正面各斜向削断，两端呈马耳形，并撕去背面约1/3至1/4的表皮露出形成层。叶片切去2/3。将削好的接穗嵌入已撕开皮层的砧 木“H”沟槽里，然后把撕开皮的砧木"H"上下部的皮层复盖在接穗上。嵌穗后用宽约1.5厘米韧性较好的塑料薄膜进行包扎，注意让接穗的叶、芽露出，以利生长。包扎要紧密，不得松动。

823. 油茶高冠拉皮切接法的具体方法如何?

拉皮切接的方法：选好的砧木在离地面40～80厘米处锯断，注意防止砧木皮层撕裂，每株留2～3个主枝作营养枝和遮荫用，其余全部清除。用嫁接刀削平锯口，削面里高外低略有斜度。按接穗大小和长短，用单面刀片在砧木断口往下平行切两刀，深达木质部，然后将皮挑起拉开。在穗条叶芽背面从芽基稍下方，用单面刀平直往下斜拉一切面，长2厘米左右，切面稍见木质部，在叶芽正下方斜切一刀，成20°～30°斜面，在芽上方平切一刀，小叶可留一叶，大叶留1/3～1/2。将切好的接穗放入清水中待用。接穗长切面朝内，对准形成层，紧靠一边插入拉皮槽内，接穗切面稍高砧木断口，然后将砧木挑起的皮覆盖在接穗的短切面上。一个砧木可接1～3个接穗。用宽2～2.5厘米的薄膜带自下而上绑扎接口，注意防止接穗移动。

三十三、杜仲培育技术

824. 杜仲的生物特性及其适宜的自然环境条件如何?

主要生物特性：杜仲科。落叶乔木；深根性；雌雄异株；萌芽力强；喜光，较耐寒。

适宜自然环境条件：中亚热带、北亚热带地区，山区、丘陵缓坡地带；年平均温度13～17℃。绝对最高温度33.5～43.6℃，绝对最低温度－19.1～－4.1℃；年降雨量500～1500毫米；土壤pH值5.0～7.5。土层深厚、疏松肥沃、排水良好的砂质壤土。

825. 如何选择杜仲造林地?

具体见表15-1。

表 15-1 杜仲立地因子等级划分

立地因子	立地因子等级		
	1	2	3
海拔(米)	300~600	600~1000	1000~1300
坡位	坡底	下部	中部
坡向	阳坡	半阳坡	阴坡-半阳坡
坡度	<15°	15°~20°	20°~25°
土层厚度(厘米)	>80(厚)	50~80(中)	<50(薄)
黑土层厚度(厘米)	>25(厚)	20~25(中)	<20(薄)
土壤湿度	湿	润	潮
土壤质地	砂壤土	轻壤土-中壤土	黏壤土
土壤结持力	疏松	疏松	稍紧密-较紧密
宜林地类型	旱地、经济林地	用材林迹地、荒芜经济林地	荒山
立地质量评价	优	良	中

826. 杜仲造林的关键技术有哪些？如何进行抚育管理？

杜仲造林关键技术有：

(1) 整地。整地季节为秋冬。荒芜、半荒芜的宜林山地要进行炼山，坡度在10°以上，必须梯形整地，造林挖穴规格为70 厘米×70 厘米×70 厘米。

(2) 施基肥。根据本地情况每穴施土杂肥10 千克，磷肥0.5 千克，饼肥0.5 千克。

(3) 造林密度。应根据立地条件、栽培品种、经营水平而定，一般造林株行距为：1.5 米×2 米，2 米×2 米，2 米×3 米。

(4) 造林时间及方法。冬季造林在土壤封冻前进行；春季造林在苗木新芽萌动前进行；植苗造林，一般采用明穴栽植法(即掘穴栽植法)，不能Ⅰ、Ⅱ级苗木混栽。

827. 杜仲幼林抚育管理的要点如何？

(1) 平茬。造林1 年后，春季幼树萌动前15 天将主干剪去，平茬部位2~4 厘米处。苗高2 米以上的2 年生苗圃平茬苗或嫁接苗，栽植后不再平茬。

(2) 除萌抹芽。平茬后，剪口处会萌发许多萌条，留一粗状萌条，其余除去；留下萌条在生长过程中腋芽会萌发，必须抹去下部腋芽，抹芽高度为苗高的1/3~1/2处。

（3）疏枝。幼树未能及时抹芽而长成过多、过低侧枝时，主干2米以下的小侧枝须从基部剪除。

（4）松土、除草和施肥。第一次松土时间在4月上旬以前进行，第二次松土、除草在5月或6月上旬进行，杂草翻晒在林地上或制成堆肥，腐熟施用。施肥与松土、除草同时进行，每公顷施150千克氮肥和300千克磷肥。

（5）间种。幼林期，林内要间作农作物，以耕代抚。

（6）补植。造林后第二年对缺株进行补植，对矮株用二年生Ⅰ级苗。

828. 杜仲丰产林成林应如何进行管理？

（1）土壤耕作。冬季要进行深翻，夏季进行中耕除草。

（2）施肥。结合中耕除草施肥，施肥量根据树龄大小施农家肥15~30吨/公顷，复合肥0.75吨/公顷，或磷酸二铵0.6吨/公顷。

（3）树体修剪。根据需要可采用短截、回缩与截干。

（4）及时科学地防治病虫害。

829. 如何采剥杜仲皮？

（1）剥皮再生。一般为10年生以下的树木，生长旺盛，主干明显。

（1）剥皮季节，春夏之交的5~6月。

（2）气候条件，林内温度15~35℃，湿度为53%~93%，下雨后一周剥皮为佳，遇到干旱，在剥皮前一周浇水。雨天不易剥皮。

（3）环剥方法，剥皮时用刀在主干分枝处10厘米以下和地上10厘米处各环切一刀，再竖切一刀，刀口不要碰伤形成层，剥皮由上至下。

（4）剥后处理，用透明塑料薄膜保护剥皮部位，上下用绳捆扎，上紧下松，一个月后，剥皮部位已形成再生皮，可以取掉薄膜。

（5）砍树剥皮。用于密度过大需要间伐的纯林，砍树剥皮时间4~5月。

830. 杜仲皮采剥后如何进行处理？

采剥的树皮根据收购标准分段，一般为85厘米，置于干燥通风的阴凉处，内皮两两相对层层叠放，每层5~7厘米厚，注意层间留适当空隙，防止中间霉变，叠放后用绳捆好平放、压实，任其发汗，一周后立放晒干。充分晒干的皮刷净，分级，包装。

三十四、锥栗、板栗培育技术

831. 锥栗的主要生物学特性有哪些？

锥栗是喜湿润又比较耐旱，但不耐涝，连续1～2月的积水，会造成根系腐烂，植株死亡。锥栗喜光、忌阴，对光照十分敏感。光照不足6小时的沟谷，树冠直立，叶薄，树枝细，产量低。树冠内枝叶得不到全日照的50%，不能结果。锥栗对土壤的适应性较强，但以土层深厚、富含有机质、排水良好的砂质或黏质壤土最为适宜，在土质黏重、通气和排水不良的低洼地，生长发育不良。喜酸性土，pH值5～6最为适宜。海拔高度以300～1000米为宜。

832. 锥栗的栽植技术如何？

(1) 挖定植穴：按果树标准，开辟等高水平梯田或鱼鳞坑，挖大穴或壕沟，施足有机肥或表土回穴。

(2) 株行距：锥栗树树冠大，寿命长，定植距离不能过密。肥力中等的土地红壤土，以4米×4米或4米×5米较好，亩栽41～33株。

(3) 授粉树：锥栗自花授粉率较低，应选择开花相同的优良品种作授粉树，以提高结实率，行比为4∶1或4∶2较为适合。

(4) 定植时期与挖苗方法：春植在2月份。苗木移植时应留根部长20厘米左右。不要断伤主根及侧根，以保证定植后根系迅速恢复生长。

(5) 定植方法：与其他果树定植方法相同。

833. 锥栗春夏季管理要点有哪些？

管理要点见表15-2。

表15-2　锥栗夏季管理要点

月份	主要农事活动	技　术　要　点
3月至4月中旬（萌芽期）	补栽缺株	缺株及时补栽，合理栽植密度(33～41株/亩)
	嫁接	老植株高位嫁接，换优良品种
	施促花展叶肥	在新叶长齐时，每株施碳酸氢铵500～1500克。方法：深施。树冠投影外侧，环状挖沟，深度30厘米，施后覆土

（续）

月份	主要农事活动		技　术　要　点
4月下旬至6月（新梢生长期）	抚育管理	抹芽疏梢	锥栗树旁浅锄10厘米以上，清除砧木萌蘖及冬季修剪剪口附近的隐芽和不定芽。及时疏除大枝剪口附近不应保留的新梢（多数为待长枝）
		摘心	“芒种”前后。在果前梢30厘米时，摘除顶芽，留5~7片叶
		拉枝	采用线绳或铁丝牵引，使枝条达到理想的张开角度
	施状果肥		在“端午节”前，每株施三元复合肥500~1500克。方法：浅施。树冠投影外侧，环状挖沟，深度10厘米，施后覆土。注意尽量不伤根
7月下旬至8月上旬	中耕除草		夏季为防止干旱可用劈草抚育，到收果实时在果树四周锄草；但不提倡用草甘磷或农达除草，因为会造成土壤板结
全年	病虫害防治		在嫩叶长齐时，用40%氧化乐果500倍，全树喷洒，使得全树带毒，起到全年预防病虫害的作用。及时防治栗胴枯病、栗炭疽病、栗瘿蜂、栗大蚜、栗链蚧等病虫害

834. 锥栗秋冬季管理要点有哪些？

管理要点见表15-3。

表15-3　锥栗秋冬管理要点

10~11月	施补体肥	肥种及药剂	桐饼：1500~2500克/株；过磷酸钙：500~1500克/株；硼砂：50克/株；呋喃丹：50克/株
		方法	“白露”前将粉碎后的饼肥运上山，充分沤熟，在采果后与过磷酸钙及硼砂拌后，施于树冠投影外侧，环状挖沟，深度30厘米，呋喃丹撒在表土15厘米深处。采果后即施下
12月至翌年2月	主干涂白		生石灰2500克+硫磺250克+盐250克+水20千克，配成涂白剂，搅拌均匀后，从锥栗根部至主干高1米左右涂刷涂白剂
	冬季修剪（冬至－春分）		修剪整形成自然开心形，即“三叉六头十二臂”疏剪过密枝、交叉枝、重叠枝、细弱枝和病虫枝
	清园（修剪后）		清除修剪后病虫枝，枯枝及寄生的树枝等集中烧毁，落叶、落果、总苞进行堆烧或少量石灰埋入土中
	栽植锥栗树		2月上旬前，挖大穴、施基肥，合理栽植密度（不计划间伐的5米×6米~4米×5米，每亩22~33株；计划间伐的株行距4米×4米，每亩42株）
	病虫害防治		锥栗胴干病：用刀刮除病部至木质部，以70%甲基托布津100倍液涂刷，连刷3遍，并把刮下树皮集中烧毁。人工扑杀遗漏蛀干害虫。深翻冻杀土层中越冬害虫的虫或蛹。刮除主干翘裂粗皮，消灭越冬害虫

835. 板栗的生物特性及其适宜的自然环境条件如何？

主要生物特性：山毛榉科栗属，多年生落叶果树。乔木；深根性；喜光，较耐寒；北方品种较耐旱，南方品种较抗湿。

适宜自然环境条件：适应范围较广。丘陵山地的山坡或山坡下部，背风向阳的东南、南和西南坡向。年平均温度 10 ~ 14℃，生长期平均温度 0 ~ 20℃，绝对最高温 39.1℃，绝对最低温 -20℃以内；年降雨量 500 ~ 1500 毫米；土壤 pH 值 6 ~ 7.6，土层深厚、排水保水良好、含有机质多的砂质或砂岩、花岗岩风化的砾质壤土。

三十五、草珊瑚培育技术

836. 草珊瑚的主要生物学特性有哪些？

草珊瑚为金粟兰科植物，常生长于海拔 400 ~ 1500 米的山坡、沟谷常绿阔叶林下阴湿处。适宜温暖湿润气候，喜阴凉环境，忌强光直射和高温干燥。喜腐殖质层深厚、疏松肥沃、微酸性的砂壤土，忌贫瘠、板结、易积水的黏重土壤。种子育苗的植株，定植后第二年开始结果。

837. 草珊瑚如何进行扦插繁殖？

生产上多用扦插繁殖。在 3 ~ 4 月间，从健壮植株上选取 1 ~ 2 年生枝条，剪成带 2 ~ 3 节，长 10 ~ 15 厘米插穗，捆成小把，插穗处理后，在事前准备好的苗床上，按株行距要求斜插入土，土面上留 1 节，按紧，浇透水。最好搭设荫棚，经常保持苗床湿润。插穗后 30 天左右，扦插生根，并开始萌芽。成活后，应注意松土除草，适时追施稀薄人畜粪水，促进幼苗生长。培育 10 ~ 12 个月，即可出圃定植。

838. 草珊瑚栽后如何管理和如何采收加工？

（1）查苗补苗。移栽后如果发现死苗缺株，要带土补栽，确保全苗。

（2）中耕除草。苗期要及时清除田间杂草，并适当进行中耕松土。一般每年中耕 3 ~ 4 次，保持土壤疏松，田间无杂草。

（3）灌溉排水。定植后要经常保持土壤湿润，多雨季节，如田间积水，要及时排除，以免引起烂根。

（4）追肥。一般每年春、夏两季各追肥 1 次，每亩施用硝酸铵或尿素 6 ~

7千克，氯化钾2~3千克，对水浇施。冬季结合培土，施1次农家肥，将栏肥或沤肥施于植株根际，提沟边泥土覆盖肥料，既可保温防寒，又可促进立春植株早生快长。

（5）渡荫。草珊瑚耐荫性强，喜漫射光，所以宜选常绿阔叶林下种植。如在无荫蔽条件的山坡、排田种植，可在田间间作玉米等高秆作物，利用高秆作物适当遮荫。

（6）病虫害防治。草珊瑚刚从野生转为家种，抗病虫能力较强。

一般秋季收割草珊瑚，将植株从离地面5~10厘米处割下，洗净晒干即可入药。亦可直接加工成浸膏，交制药厂作为生产中成药的原料。一般定植当年，每亩可产干品200~300千克，以后产量可逐年增高，最高每亩可产600千克以上。药材质量以无杂草、泥沙、虫咬和霉变为佳。

三十六、虎杖生产技术规程

839. 如何选择虎杖栽培地？

栽培地的土壤、空气、水质量环境均达到国家标准规定的一级（类）标准（要求），年平均温度16~22℃，绝对最低温度≥-7℃；一月平均温度≥4℃，无霜期210~240天，年平均降水量1500~1900毫米，土壤pH4.5~8.0，要求坡度6°~25°的农地或凹形山坡地。林地应选择地下水位较低的阴坡中下部，林分郁闭度0.3~0.5，要求土层深厚、质地疏松、肥沃的缓坡地。农地应选择水资源丰富、土层深厚、质地疏松、肥沃的农地。

840. 栽培虎杖应如何整地？

（1）田间整地。栽前1个月翻耕晒土，要求进行细致整地做畦。露地栽培，畦宽在1~1.2米，长度因地制宜。

（2）林地整地。于秋冬季节，对规划栽植虎杖的林地内的灌木、杂草等采伐剩余物进行全面清理或等高线间隔1米堆积。并按设计的株行距进行整地挖穴。穴规格为40厘米×30厘米×30厘米的明穴。

（3）设施栽培整地及大棚搭建。设施栽培，畦的宽度、长度可根据田块的大小和大棚的实际尺寸而定，一般以方便管理和提高土地利用率为原则，大棚长度一般不宜超过30米。

841. 虎杖栽植时间是什么时候？

无论田间或林地，一年四季均可栽植，但以春季最为适宜。

842. 虎杖的初植密度是多少？

田间露地栽培的初植密度以株行距 40 厘米 ×50 厘米或 40 厘米 ×40 厘米，亩植 2000 ~ 2500 株为宜；林地露地栽培的初植密度以株行距 0.5 米 ×1.0 米或 1.0 米 ×1.0 米，亩植 1600 ~ 2600 株为宜。适当密植有利于提高当年产量。

843. 虎杖的栽植技术如何？

栽植前对种根进行分级。在栽植过程中，要做到苗正、根舒，种芽朝上，覆土 3 ~5 厘米，整个穴位填土高出地面 5 ~ 10 厘米，以防雨后松土下沉积水，在栽植过程中千万不要打紧，只填表层松土。

844. 虎杖林应如何进行管理？

(1) 深翻改土，熟化土壤。深翻扩穴主要对林地虎杖进行，一般在秋季枯萎落叶后进行，方法是沿植株根系生长点外围开始，逐年向外扩展 40 ~ 50 厘米。回填时混以绿肥或腐熟有机肥等。

(2) 中耕除草与培土。除草做到除早、除小、除了。一年中耕 1 ~ 2 次，中耕深度 8 ~ 10 厘米，中耕除草的同时，培土 8 ~ 10 厘米。

(3) 施肥。结合整地深翻施基肥，每亩施入绿肥或腐熟有机肥等 1000 ~ 3000 千克。在生长季节，结合人工锄草和扩穴培土追施速效肥料 1 ~3 次，时间分别 4 月、6 月和 9 月上旬，林地栽培采用放射状沟施，田间栽培采用沟施或兑水浇施。

(5) 水分管理。在干旱季节或施肥后应及时灌溉或浇水，使土壤经常保持湿润状态。在多雨季节或栽培地积水要及时排水。

845. 虎杖如何采收？

(1) 茎叶采收。虎杖 5 月上旬开始，高径生长停止，对二年生虎杖及时采割复壮，以增加产量。一年采割 3 ~ 4 次；并做好茎叶的贮运及加工利用。

(2) 根茎采收。每隔 2 ~ 3 年采挖一次，秋冬季节采挖。并做好根茎处理、贮藏、加工、销售。

三十七、主要经济林树种的适生条件

846. 核桃的生物特性及其适宜的自然环境条件如何?

主要生物特性：胡桃科核桃属，多年生落叶果树，乔木；深根性，主根发达；喜光，不耐湿热及干旱，抗寒能力较差。

适宜自然环境条件：暖温、亚热带地区；阳坡或半阳坡的山地、丘陵、沟谷、河滩地带；年平均温度 8 ~16℃，绝对最高温 35 ~38℃，绝对最低温 -25℃；年降雨量 400 ~1200 毫米；土壤 pH 值 6.5 ~8.0，土层深厚、疏松的砂质壤土。

847. 枣的生物特性及其适宜的自然环境条件如何?

主要生物特性：鼠李科枣属，多年生落叶果树，小乔木；水平根较发达，根蘖性强；喜光，耐寒热、旱涝，抗盐碱。

适宜自然环境条件：适应范围广。山地、丘陵、平原地带，阳坡、半阳坡；年平均温度 9 ~20℃；年降雨量：北方地区 200 ~600 毫米，南方地区 1000 ~1200 毫米；土壤 pH 值 5.5 ~8.4。土层深厚、肥沃的砂质壤土。

848. 银杏的生物特性及其适宜的自然环境条件如何?

主要生物特性：银杏科银杏属，多年生落叶果树，乔木；雌雄异株，深根性；喜光，耐旱，不耐水涝。

适宜自然环境条件：温带、暖温带、亚热带地区；背风向阳、光照充足的山地、丘陵、平原地带；年平均温度 10 ~18℃，绝对最低温 -20℃以上；年降雨量 600 ~1500 毫米；土壤 pH 值 4.5 ~8.0，深厚肥沃、排水良好的砂质壤土。

849. 柿的生物特性及其适宜的自然环境条件如何?

主要生物特性：柿科柿属。多年生落叶果树，乔木；根系分布深广；喜光；甜柿类喜湿热气候。

适宜自然环境条件：北纬 40°以南区域；山地、丘陵、平原、河滩地带；年平均温度 13 ~19℃(甜柿要求适温较涩柿高)；年降雨量；北方地区 500 ~700 毫米。南方地区 1500 毫米；土壤 pH 值 6.0 ~7.5，土层深厚、保水力强的壤土或黏壤土。

850. 梨的生物特性及其适宜的自然环境条件如何?

主要生物特性：蔷薇科梨属，多年生落叶果树，乔木；深根性；喜光，抗寒，较耐盐碱。

适宜自然环境条件：温带、暖温带地区；山地、丘陵、平原地带；年平均温度秋子梨4~12℃，白梨和西洋梨7~15℃，沙梨13~21℃；年日照时数1600~1700小时；年降雨量400~1000毫米；土壤pH值5.8~7.0，土质疏松、排水和保水性能好的砂质壤土。

851. 桃的生物特性及其适宜的自然环境条件如何?

主要生物特性：蔷薇科李属，多年生落叶果树，小乔木；浅根性；喜光，喜冷凉温和气候，较耐旱，不耐涝。

适宜自然环境条件：地域广泛。平原及山地、丘陵向阳缓坡地带；年平均温度12~15℃，北方品种8~14℃，南方品种12~17℃。生长期(4~6月)月平均温度18~23℃；年日照时数1200~1800小时；土壤pH值4.9~7.5，土层深厚、排水良好的砂质壤上。

852. 柑橘的生物特性及其适宜的自然环境条件如何?

主要生物特性：芸香科柑橘亚科柑橘属，常绿果树，小乔木；喜温暖湿润气候，耐寒性弱，耐碱性差。

适宜自然环境条件：热带、亚热带地区；山地、丘陵缓坡地带，背风阳坡；年平均温度16~22℃，生长期最适宜温度23~29℃，极端最低温度不低于-5℃；年日照时数1200~1700小时；年降雨量1000~2000毫米；土壤pH值5.5~6.5，土层深厚、疏松、有机质丰富、保水性和排水性良好的砂壤、壤土和黏壤土。

853. 柚的生物特性及其适宜的自然环境条件如何?

主要生物特性：芸香科柑橘亚科柑橘属，常绿果树，乔木；深根性。

适宜自然环境条件：热带、北亚热带地区，年平均温度20℃以上，生长期最适宜温度23~30℃，极端最低温不低于-3℃，极端最高温度38℃以下；年降雨量1100~1600毫米；土壤pH值5.5~6.5，土层深厚、疏松、有机质丰富、保水性和排水性良好的砂质壤土和壤土。

854. 荔枝的生物特性及其适宜的自然环境条件如何?

主要生物特性：无患子科荔枝属，多年生常绿果树，乔木；深根性；喜光，较耐高温高湿。

适宜自然环境条件：亚热带地区；丘陵山地、江河两岸地带；年平均温度21~25℃。生长期温度24~29℃，绝对最低气温不低于-2℃；年降雨量1000~1600毫米；土壤pH值5.0~6.0，土层深厚、疏松、富含有机质的砂质壤土。

855. 龙眼的生物特性及其适宜的自然环境条件如何?

主要生物特性：无患子科龙眼属，多年生常绿果树，乔木；根系发达；喜光，喜温暖气候，不耐低温霜冻，较耐旱。

适宜自然环境条件：亚热带地区；低缓丘陵山地、江河冲击地；年平均气温20~22℃，冬季无霜冻。绝对最低气温不低于-5℃；年降雨量1000~1600毫米。土壤pH值5.4~6.5，土层深厚、富含有机质、排水良好的砂壤土或壤土。

856. 芒果的生物特性及其适宜的自然环境条件如何?

主要生物特性：漆树科芒果属，多年生常绿果树，乔木；深根性；喜光，喜高温，怕霜冻。

适宜自然环境条件：热带和暖亚热带地区；低山丘陵及沟谷地带；年平均温度≥22℃，最冷月平均温度≥15℃，绝对最低温度≥5℃；年降雨量1000~2000毫米，开花期无阴雨和大雾；土壤pH值5.5~7.5，土层深厚、肥沃、排水良好的砂质壤土和冲积土。

857. 猕猴桃的生物特性及其适宜的自然环境条件如何?

主要生物特性：猕猴桃科猕猴桃属，多年生落叶果树，藤木；雌雄异株，侧根发达；喜温暖湿润气候，不耐旱涝。

适宜自然环境条件：秦岭和淮河以南地区；山区背风阳坡；年平均温度11.3~17.9℃，极端最高温度35.4~40.9℃．极端最低温度-20~2.6℃，年日照时数1000~2600小时；年降雨量740~1800毫米；土壤pH值4.9~6.7。土层深厚肥沃、通气性好的多类壤土。

858. 葡萄的生物特性及其适宜的自然环境条件如何?

主要生物特性：葡萄科葡萄属，多年生落叶果树，藤本，根系发达；喜光，较耐盐碱，欧亚种抗寒力弱。

适宜自然环境条件：暖温带地区；平原及山地、丘陵的阳坡地带；年平均温度：萌芽期10~12℃，新梢生长和花芽分化期25~30℃，果实成熟期28~32℃；年降雨量少(300~400毫米)的地区应有灌溉条件；土壤pH值6.0~7.5，土层深厚、通气性良好的多类壤土。

859. 李的生物特性及其适宜的自然环境条件如何?

主要生物特性：蔷薇科李属，多年生落叶果树，小乔木；根系分布较广而浅，须根发达；耐盐碱，耐瘠薄。

适宜自然环境条件：区域较广，山地、丘陵、平原地带；不同品种对环境条件存在显著差异，乌苏里李可耐-40~-35℃低温，南方的芙蓉李则对低温适应能力较差，中国李对水分的适应性较强，欧洲李和美洲李对空气湿度和土壤湿度要求较高；土壤pH值6.0~6.5，土层深厚、富含有机质、保水保肥性好的黏重土壤。

860. 梅的生物特性及其适宜的自然环境条件如何?

主要生物特性：蔷薇科李属，多年生落叶果树，小乔木；根系浅而发达；喜温暖湿润气候。

适宜自然环境条件：长江以南地区；山地或冲积平原地带，坡地南向或东向；年平均温度13.7 ~23℃；土壤pH值5.5~6.5，土层深厚、排水良好的砾质壤土、砂质壤土和冲积土。

861. 杨梅的生物特性及其适宜的自然环境条件如何?

主要生物特性：杨梅科杨梅属，多年生常绿果树，乔木；雌雄异株；根较浅。须根发达；喜温暖湿润气候，较耐寒。

适宜自然环境条件：长江以南地区；年平均温度15~21℃，绝对最低温度不低于-9℃；年降雨量1000~1600毫米；土壤pH值4.5~6.5，土层深厚、疏松、排水良好的砂质壤土和红黄壤土。

862. 枇杷的生物特性及其适宜的自然环境条件如何?

主要生物特性：蔷薇科枇杷属，多年生常绿果树，小乔木；根系分布较浅而窄。喜湿润气候，不耐旱及风寒。

适宜自然环境条件：长江以南地区；热带性品种宜热带及亚热带地区，温带性品种宜温带南部地区；山区、丘陵的南坡或东南坡向地带；年平均温度15℃以上，绝对最低温不低于－3℃；年降雨量1000～2000毫米；土壤pH值5.0～6.5，土层深厚、保水保肥力强的砾质壤土及黏土。

863. 石榴的生物特性及其适宜的自然环境条件如何？

主要生物特性：石榴科石榴属，多年生落叶果树，小乔木；喜光；喜温暖干燥气候，较耐旱。

适宜自然环境条件：亚热带及温带地区；山地、丘陵、平原地带，生长期有效积温3000℃以上，冬季低温不低于－15℃；土壤pH值4.5～8.2，土层深厚、质地疏松、排水良好的砂壤土或壤土。

864. 八角的生物特性及其适宜的自然环境条件如何？

主要生物特性：木兰科，常绿乔木；喜冬暖夏凉气候；幼树抗寒力较弱。

适宜自然环境条件：南亚热带地区；低山丘陵地带；年平均温度20～23℃，1月平均温度8～15℃；年降雨量1200～2000毫米；土壤酸性，土层深厚、有机质丰富、排水良好的砂质壤土。

865. 肉桂的生物特性及其适宜的自然环境条件如何？

主要生物特性：樟科樟属，常绿乔木；幼树耐荫，成龄树需较充足阳光。

适宜自然环境条件：南亚热带地区；丘陵山地；年平均温度19～25℃，绝对最低温度－4.9℃；年降雨量1200～2000毫米；土壤酸性，土层深厚、疏松的砂质壤土。

866. 油桐的生物特性及其适宜的自然环境条件如何？

主要生物特性：大戟科油桐属，落叶乔木或小乔木；喜光，喜温暖，畏严寒。

适宜自然环境条件：亚热带地区；低山丘陵及向阳谷地、盆地。光桐：年平均温度13.1～21.2℃，≥10℃积温3269～7500℃，年降雨量460～1830毫米；皱桐：年平均温度14.5～24.6℃，≥10℃积温3880～8980℃；年降雨量860～2340毫米；土壤微酸性及中性，土层深厚、富含有机质、排水良好的砂质壤土。

第十六章　森林病虫害防治

867. 在野外如何通过林木症状诊断树木患病？

（1）由真菌引起的病害在寄主患病部位表面有明显的粉状物、霉状物或子实体，由细菌、病毒、线虫和真菌等微生物引起的病害在寄主上亦有斑点、丛枝、流胶、腐烂、枯萎等症状。发病初期为点片状，零星分布，健康树和病树混杂存在。

（2）由土壤缺乏某种元素、气候环境条件不适合等非生物因素引起的生物性病害不出现上述症状，受害林分中的林木往往表现均匀一致的叶片边色矮小等症状。病株在林间成片发生，树木受害均匀一致。如林缘发病严重，表明邻近有病害的侵染源或虫源，因此要调查邻近的作物、树木上的病虫害。

（3）由昆虫危害的树木，其叶片上有明显的缺损，枝干有坑道、蛀孔或蛀屑，即使蚜虫、介壳虫、螨类等刺吸性口器造成的褪色、卷叶，也可藉助于手持扩大镜在树上找到虫体。

868. 林木的病原有哪几类？

树木的病害种类很多，约有 1000 多种，其病原大致有两类：一是传染性病害，其病原由真菌、细菌、病毒等引起，一般能扩大再传染，常造成流行病；二是非传染性病害，其病原由土壤、气候等条件引起，不传染。

869. 野外如何通过叶片病斑识别林木病害？

（1）一般周围有轮廓，比较规则，后期上面又生出黑色颗粒状物，一般情况下为传染性病害。通常干燥的多为真菌侵害所致。斑上有溢出的脓状物，病变组织一般有特殊臭味，多为细菌侵害所致。

（2）病斑不规则，轮廓不清，大小不一，查无病菌的则为非传染性病斑。

（3）叶片黄绿相间或皱缩变小、节间变短、丛枝、植株矮小的多为病毒或类菌质体所引起。

（4）叶片黄化，整株或部局叶片均匀褪绿，进一步白化，一般由生理原因引起，如翠菊黄化病等。

870. 如何识别叶片出现粉状物的病害？

多为白粉病或霜霉病。白粉病在叶片上多呈片状，霜霉病则多呈颗粒状，如黄栌白粉病、葡萄霜霉病；叶片背面(或正面)生出黄色粉状物，多为锈病。如毛白杨锈病、玫瑰锈病、瓦巴斯草锈病等。

871. 阔叶树的枝叶枯黄或萎蔫的应如何进行诊病？

（1）如果是整枝或整株的，先检查有没有害虫，再取下萎蔫枝条，检查其维管束和皮层下木质部，如发现有变色病斑，则多是真菌引起的导管病害，影响水分输送所造成；如果没有变色病斑，可能是由于茎基部或根部腐烂病或土壤气候条件不好所造成的非传染性病害。

（2）如果出现部分叶片尖端焦边或整个叶片焦边，再观察其发展，看是否出黑点，检查有无病菌；如果发现整株叶片很快都焦尖或焦边，则多由于土壤、气候等条件所引起。

872. 如何识别树皮起泡、流水、腐烂、局部细胞坏死的病害？

（1）多为腐烂病，后期在病斑上生出黑色颗粒状小点，遇雨生出黄色丝状物的，多为真菌引起的腐烂病。

（2）只起泡、流水，病斑扩展不太大，病斑上还生黑点的，多为真菌引起的溃疡病，如杨柳腐烂病和溃疡病。

（3）树皮坏死，木质部变色腐朽，病部后期生出病菌的子实体(木耳等)，是由真菌中担子菌所引起的树木腐朽病。

（4）草本茎部出现不规则的变色斑，发展较快，造成植株枯黄或萎蔫的多为疫病。

873. 如何识别树干枝流脂流胶的病害？

树干树枝流脂流胶的原因较复杂，一般由真菌、细菌、昆虫或生理原因引起。如雪松流灰白色树脂、油松流灰白色松脂(与生理和树蜂产卵有关)、栾树春天流树液(与天牛、木蠹蛾危害有关)、合欢流黑色胶是由吉丁虫危害引起等。

874. 如何识别树木小枝枯梢的病害？

枝梢从顶端向下枯死，多由真菌或生理原因引起。先从星星点点的枝梢开始，发展起来有个过程的一般为真菌病害，如柏树赤枯病等；一发病就大部或全部枝梢出问题，而且发展较快，一般是生理病害。

875. 如何识别根皮腐烂、易剥落的病害？

(1) 根上有紫色菌丝层是紫纹羽病；

(2) 根上有白色菌丝层的是白纹羽病；

(3) 后期病部生出病菌的子实体的多为根朽病；

(4) 根部长瘤子，表皮粗糙的，多为根癌肿病；

(5) 幼苗根际处变色下陷，造成幼苗死亡的，多为幼苗立枯病；

(6) 一些林木、花草根部生有许多与根颜色相似的小瘤子，多为根结线虫病，如小叶黄杨根结线虫病；

(7) 地下根茎、鳞茎、球茎、块根等细胞坏死腐烂的，如表面较干燥，后期皱缩的，多为真菌危害所致；如唐菖蒲干腐病；如有溢脓和软化的，多为细菌危害所致。如鸢尾细菌性软腐病。

876. 如何通过被害状识别蛀干害虫？

一般多为天牛类、木蠹蛾类、透翅蛾类、吉丁虫类、象甲类、小蠹甲类、蜂类、螟蛾类和卷蛾类等害虫。天牛、木蠹蛾所蛀食的隧道比较深而长，一般不规则，多往出排粪，但天牛的幼虫一般体为白色或黄色，无足；而木蠹蛾的幼虫一般为红色，有足；透翅蛾和枝天牛在大树上危害枝条(透翅蛾在苗圃也危害幼苗的树干)，多蛀食髓部，被害处膨大，隧道规则，但枝天牛危害2年生筷子粗的枝条，虫瘿为长圆形，里面幼虫白色，无足；而透翅蛾多危害手指粗的枝条，虫瘿为椭圆形，里边幼虫白色，有足。蜂类危害枝条内部，一般咬食髓部，不形成虫瘿，其幼虫多为白色，无足。小蠹甲和吉丁虫一般以蛀食枝干的皮层为主，但小蠹甲蛀食坑道较规则，有母坑道和子坑道，呈放射状，其幼虫多为白色，短粗，稍弯曲；而吉丁虫坑道一般不规则，其幼虫细长，带状，白色，胸部较宽，腹部和中间最细。还有一些蛀食嫩枝嫩梢的害虫，如松梢螟、国槐叶柄小蛾、北京枝瘿象甲、菊天牛、玫瑰茎蜂、大丽花螟等。

877. 如何通过被害状识别食叶害虫？

(1) 危害嫩梢嫩叶，造成卷叶或皱缩，但没有咬伤，上有油质分泌物的多是蚜虫和木虱等危害，蚜虫腹部背面在腹管，夏天在叶片上很少有卵，而木虱和粉虱则没有腹管，在叶片上常有很多卵。粉虱的幼虫多固定不动且有蛹，而木虱则相反。

（2）危害嫩梢并常把叶片黏在一起咬叶片的多为卷叶虫类。如把许多叶子用丝连缀在一起，里面有许多虫子，则多为巢蛾或缀叶螟类。

（3）春天杨柳树冠下部特别是靠近树干的叶片被啃成许多透明的小白点，常是柳毒蛾危害；如夏天发生这种现象，也可能是扁刺蛾危害，但扁刺蛾白天能在叶片上找到幼虫，而柳毒蛾则找不到。夏秋季把零星叶片啃成大块，或整个叶片都啃成白色透明网状，多为褐袖刺蛾或绿刺蛾等危害。杨、柳、榆等许多叶片被啃成透明白点的，多为金花虫危害。槐树叶片上出现被啃食白色网状小点，多为国槐尺蠖低龄幼虫所害。

（4）把杨柳树的一些枝条尖端的叶片打成包，许多虫子藏在其中，并将叶片啃成网状透明的，多为天社蛾危害。

（5）把杨柳树、果树、月季等各种树木的尖端叶片咬成窟窿，边缘不整齐，有丝状叶丝，多是金龟子危害。

（6）一个枝一个枝的树叶被吃光，仅留下叶柄的，一般为刺蛾，或者是天蛾、苹果天社蛾、天幕毛虫等危害。

（7）幼虫钻入叶肉里危害的有潜叶蛾、细蛾、潜叶蝇、瘿蚜、象鼻虫、叶蜂等。潜叶蛾一般最后把叶片搞成一个灰褐色近圆形斑，里面有黑色虫粪；潜叶蝇则在叶片里穿成一些弯弯曲曲黄白色的隧道；瘿蚜在叶片上形成黄红色的虫瘿，如榆瘿蚜；橡树象鼻虫在叶上形成黄色虫瘿；叶蜂在叶上形成黄色壁厚而较硬的虫瘿，如柳厚壁叶蜂。

（8）把叶卷成筒状，幼虫藏在里边危害，如元宝枫细蛾、大花秋葵棉大卷叶螟。

（9）把叶片纵向折叠成“饺子”状，幼虫藏在里面危害，多为梨星毛虫；也有的是蚜虫，但蚜虫危害的叶片多皱缩不平，有黏液状的排泄物，没有被啃咬的现象。

（10）叶边缘向背面纵卷成绳状的多为瘤蚜危害所致。叶片上出现针鼻大小的黄点，多在主脉两侧，特别是叶基部，严重时造成部分或整株焦叶、落叶、多是红蜘蛛危害；也有的是介壳虫、锈螨、军配虫或叶蝉危害。红蜘蛛和介壳虫一般肉眼能见；锈螨则要用较高倍的放大镜才能看见；军配虫成虫有翅膀，体为“8”字形，叶背面有黑色点状排泄物；叶蝉则个体较大，多为绿色，能横着爬行，会飞。

（11）4、5 月间苗圃中幼苗的幼芽和幼叶被咬坏，但白天在苗上找不到虫子，多是象鼻虫或金龟子，白天藏在附近土块、土缝下，傍晚出来危害。

878. 如何通过根部被害状识别害虫?

(1) 地表根际部分皮被咬坏，多为地老虎，当破伤环绕茎部时，上部即行死亡；有时将苗咬断，拉回窝里去。

(2) 咬坏幼苗根子而没有明显隧道的多为金针虫、蛴螬或大蚊幼虫等；蝼蛄危害处的地表有明显的隧道。

(3) 根上有小虫，虫体上有白色蜡质，多为棉蚜。

(4) 较粗的根内部有虫蛀食，有较大但不甚规则的隧道，多为天牛等危害，如桃红颈天牛等。

(5) 还有些危害花卉根的动物，如根结线虫等，可引起植株根系的小瘤状突起。

879. 如何通过被害花状来识别害虫?

(1) 蛀入花蕾或花朵中危害的，多为棉铃虫或鼎点金刚钻。前者老熟幼虫体较大，多为绿色，体节上肉瘤不明显；后者体较小，多为灰色，体上肉瘤突出，明显。

(2) 在花蕾表面危害的，多为蚜虫等，如月季长管蚜。

(3) 在花朵中危害花瓣、花蕊的，多为金龟子、蓟马、蚜虫等。金龟子将花瓣咬成边缘不整齐的孔洞或缺刻；蓟马锉吸过的花冠产生灰白色小点，花瓣卷曲；蚜虫危害的则常有油状排泄物，如菊蚜等。

880. 森林害虫共有哪几类及其特征如何?

(1) 鳞翅目。即蛾类和蝶类，属完全变态。特征是成虫口器虹吸式，有两对翅膀，上密布各种颜色的鳞片，如天蛾、天社蛾、尺蠖、凤蝶等；幼虫为多足型，有3对胸足、4对腹足、1对臀足，体分12节，口器咀嚼式；蛹除少数低等蛾类外，均为被蛹。至于区别哪一种，则成虫好鉴别，幼虫较困难。

(2) 鞘翅目。通常叫甲虫。成虫、幼虫均为咀嚼式口器。特征是成虫有一对硬壳的翅膀盖在身体上，有锐利牙齿，如天牛、金花虫、小蠹、象甲、金龟子等；它们的蛹全为离蛹，幼虫有很多是无足的(胸足和腹足都退化了)，如天牛、小蠹、象甲等；有的只有胸足，腹足退化了，如一些金花虫、金龟子等。此目中还有捕食害虫的天敌昆虫，如异色瓢虫、步行虫等。

(3) 同翅目。除雄蚧及粉虱外，均属不完全变态。主要特征是体小而软，具有针状刺吸式口器，从头的下后方伸出，前翅质地均一，革质或膜质，休息时放置体上呈屋脊状。如蚜虫、介壳虫等。

（4）直翅目。特征是成虫有一对触角为丝状，口器咀嚼式。前翅狭长、革质，后翅膜质、较发达。属不完全变态，幼虫叫若虫，与成虫相似，无蛹期，如蝼蛄、蝗虫等。

（5）双翅目。属完全变态。特征是成虫前翅发达，膜质透明，有简单的脉序，后翅特化为平稳棍。复眼很大，几乎占头的大部分；触角长而多节者为丝状或念珠状，短而少节者为芒状；蝇类口器为舐吸式，蚊类口器为刺吸式；幼虫无足，蛆式；蛹则蝇类为围蛹，蚊类（部分瘿蚊除外）为离蛹。城市园林常见的害虫有菊潜叶蝇、种蝇、柳瘿蚊、菊瘿蚊等。还有寄生在鳞翅目幼虫或蛹内和捕食蚜虫的天敌昆虫，如伞裙追寄蝇、食蚜蝇等。

（6）膜翅目。属完全变态。特征是成虫口器咀嚼式，也有的嚼吸式；翅膜质，前翅较大具翅痣，后翅前缘有一列钩刺叫翅钩；腹部通常可见6或7节，第1节和后胸愈合称为“并胸腹节”；幼虫咀嚼式口器，除有3对胸足外，还有6～8对无趾钩的腹足，而蛀食性种类腹足多退化；蛹为离蛹。主要害虫有蔷薇叶蜂、玫瑰茎蜂、柳厚壁叶蜂等。还有些是寄生或捕食害虫的天敌昆虫，如赤眼蜂、肿腿蜂、黑卵蜂、胡蜂等。

881. 常见咬食花木叶片的害虫有哪几种及其特性如何？

（1）刺蛾。俗称洋辣子、毒毛虫。属鳞翅目，刺蛾科。幼虫体长短不一，约9～22毫米，黄绿色，咬食叶片危害，且食性很杂。全身有毒刺，刺入皮肤，痛痒难忍。幼虫于11月结茧越冬，翌年4月羽化为成虫产卵。成虫有趋光性。

（2）蓑蛾。俗称袋子虫。属鳞翅目，袋蛾科。幼虫体长约28毫米，乳黄色。能吐丝做囊，外面缀附有小枝、碎叶，这是蓑蛾的重要特征。幼虫在囊内越冬，每年4～5月幼虫化蛹变成虫产卵。8月上旬至9月上旬，卵又孵化为2代幼虫，又做囊，继续食叶危害。6～7月危害最严重。

（3）卷叶蛾。属鳞翅目，卷蛾科。该虫一年发生2～3代。幼虫体长约18毫米，绿色。常卷叶危害，将2～3片叶子黏缀在一起，幼虫在里面咬食叶片，受惊动时幼虫从卷叶钻出，叶丝下垂。10月幼虫作茧越冬，翌年4月又开始危害，成虫有趋光性，对糖醋有趋化性。

（4）金龟子。俗称金克郎。属鞘翅目，金龟子科。成虫体长约20毫米，长椭圆形。幼虫体长约30毫米，乳白色，体形肥粗，常弯曲呈“C”字形，俗称蛴螬。该虫1年发生1代，以幼虫在土内过冬，每年5月化蛹，5～8月成虫发生期，晚间飞出咬食叶片。成虫有强趋光性和假死性。幼虫为地下害虫。

882. 我国药用植物有哪些主要害虫?

(1)檀香粉蝶，主要危害檀香等植物，受害植物可造成秃枝或树叶被食成光秆；

(2)肉桂木蛾，主要危害肉桂，受害植株树叶被食，侧枝因被钻蛀而干枯，易被风折断；

(3)伞锥额野螟，取食茴香等药用植物花果；

(4)山茱萸蛀果蛾，仅发现危害山茱萸果实；

(5)红花指管蚜，刺吸红花等植物叶汁；

(6)红脉穗螟，蛀害椰子、油棕和槟榔花穗，造成油棕不结实、落果或空壳；

(7)红花实蝇，主要危害红花等 20 多种药用植物，受害植株花头腐烂发黑，不能开花结籽，严重者可造成毁灭性灾害；

(8)龟背天牛，钻蛀荔枝、龙眼等树干的害虫；

(9)菊天牛，危害菊等 10 多种菊科植物，被害植株枝梢或整枝枯萎；

(10)黄凤蝶，危害茴香等药用植物叶片的害虫；

(11)紫苏野螟，危害紫苏等植物的叶片；

(12)诃子瘤蛾，取食诃子等叶片的害虫；

(13)枸杞实蝇，在枸杞果实内取食；

(14)北沙参小卷蛾，幼虫钻蛀北沙参等植物，使地上部分死亡；

(15)蛔蒿夜蛾，取食蛔蒿等植物枝叶和花蕾；

(16)金银花尺蠖，幼虫取食金银花叶片；

(17)地黄蛱蝶，幼虫咬食地黄叶片。

883. 林木常见的地下害虫有哪几种?

(1) 蝼蛄。俗称拉拉蛄、土狗子。属直翅目，蝼蛄科。以若虫和成虫咬食幼虫苗的根和嫩茎以及刚播下的种子，并在地表挖掘坑道把幼苗拱倒，造成缺苗断垄，严重影响苗木和花卉生产。

(2) 蛴螬。俗称地蚕。属鞘翅目，金龟子科。是金龟子幼虫的总称。大部分蛴螬危害植物的根、茎。轻者根茎部分被咬食，影响植株生长。重者将根茎皮层吃光或环食土表下的主茎皮层，使植株死亡。部分蛴螬的成虫(金龟子)危害植物的花、叶、芽。同时，被害植株易从伤口侵染病菌，使植株感病死亡。

(3) 地老虎。俗称切根虫、夜盗虫。属鳞翅目，夜蛾科。分布很广，主要的有3种，即小地老虎、大地老虎及黄地老虎。其中以小地老虎最多，危害也最重。其食性很杂，以幼虫危害苗木，3龄后幼虫夜晚出土活动，将幼苗茎干咬断，拖入土穴中取食，同时也能爬到苗木上部咬食嫩茎和幼芽，常把大量苗木咬死。

884. 常用农药可分为几大类?

常用农药根据不同的用途一般可分为7种类型。

(1)杀虫剂。是用来防治各种害虫的药剂，有的还可兼有杀螨作用，如敌敌畏、乐果、甲胺磷、杀虫脒、杀灭菊脂等农药。它们主要通过胃毒、触杀、熏蒸和内吸4种方式起到杀死害虫作用。

(2)杀螨剂。是专门防治螨类(即红蜘蛛)的药剂，如三氯杀螨砜、三氯杀螨醇和克螨特农药。杀螨剂有一定的选择性，对不同发育阶段的螨防治效果不一样，有的对卵和幼虫或幼螨的触杀作用较好，但对成螨的效果较差。

(3)杀菌剂。是用来防治植物病害的药剂，如波尔多液、代森锌、多菌灵、粉锈宁、克瘟灵等农药。主要起抑制病菌生长，保护农作物不受侵害和渗进作物体内消灭入侵病菌的作用。大多数杀菌剂主要是起保护作用，预防病害的发生和传播。

(4)除草剂。是专门用来防除农田杂草的药剂，如除草醚、杀草丹、氟乐灵、绿麦隆等农药。根据它们杀草作用可分为触杀性除草剂和内吸性除草剂，前者只能用于防治由种子发芽的一年生杂草，后者可以杀死多年生杂草。有些除草剂在使用浓度过量时，草、苗都能被杀死或会对作物造成药害。

(5)植物生长调节剂。是专门用来调节植物生长、发育的药剂，如赤霉素(九二〇)、萘乙酸、矮壮素、乙烯剂等农药。这类农药具有与植物激素相类似的效应，可以促进或抑制植物的生长、发育，以满足生长的需要。

(6)杀线虫剂。适用于防治蔬菜、草莓、烟草、果树、林木上的各种线虫。杀线虫剂由原来的有兼治作用的杀虫、杀菌剂发展成为一类药剂。目前的杀线虫剂几乎全部是土壤处理剂，多数兼有杀菌、杀土壤害虫的作用，有的还有除草作用。按化学结构分为4类，卤化烃类、二硫代氨基甲酸脂类、硫氰脂类和有机磷类。

(7)杀鼠剂。杀鼠剂按作用方式分为胃毒剂和熏蒸剂。按来源分为无机杀鼠剂、有机杀鼠剂和天然植物杀鼠剂。按作用特点分为急性杀鼠剂(单剂量杀鼠剂)及慢性抗凝血剂(多剂量抗凝血剂)。

885. 怎样合理使用农药?

（1）对症下药。各种农药的性能不同，防治对象也不同。每种药剂都有它的一定特效范围，应针对不同防治对象，选用合适的药剂进行防治，才能得到应有的防治效果。

（2）适时施药。要掌握病虫防治的关键时机，在预测预报和调查研究的基础上，确切了解病虫发生发展的动态，抓住薄弱环节，做到治早治小，才能达到理想效果。

（3）交互用药。长期使用一种农药防治一种害虫或病害，易使害虫或病菌产生抗药性，降低防治效果。经常轮换使用几种不同类型的农药，是防止害虫和病菌产生抗药性的有效措施。

（4）混合用药。将两种或两种以上对害虫或病菌具有不同毒理作用的农药混合使用，可以同时兼治几种病、虫，这是扩大防治范围，提高药效，节省劳力的有效措施，混合用药一定要注意哪种药与哪种药是不能混用的，否则会发生错误。

（5）安全用药。包括防止人、畜中毒，环境污染和林木药害。

886. 国家明令禁止使用的农药有哪些?

六六六，滴滴涕，毒杀芬，二溴氯丙烷，杀虫脒，二溴乙烷，除草醚，艾氏剂，狄氏剂，汞制剂，砷、铅类，敌枯双，氯乙酸胺，甘氟，毒鼠强，氟乙酸钠，毒鼠硅等18种农药。

887. 竹笋及森林食品生产严禁使用的高毒高残留农药有哪些?

具体见表16-1。

表16-1　竹笋及森林食品生产严禁使用的高毒高残留农药名录

农药种类	农药名称	禁用原因
无机砷杀虫剂	砷酸钙	高毒
有机砷杀虫剂	甲基胂酸锌(稻脚青)、甲基胂酸铵(田安)、福美甲胂、福美胂	高残留
有机锡杀虫剂	薯瘟锡(毒菌锡)、三苯基醋醋锡、三苯基氯化锡、氯化锡	高残留、慢性毒性
有机汞杀虫剂	氯化乙基汞(西力生)、醋酸苯汞(赛力散)	剧毒、高残留
有机杂环类	敌枯双	致畸

（续）

农药种类	农药名称	禁用原因
氟制剂	氟化钙、氟化钠、氟化酸钠、氟乙酰胺、氟铝酸钠	剧毒、高毒
有机氯杀虫剂	DDT、六六六、林丹、艾氏剂、狄氏剂、五氯酚钠、硫丹	高残留
有机氯杀螨剂	三氯杀螨醇	高残留
卤代烷类熏蒸杀虫剂	二溴乙烷、二溴氯丙烷、溴甲烷	致癌、致畸
有机磷杀虫剂	甲拌磷、乙拌磷、久效磷、对硫磷、甲基对硫磷、甲胺磷、氧化乐果、治螟磷、杀扑磷、水胺硫磷、磷胺、内吸取磷、甲基异磷	高毒、高残留
氮基甲酸酯杀虫剂	克百威(呋喃丹)、丁(丙)硫克百威、涕灭威	高毒
二甲基甲脒类杀虫剂螨剂	杀虫脒	慢性毒性、致癌
取代苯杀虫杀菌剂	五氯硝基苯、稻瘟醇(五氯苯甲醇)、苯菌灵(苯苯特)	致癌
二苯醚类除草剂	除草醚、草枯醚	慢性毒性

888. 无公害森林食品农药品种有哪些及其安全使用方法如何？

具体见表16-2。

表 16-2　无公害森林食品农药品种

农药名称	防治对象	使用浓度
40% 乐果	竹蚜虫	800～1000 倍
80% 敌敌畏	竹蚜虫、竹小蜂成虫	800～1500 倍
90% 敌百虫晶体	3 龄前小地老虎	1000 倍
20% 氰戊菊酯(速灭杀丁)	跳甲、竹蚜虫、竹线盾蚧、若虫	1000～2000 倍
2.5% 功夫乳油	竹线盾蚧	1000～2000 倍
2.5% 溴氰菊酯(敌杀死)	地老虎、竹蚜虫、竹小蜂成虫	2000～3000 倍
40% 毒丝本	地下害虫	1000～2000 倍
特效菊巴马乳油	竹线盾蚧、竹蚜虫	1000～2000 倍
5% 抑太保	螟	1500～3000 倍
5% 锐劲特	地老虎	3000～4000 倍
1% 杀虫素	红蜘蛛	3000 倍
敌马烟剂	竹蚜虫、竹小蜂成虫	15 千克/公顷
10% 吡虫啉	竹蚜虫	2500～3000 倍
50% 多菌灵	竹丛枝病、高节竹枯梢病	800～1000 倍
64% 杀毒矾锰锌	白粉病	500～600 倍
25% 粉锈宁	锈病、根腐病、丛枝病	2000～3000 倍

889. 如何做到适时使用农药？

各种病虫害的发生都有一定规律，有它的薄弱环节或对林木危害的关键时期。对于病害要掌握发病中心区和病原菌侵入寄主之前进行防治。对害虫要掌握幼虫的低龄时期，此时害虫抗药力弱，对药剂最敏感，危害也小。同时也要考虑农药的性能和天敌等因素，应尽量避开在天敌出现的高峰期施药，以减少农药对天敌的危害。

890. 怎样避免害虫产生抗药性？

为避免抗药性的产生，一是要充分利用营林措施、生物技术和物理机械等防治方法，尽量减少化学农药的使用量和使用次数，降低对害虫的选择压力。二是要科学地使用农药，首先加强预测预报工作，选好对口农药，抓住关键时期用药。同时采取隐蔽施药、局部施药、隔行施药等施药方式，保护天敌和小量敏感害虫，使抗性种群不易形成。三是选用不同类型的药剂交替使用，避免单一药剂连续使用。四是不同作用机制的药剂混合使用，或现混现用，或加工成制剂使用。另外注意增效剂的利用。有些化学药剂，单独使用没有杀虫效果，但与杀虫剂混合却能大大提高杀虫剂的药效，延长使用寿命。

891. 使用化学农药时，应如何避免伤害天敌？

(1) 合理使用农药，注意化学农药种类、剂型的选择，合理轮用，混用，选择高效、低毒、低残毒农药。

(2) 尽量采用低容量、超低容量喷雾。

(3) 选择适宜防治时机，尽量避免在天敌大量出现期施药。

892. 化学防治和生物防治各有什么优缺点？

化防优点：在一定条件下，能快速消灭害虫，压低虫口密度。

化防缺点：长期使用易产生药害，使病虫产生抗药性，污染环境，杀伤天敌。

生防优点：对环境污染小，能有效地保护天敌，发挥持续控灾作用。

生防缺点：杀虫效果较慢，在高虫口密度下使用不能完全达到迅速压低虫口的目的。

893. 生物防治包括哪些内容?

（1）利用微生物防治。常见的有应用真菌、细菌、病毒和能分泌抗生物质的抗生菌，如应用白僵菌（真菌）防治马尾松毛虫，苏云金杆菌（细菌）各种变种制剂防治多种林业害虫，病毒粗提液（病毒）防治蜀柏毒蛾、松毛虫、泡桐大袋蛾等，5406（放线菌）防治苗木立枯病微孢子虫（原生动物）防治舞毒蛾等的幼虫，泰山 1 号（线虫）防治天牛。

（2）利用寄生性天敌防治。主要有寄生蜂和寄生蝇，最常见有赤眼蜂、寄生蝇防治松毛虫等多种害虫，肿腿蜂防治天牛，花角蚜小蜂防治松突圆蚧。

（3）利用捕食性天敌防治。这类天敌很多，主要为食虫、食鼠的脊椎动物和捕食性节肢动物两大类。鸟类有山雀、灰喜雀、啄木鸟等捕食害虫的不同虫态。鼠类天敌如黄鼬、猫头鹰、蛇等，节肢动物中捕食性天敌有瓢虫、螳螂、蚂蚁等昆虫外，还有蜘蛛和螨类。

894. 为什么说鸟类是森林卫士?

许多森林鸟类能终年吃虫，即使平常不吃虫的鸟类，在繁殖季节也要以昆虫喂养小鸟。因此，鸟类是昆虫的天敌，它们与昆虫的其他天敌一起，共同控制昆虫数量，使之不致对森林造成危害。鸟类飞行快，活动范围广，快速飞行需要不断补充能量。许多鸟类不停地寻找食物，并可以向食物丰富的地方移动。所以，在局部地区可以见到鸟类控制森林害虫的例子。如果害虫的的面积较大，时间较集中，单靠鸟类难以控制害虫发生，这时应该结合其他手段予以防治。即使在害虫大发生期，鸟类捉虫也有助于减少害虫的数量。鸟类是森林卫士，利用鸟类消灭害虫是既省力又不污染环境的办法。

895. 为什么说封山育林和营造混交林是控制森林病虫害的治本措施?

封山育林是指在有条件的山区，定期封山，限制开荒、砍柴、放牧，禁止刀耕火种，利用森林天然更新的能力恢复森林。混交林是指两种以上的树种构成的林分，其中每种树木在林内所站占成数均不少于一成。实践证明，大面积的纯林易造成病虫害的猖獗，而针阔叶树混交、林相复杂的林子，因植被丰富，天敌种类多，生物多样性好，使森林生态系统自身的调控作用有效地控制各种病虫的危害，做到有虫不成灾。

896. 森林病虫害防治的主要途径如何？

（1）检疫。生产活动中，由于种苗的频繁交换、调运，人为地将一些危险性病虫害在省际、国际或地区间传播，给林业生产带来极大的威胁，因此植物的检疫工作十分重要。

（2）栽培措施。科学的栽培管理技术，能够减少病原物的来源，改善环境条件，使之有利于寄主植物的生长发育，提高抗逆性，而不利于病原物的存在，是简单易行的有效措施。

（3）育种措施。品种间的抗病性差异很大，对同一种病原物，有的品种严重感病，有的品种比较耐病，有的品种高度抗病。抗病品种的选育和应用是一项防止病虫害的有效而稳妥的措施。

（4）生物防治。广义的生物防治是指利用一切生物手段防治病虫害的方法。狭义的生物防治，是指以菌治病、以菌治虫、以虫治虫的防治方法。生物防治的机理是多方面的，包括竞争作用、抗生分泌物作用、寄生作用、捕食作用和交互保护作用反应等。

（5）物理防治。是通过热处理、机械阻隔和射线辐照等方法防治病虫害。

（6）化学防治。用化学农药防治病虫害，是目前植物病虫害防治的主要手段，方法简单、见效迅速。但其弊病是严重污染环境，使生态平衡遭到破坏，而且病原菌、害虫易产生抗药性。

897. 常用背负式喷雾机的操作程序如何？

（1）加药：按防治需要，配制适宜浓度的药液，并倒入药箱。为防止杂物或沉淀物进入药箱，加药时，应在药箱的过滤网上再加1～2层沙布。

（2）调整流量：取下转盘帽，用螺丝刀旋下流量阀上组件，拧松螺母，按喷雾量需要，调整流量阀上所用流量的挡位，对准阀体端面上的短凹线，然后拧紧螺母，装上流量阀组件，拧紧转盘帽。

（3）起动：在地面起动发动机时，不宜在地面高速运转，以避免杂物吸入风机经增压管进入药箱，堵塞输药管路。起动发动机后，将喷雾机背起，到作业地点后，加大油门，先使发动机达到定额转速后，再打开手把开关，进行喷施。

（4）停机：停机时，一定要先关闭手把开关，待片刻后，再降低发动机转速。停机后，需再打开手把开关，使喷头及输药管内未喷出的药液流回药箱，然后关闭手把开关，以避免药液流出。

898. 使用背负式喷雾机时应注意哪些事项?

（1）喷雾时步行速度应均匀，不可快慢不均，而且喷头应上下摆动，避免雾滴出现过密或过稀现象。雾滴过密会造成药害，过稀则影响防治效果。喷高树时，喷管可垂直固定向上喷雾。因喷管垂直，流量减少，为达到一定的雾滴密度，步行速度可适当减慢，并应注意药箱内的药液量不能少于1/4箱。

（2）喷雾时，要注意风速和风向的变化，如果其变化的程度已不适应原定的行走方向和喷幅时，应在原地停止喷雾，等待合适的风速和风向或改变喷向或喷幅后再进行作业。

（3）喷雾作业时要避免喷头碰到树干、作物或其他硬物上，禁止喷头平放在地面上就起动发动机。

（4）风向与走向的夹角小于45°及风速大于5米/秒时不宜进行超低量喷雾。在防治5米以上的树时，风速不得超过3米/秒。

899. 如何对背负式喷雾机进行技术保养?

（1）每天作业后，应将药箱的药液排除，用柴油清洗药箱，药箱盖、输药管、手把开关和流量阀，保证药路畅通。超低容量喷头应3天保养一次，主要是清洗轴承和加新润滑脂（加入1号二硫化钼润滑脂后，再加入2~3滴机油）。

（2）存放时，应清洗和检查喷头所有零件，轴承涂上防锈油，用纸包好，存放在阴干的地方。

900. 背负式喷雾机有哪些常见的故障，怎样进行排除?

（1）喷口无雾或不正常。产生的原因及解决办法是：分流锥铜管或流量阀堵塞。排除方法是旋下转盘帽和流量阀组件，用细铁丝排除堵塞物；流量阀压紧螺母。

（2）叶轮转速低雾滴大。产生的原因及解决办法是：发动机转速低。可调整发动机达到额转速；轴承不灵活，可清洗轴承。如已损坏，需更新轴承；空心轴与相邻零件发生摩擦。调整或拧紧松动零件，消除摩擦。

（3）管路漏药。产生原因及解决办法是：变径管通未塞紧，可塞紧变径管通；变径管通密封圈变形，可更换密封圈；输药或增压管松弛，可更换卡子或更换输药管。

901. 超低喷雾的优缺点有哪些？

超低量喷雾的优点，一是工效高；二是省药；三是效果好；四是防治费用低；五是不用水(或只用很少量水)。

超低量喷雾也存在一定的局限性，因雾粒很小，喷雾时易受风力、风向和上升气流等气象条件的影响，需要一定的农药即席剂型，剧毒农药不能用，使用条件和技术要求较严格。

902. 静电喷雾的优缺点有哪些？

静电喷雾的优点：一是药液雾粒直径属于超低量范围(15~75 微米)由于雾粒带电，吸附力强，所以农药利用率比超低量喷雾高，用药量少，既节约农药，又减少污染。二是因雾粒带同性电荷，在空间飘移时相互排斥，不发生凝聚现象，覆盖均匀，同时受目的物周围电力线的作用，能吸附于目的物的正、反面，杀虫的效果好。三是雾粒吸附于目的物表面比较牢固，不易被气流飘失或雨水冲刷流失。能适用于有导电性的农药制剂。但静电喷雾需要能产生直流高压的静电设备，因此，结构比较复杂，成本较高。

903. 怎样利用天敌昆虫防治森林害虫？

利用天敌昆虫防治森林害虫有以下几种方法：一是改善森林生态环境，增加当地自然条件下天敌昆虫的数量。二是在研究优势种天敌昆虫生物生态学的基础上，人工大量繁殖释放。三是改善当地昆虫的种群组成，在外地或不同生境中繁殖和助迁优势种天敌昆虫。四是对于新侵入的重大森林害虫，从其原产地寻找和输入优势种天敌昆虫。

904. 如何制作和使用毒绳？

选用20% 杀灭菊酯、2.5% 溴氢菊酯、20% 速灭杀丁，用药量每公顷 25 克。药与机油之比为 1:9，即农药 1 份，机油 9 份。将农药加入机油中搅拌均匀，再将 3 号纸绳浸入药液 15~20 分钟，待纸绳完全浸透，捞出沥掉多余的药液，装入塑料袋中将口扎紧待用。制作时间在使用前的 3~5 天，存放时间不应超过 10 天。

毒绳绑扎时，先将树干胸径以下枝条清除，然后将毒绳绑紧在树干胸径处，使之形成一道封闭环。

905. 磷化铝熏杀天牛的方法如何?

熏蒸剂磷化铝片为剧毒药品，在一定的温度、湿度和密封的环境条件下，药剂与空气中的水分发生反应，产生具有强大毒力的磷化氢气体，渗透入木材的天牛蛀道里，作用于天牛神经系统、呼吸系统使其中毒死亡。一般气温在25℃以上，每立方米投药12～15克，熏蒸48～72小时可100%杀死天牛幼虫。

906. 为什么说松材线虫病是松树的一种毁灭性病害?

(1)寄主种类多、分布广。松材线虫病寄主种类较多，主要以松树为主，少数亦非松属针叶树。

(2)适生区范围大。我国大部分地区具有适宜松材线虫病发生的气候和寄主条件。

(3)传播蔓延迅速。松材线虫病的传播主要靠媒介昆虫和人为携带罹病木材及其制品来完成。主要媒介昆虫松褐天牛广泛分布于我国河北以南的广大地区，使松材线虫的自然扩散具备了一定的传播条件。其远距离传播主要是人为携带感病木材及其制品所致，从我国发生情况看，人为传播的现象较为严重。

(4)致死速度快、防治难。由于松材线虫和松褐天牛大部分时间均在寄主树干内取食、危害，防治困难。松树一旦感病很难治愈，发病速度快，最快的40多天即可枯死。松林染疫后发病迅速，从染病到毁灭只需3～5年时间，因此人们称之为松树的癌症。

综上所述，可以看出松材线虫病确为我国松树的一种毁灭性病害。若不采取有力的除治措施，势必在我国广大地区泛滥成灾，对我国森林资源和生态环境造成严重破坏。

907. 如何防治松毛虫?

(1)释放赤眼蜂。对虫口密度1～3头/株、有虫株率30%、发生面积10万亩以下的林地，在松毛虫卵期，释放赤眼蜂(3万～10万头/亩)。蜂卡固定在第一轮枝树干背阴处。一次性放蜂，以越冬代成虫羽化率20%～30%时释放；二次放蜂，第一次在成虫羽化5%时释放总蜂量的20%～30%，成虫羽化率达30%时，再释放70%～80%。

(2)施放生物药剂。在幼虫期，对虫口密度1～3头/株、有虫株率50%、发生面积10万亩以上林地应施放生物药剂白僵菌、苏云菌杆菌等。

(3)质型多角体病毒(CPV)可在虫口密度3～5头/株，有虫株率50%以上，发生面积在10万亩以上林地使用，

(4)虫口密度6头/株以上，有虫株率30%以上，发生面积10万亩以上林地，可用仿生药剂防治。应用灭幼脲(5～10克/亩)、森得保(30～40克/亩)、杀蛉脲(5克/亩)等进行低容量、超低容量喷雾，重点防治小龄幼虫。在松树被害严重、生长势弱的林地，可一并喷施灭幼脲和少量尿素(约50克/亩)。

(5)在6月下旬至7月下旬成虫羽化期按每60亩放置一黑光灯诱杀成虫。

908. 在松毛虫防治中怎样合理使用化学农药？

(1) 在越冬期使用低温下毒效较高的药剂。由于松毛虫在越冬期，虫龄较整齐，抗药力低，易于毒杀，选用马拉硫磷、溴氰菊脂等药剂，在较稀的浓度下便有较高的杀虫效果，特别对越冬后期的幼虫，毒效更理想。同时可以有效地保护多种蛰伏尚未出蛰的越冬天敌不被伤害。

(2) 选择虫口集中的局部场所施药。在北方幼虫下树越冬的场所，在越冬幼虫上、下树前后，绑扎毒绳，也可用马拉硫磷液喷树干等。幼林地区，在准确掌握幼虫初孵后尚未扩散前，施药于枯梢或单株上，药杀初孵幼虫。一般情况下，幼虫孵化后5天左右，有卵块的枝梢已呈现枯黄状态，易于发现，而此时卵期寄生蜂尚未孵化。对松毛虫发生基地，在扩散前，迅速施药控制，这种方法是用得最多的一种，关键是要及时查清和掌握发生基地的位置、数量，及时施药。

(3) 选用内吸剂涂环。在松毛虫发生的面积小，或附近有成灾的林地，预防下一代侵入，可于春季4月份，秋季9～10月份，涂50%久效磷(或溴氰菊酯)原液，夏季7～8月份用5倍液，同时将树干外皮刮去10～30厘米的半环后涂之。此法可兼治松干蚧、蚜虫等刺吸式害虫。

(4) 尽量选择使用通过干扰昆虫几丁质的合成和沉淀使幼虫不能正常脱皮而死亡、而对天敌影响小的灭幼脲类农药和保幼激素类的卡死克农药防治。

909. 怎样招引益鸟防治松毛虫？

松林内以松毛虫为食的鸟类有大山雀、灰喜雀等，应加强保护，通过人工设置鸟巢，招引益鸟，为其创造良好的栖息场所，使其定居、繁殖。鸟巢悬于距地面2米以上的树冠中下部，巢口指向山下坡，人工巢箱的种类有椋鸟式、山雀式、半开口式和树洞巢箱，应根据招引鸟的种类选择鸟巢的式样。

910. 怎样应用白僵虫防治森林害虫?

目前在生产防治上，主要采用飞机或地面喷粉、低量喷雾、超低量喷雾；地面人工放粉炮；预防性措施亦可采用人工敲粉袋、放带菌活虫等方法，在雨季从林间采集森林叶部害虫活幼虫集中撒上白僵菌原菌粉，或配成含量为5亿孢子/毫升的菌液，采活虫在菌液中蘸一下再放回树上任其自由爬行。

在松毛虫越冬代的11月中、下旬或次年2~4月份放球孢白僵菌(1万亿~3万亿孢子/亩)，中温高湿时，采用飞机或地面喷粉或低量、超低量喷雾，地面人工放粉炮，其他世代(或时间)，干旱少雨季节不宜使用。

911. 如何应用苏云菌杆菌防治松毛虫?

应用苏云金杆菌防治松毛虫，一般防治3~4龄幼虫。施菌量为0.4亿~2亿国际单位(IU)/亩，林间温度20~30℃时，采用喷粉、地面常规或低容喷雾、飞机低量喷雾。多雨季节不宜使用。采用喷粉、地面常规或低量喷雾、飞机低量喷雾。喷雾可同时加入一定剂量的洗衣粉或其他增效剂。

912. 如何运用质型多角体病毒(CPV)防治森林病虫?

用围栏或套笼集虫、集卵增殖病毒、人工饲养增殖病毒、离体细胞增殖病毒或林间高虫口区接毒增殖等方法，收集病死虫，提取多角体病毒，制成油乳剂、病毒液或粉剂。使用时可在病毒液中加入0.06%的硫酸铜或0.1亿孢子/毫升的白僵菌作为诱发剂，提高杀虫率。病毒喷施量为100亿~250亿多角体/亩，采用飞机或地面低量喷雾、超低量喷雾或喷粉，宜于早晨和黄昏或阴天时喷洒，防止日光影响。

913. 物理机械防治害虫法包括哪些内容?

(1) 捕杀。如剪虫瘿，摘、砸卵块，铗鼠等。

(2) 阻隔。如捆毒绳、上胶环、扎塑料布等阻隔害虫上、下树。

(3) 诱杀。

(4) 高温处理。用高温处理杀死害虫或病原菌，如用高频电波杀灭害虫，热水浸种来消灭某些种实象甲、病原菌，火烧落叶防治落叶松落叶病等。

(5) 放射性元素处理及其它新技术的应用。如利用同位素、各种射线处理害虫，微波杀虫，紫外线灭菌等方法。

914. 诱杀的方法有哪些?

(1) 有潜所诱杀。如苗圃中利用树叶、菜叶设置潜所诱引地老虎等幼虫。在树干基部束扎稻草或麦秆诱引美国白蛾、松毛虫等蛾类幼虫越冬或化蛹后杀灭。

(2) 食物诱杀。将食物做成诱饵或毒饵，如苗圃中用糖醋液诱杀地老虎等夜蛾类成虫，在林地用饵木诱引小蠹虫，在竹林置加药的尿诱杀竹蝗。

(3) 灯光诱杀。如黑光灯、碘钨灯、篝火、高压灭虫电网等诱杀各类害虫成虫。

(4) 性激素诱杀。用人工合成的如云杉八齿小蠹、舞毒蛾、白杨透翅蛾、美国白蛾、日本松干蚧等性引诱剂加入农药诱杀。

(5) 颜色诱杀。利用某些昆虫的视觉趋性制作不同颜色的胶板，如在林中设黄色胶纸板来诱捕刚羽化的落叶松球果花蝇成虫等。

915. 如何利用高压电网黑光灯诱杀松毛虫?

两盏为一个灯组，控制面积 35 公顷，开灯时间 7 月 10 日至 8 月 15 日，晴天每晚 20：00 至翌日 4：00，设灯地点距离林缘 100 ~ 500 米开阔地带，对灯下诱来未死成虫要进行喷药毒杀。

916. 如何防治松材线虫病?

(1) 全面皆伐重病松林和孤立发病松林，并采用熏蒸、热处理、切片等方法杀死其中传媒昆虫和线虫。

(2) 彻底清除发病松林中的病死树，对病材、病枝、根桩等采用熏蒸、热处理、切片等方法杀死传媒昆虫和线虫。

(3) 皆伐病区周围松林，或以化学药剂封锁，建立防治隔离带。

(4) 对发生区实施检疫封锁，严禁未经处理的病材等运到未发生区。

(5) 在传媒昆虫羽化期间，喷洒药剂防治或设置诱木诱杀。

(6) 喷洒化学药剂或采用释放肿腿蜂、施放白僵菌等生物措施防治传媒昆虫幼虫。

917. 如何防治松褐天牛?

(1)化学防治。每亩喷施绿色威雷 50 ~ 80 毫升，或 15% 吡虫啉微胶囊 3000 倍液；或在树胸径处每 10 ~ 15 厘米打 1 孔，每孔插入 1 个牛角管，每管倒入苦豆碱 50 毫升。

(2)诱杀。诱捕器诱杀：5～9月松褐天牛羽化期，约每15亩松林内设置诱捕器4～5个，诱杀松褐天牛成虫；诱饵木诱杀：约每10亩设置1株诱木，引诱松褐天牛集中在诱木上产卵。

(3) 熏杀法。将60%磷化铝片剂或磷化锌毒签塞入新鲜排粪孔内，然后用泥封口。

(4)生物防治。招引啄木鸟或在林间释放松褐天牛寄生性天敌——管氏肿腿蜂；利用白僵菌或绿僵菌防治。

(5)人工捕杀。在成虫羽化期，人工捕捉刚羽化的成虫。

(6) 加大林地管理，对风析木、衰弱木和枯立木及时伐除。

918. 防治松材线虫病时要重点注意哪些环节？

(1) 要把好检疫封锁关。这是防止松材线虫病传入或远距离传播的重要手段。

(2) 做到"治早、治小、治了"。即要搞好监测工作，早发现，早治理，在疫情发生面积小、危害程度轻的时候下大决心，下大力气进行防治，把松材线虫病消灭在萌芽状态之中。

(3) 及时彻底清理病死树。"及时"就是在传媒昆虫羽化前，把病死树全部清除，"彻底"就是病树的木材、枝桠、根桩都要进行除害处理，杀死其中线虫和传媒昆虫，防止再次传播危害。

919. 如何防治板栗疫病？

(1)加强检疫，严禁调运带病苗木，选用抗病品种、加强抚育管理、提高树势，增强抗病能力是防治板栗疫病的根本途径。

(2)减少和保护伤口，防止病菌侵入，在可能有连续几日晴天的情况下进行嫁接和修剪，严格嫁接后的抚育管理，伤口及时用波尔多液或石硫合剂等药剂消毒保护；冬夏日可用石灰水将树干涂白，以防日灼和冻伤，同时对蛀干害虫也有防治作用；此外应注意避免机械损伤和牲畜糟踏产生的伤口。

(3)当树干伤口附近出现水渍状褪色病斑或褐色病斑时，用刀刮除病皮，用402抗菌剂，加水200倍涂抹，每20天一次，连续3次。或刮除病皮后，用钢丝刷重刷创面，刷后用1∶10食用碱水溶液消毒。

(4)定期检查，发现重病株或病枝，及时清除烧毁。

(5)对发病轻的树木刮除病斑，喷洒40%的福美砷或40%退菌特50倍液；402抗菌剂200倍液；苗木和树木萌发前用波美3°～5°的石硫合剂或1∶1∶100的波尔多液进行消毒处理。

920. 如何防治板栗剪枝象甲?

(1)人工捕捉:板栗剪枝象成虫有假死性,微受惊时,头和触角竖起呈警戒状,飞翔能力低。

(2)检虫苞:将板栗剪枝象咬断的栗枝集中烧毁或深埋土中,以降低虫口密度。

(3)成虫羽化盛期用20%杀灭菊酯2000~3000倍液连续喷洒2次。

921. 怎样防治苗木猝倒病?

(1)选好圃地。不宜选黏土或沙土地和前作物为茄科作物的土地育苗。

(2)细致整地、床面平整。切忌雨后整地作床。施肥要合理,以腐熟的农家肥为主,要避免偏施氮肥。

(3)精选种子,适时播种,提高种子发芽率和发芽势,提高苗木抗病能力。同时在播种时要深浅一致,覆土均匀。

(4)出苗后及时揭除苗床覆盖物,及时培土,要根据树种对光要求特性采用全光或半光育苗,防止遮荫过度。

(5)土壤处理。必要时用多菌灵、代森锌、敌克松、硫酸亚铁等杀菌剂处理土壤、种子或喷洒幼苗。

(6)也可试用增产菌(一种促进植物生长的菌)菌根真菌等提高幼苗的抗病能力,减轻病害的发生。

922. 如何防治松针褐斑病?

(1)不要在松针褐斑病主要流行区营造松林,在偶然流行区也应避开湿度大的山岳低谷等地造林。营造国外松林不宜大面积集中连片,并尽可能清除造林地及附近残存的其他松林,以防侵染。当幼林中一旦发现被侵染的病株,应及时清除。育苗应选择离松林较远的地方。

(2)在苗期喷洒波尔多液、百菌清等杀菌剂有较好效果,但林中效果不理想。造林时苗木定植前用5%苯来特泥浆、3%~5%多菌灵、5%~10%甲基托布津进行根系打浆,有较好防病效果。

(3)严格检疫,防止病原通过苗木长距离传入新发生区。

(4)培育抗病树种,利用松林个体间抗病性的差异,选择抗病优树进行授粉、嫁接等方法培育抗病树种。

923. 如何防治林木地下害虫?

(1)圃地要精耕细作，清除杂草，并施用充分腐熟的有机肥，可减少蝼蛄、金龟子产卵。

(2)毒谷毒杀。煮半熟的谷子，晾后拌上50%辛硫磷乳剂制成毒谷，每亩用量1~2千克，随同种子播下，可防治蝼蛄、蛴螬、金针虫等；毒饵诱杀。取90%敌百虫50克，拌入5千克煮至半熟或炒香的饵料(如米糠、麦麸、饼肥等)中作毒饵，或1千克呋喃丹拌诱饵20~25千克，在傍晚撒入林木根部附近，可诱杀蝼蛄、地老虎。

(3)用黑光灯或糖醋毒液诱杀成虫。

(4)用50%辛硫磷乳剂1000倍液沟施或浇灌，或用5%颗粒剂施于土壤中，每亩约2千克。

924. 如何预防森林鼠害?

(1)挖掘防鼠阻隔沟、加植害鼠厌食树种。

(2)利用鼠类天敌来抑制害鼠种群密度。通过封山育林，禁捕、禁猎、人工招引等措施，保护和利用天敌(包括鹰、蛇、狐狸、黄鼬等食肉类动物)。

(3)幼树涂抹防啃剂驱避、使用新型抗凝血剂。

(4)利用捕鼠器械对害鼠进行人工捕杀，常用的物理器械有鼠铗、地箭、弓形铗等；还可以采取树干基部捆扎塑料、金属等防护材料的方式保护树体。

925. 防治森林鼠害的方法有哪些?

防治方法主要有物理灭鼠、化学灭鼠、生物灭鼠和生态控制4种方法。物理灭鼠是指利用物理学的原理(力学平衡原理和杠杆作用)制成捕鼠器械来进行灭鼠的方法，常用的器械鼠铗、鼠笼等。化学灭鼠是指使用有毒的化合物进行灭鼠的方法，常用的化合物有胃毒剂、熏杀剂、驱避剂和绝育剂等。生态灭鼠即通过采取改变鼠类的生存、生活环境条件等措施，来进行灭鼠的方法，其内容包括环境改造、断绝鼠粮、防鼠建筑、消除鼠类隐蔽处所等。生物灭鼠是指利用鼠类的天敌(食肉动物)和微生物(致病病原生物)来抑制鼠害发生、发展和蔓延，以达到防治害鼠的技术和方法。

926. 如何防治杉木炭疽病?

(1)加强抚育管理，施肥、压青，促使幼林健壮生长，增强其抗病能力。

(2)对黄化的杉木幼林，除加强肥水管理外，在晚秋和早春病菌侵染期，喷洒波尔多液或50%退菌特、托布津、多菌灵800倍液防治；还可用75%百菌清可湿性粉剂500～600倍液、70%代森锰锌可湿性粉剂125～175克兑水40～60千克喷雾防治。

(3)杉木幼树已郁闭成林，在傍晚静风条件下，可施放五氯酚钠等杀菌烟剂防治。

927. 如何防治杉木细菌性叶枯病？

(1)科学造林。选择林地土层肥沃，土壤疏松湿润，受风小的山坡、山洼造林，避免在风口、山脊等受风影响较大的立地造林。可与松树、栎类等进行混交，改善林地的生态环境，降低病害的流行。

(2)抚育管理。对发病较轻的林分，结合施肥(每株施200克复合肥)、培土等措施，促进杉木生长，提高抗病能力。发病严重的林分，尤其对长势较差的“小老头林”进行改造，换种其他适生的树种。

(3)化学防治。发病初期喷施1000单位的盐酸四环素、兽用土霉素钙盐500倍液；喷施70%代森锰锌500倍液、70%百菌清600倍液、1000万单位硫酸链霉素可湿性粉剂500倍液。

928. 如何防治粗鞘双条杉天牛？

(1)营林及抚育管理。以条块状或行状混交方式营造混交林；每株施用益丰素0.25克+尿素62.5克+磷肥62.5克以增强树势，增加杉木流胶量和流胶率，提高杉木对天牛幼虫的胶死率；在3～5月间进行抚育间伐，将虫害木彻底清除，并进行剥皮处理。

(2)生物防治。人工释放管氏肿腿蜂：在6～8月期间，选择晴天，采用单株布点式，按虫、蜂1∶3的比例将装有管氏肿腿蜂的指形管棉塞拔出后挂在所布点的树枝上，让蜂自由扩散寻找寄主(通常密度为每亩1000头以上)。

(3)人工饵木诱杀。将伐除木每50根堆放成一堆。每堆立木和躺木各半，立木利于招引成虫，躺木利于成虫停留、产卵，每堆立木相距500～800米，在成虫产卵期及时处理产卵的饵木。

(4)化学防治。80%绿色威雷微胶囊水悬剂200倍液喷施树干杀初孵幼虫及侵食韧皮部的幼龄幼虫；用40%氧化乐果乳油1000～1500倍液喷2米以下树干至湿，杀死外出活动成虫。

929. 木麻黄毒蛾如何防治？

以生物防治为主，用木毒蛾白僵菌粉防治，防治时间4～5月份的阴雨天，按5个/亩白僵菌粉炮放爆或1千克/亩粉剂播撒。也可采用病毒防治，必要时进行人工摘除卵块。

930. 木麻黄星天牛如何防治？

在幼虫孵化初期，以40%氧化乐果300倍液剂喷洒树干。对于已蛀入木质部的老龄幼虫，采用白僵菌粘膏涂孔防治或棉签蘸磷化锌插入蛀孔，外用黄泥封住洞口。另外。采用抗虫木麻黄无性繁殖苗造林。

931. 木麻黄多纹豹蛾如何防治？

幼虫未蛀干时，采用20%溴氰菊酯2000倍液剂或40%氧化乐果300倍液剂，对木麻黄枝叶进行喷洒。对于已经蛀干的幼虫，采用白僵菌粘膏涂孔或磷化锌毒棉签进行插孔防治。

932. 如何防治白蚂蚁？

用诱杀包诱杀。在整地挖穴后，每公顷均匀施放诱杀包300～450包。深埋10厘米深并上覆盖芒萁骨等杂草。苗木出圃前2～3天，用“9206005”等药剂浇透喷洒苗木一次，上山造林前再喷洒一次。浓度1∶500～1000，1万株苗用药500克。

933. 如何防治青枯病？

(1)加强检疫，控制青枯病扩散。加强育苗期间的跟踪检测，对出圃的桉苗进行严格检疫，可以有效地阻止青枯病的远距离传播和病害的蔓延。在苗圃已感染青枯病的桉树苗，杜绝调运到种植区造林，避免病原菌传播和扩散。

(2)生物防治。假单胞杆菌、菌根防治桉树青枯病；无致病力青枯菌对致病力青枯菌的防治。

(3)化学防治。可选择土壤消毒、灌根处理和喷施处理等不同的施药方法。通常灌根处理的防治效果最好，灌根处理常用的药剂有：72%农用链霉素可湿性粉剂、53.8%可杀得、86.2%氧化亚铜可湿性粉剂、10%苯醚甲环唑(世高)、25%青枯灵可湿性粉剂，络氨铜、绿得保、可杀得、DT、灭菌灵、川化018(噻枯唑、叶枯唑、敌枯宁、叶青双、叶枯宁)、福美双、乙霜青、叶枯净等。每隔7～10天灌根1次，连续2～3次，可收到很好的防治效果。土壤消毒常用的药剂有：福尔马林溶液、20%石灰水、石灰粉、漂白粉、灭菌灵、溴甲烷、高锰酸钾、碳酸氢铵等，这些药剂可明显限制青枯菌在土壤的繁殖量，减少发病率，对青枯病的防治和蔓延都有一定效果。

934. 如何防治桉树焦枯病？

清除病害枝干和叶片并烧毁，同时用1∶100波尔多液、多菌灵、退菌特、托布津等药液杀菌。

935. 如何预防火炬松害病发生？

重点防治叶、梢部病害，及时消除林内病原体，保持林地环境卫生，预防病虫害的发生。若发现赤枯病和落叶病，首先要施复合肥(N∶P∶K＝1∶1∶1)，促进火炬松的生长势；然后喷施600倍液的多菌灵，可得到比较好的防治效果。

936. 如何防治松针褐斑病？

苗期防治主要喷波尔多液，每亩750克或喷10%百菌清油剂，每亩250克；对感病林每隔15天喷1%波尔多液或10%百菌清500～600倍液。

937. 如何防治松树枯梢病？

(1)抚育管理。及时清除病枝、病叶，保持林内通风透光，降低湿度；对生长停滞的成熟林进行主伐更新。

(2)化学防治。幼林和成林常用的药剂为50%多菌灵1000倍液、70%甲基托布津1000倍液和65%代森锌500倍液喷雾，或6.5%多菌灵、甲基托布津和百菌清油剂烟剂防治；苗圃常用的药剂为70%甲基托布津1000倍液、75%百菌清1000倍液、65%敌克松1000倍液、65%代森锌500倍液喷雾或50%多菌灵500倍液浸苗。

938. 如何防治松赤枯病？

可在6月或8月上旬施放“621”烟剂。每亩375～500克，同时清除重病树。搞好林内卫生。

939. 如何防治松落针病？

一般危害2年生老针叶，引起枯尖或针叶上产生黄色或黄白色斑点或段斑，然后慢慢枯死。首先做好抚育管理修除感病严重的枝条。在5～7月施放“621”烟剂，每亩375～500克，或喷退菌特、代森锌、敌克松、波尔多液等。

940. 如何防治松梢螟?

每年冬季除掉被害枯枝，或在5月或8月用敌百虫700倍液喷射松梢，也可用呋喃丹置于根部。

941. 如何防治松梢小卷叶虫?

冬季除掉被危害枯梢或果，消灭越冬蛹虫，或幼虫孵化期喷敌百虫等农药。

942. 如何防治松突圆蚧?

橡胶籽油和柴油乳剂：将橡胶籽油和柴油按3∶7比例混合后，加入乳化剂配成乳剂喷雾。地面喷雾使用浓度为50毫升/升，防治效果可达98.5%；飞机喷雾使用浓度为250毫升/升，防治效果达70%以上。该药剂属于环境友好型药剂，对天敌安全，对鱼类毒性低。

"82"松脂柴油乳剂(含松脂38.9%、柴油22.2%)：地面喷洒时，使用9倍稀释液，用药量为150升/公顷，防治效果可达85%以上；飞机喷洒时，使用4倍稀释液，用药量为150升/公顷，防治效果可达67.7%~76.8%。松脂柴油乳剂对松树无药害，对天敌、人畜均较安全，且乳剂配制方便，取材容易，防治成本低。

943. 如何防治萧氏松茎象?

(1)林地清理。清理严重虫害木、枯死木以及林内的枯枝落叶、杂灌，保持林内卫生。

(2)捕杀成虫和幼虫。可在成虫外出活动时人工捕杀；在幼虫蛀食危害期，可采用小刀等工具剥开虫道或流脂团，顺虫道捉杀幼虫、蛹或成虫。

(3)树干涂白。用石灰加少许农药涂抹无虫株树干基部，高约1米，可有效防止该虫危害。涂白剂配方是石灰∶水∶食盐∶叶蝉散粉比例为1∶3∶0.03∶0.015(加入适当的灭幼脲Ⅲ号胶悬剂)。

(4)树干打孔注药。选择有新鲜流脂的虫道孔口，用撬刀剖开，用注射器向虫道内注药，用泥土或松脂封闭注射孔。每年3~10月，用16%虫线清乳油或1.8%阿维菌素乳油(每孔3毫升)从幼虫排泄孔注药。

(5)检疫处理。对带虫原木进行剥皮处理，剥下的树皮烧毁、深埋或用2.5%溴氰菊酯乳油1500倍液喷洒毒杀，或用磷化铝片剂熏蒸处理，用药量为20~30克/立方米(熏蒸时间24小时)或12~15克/立方米(熏蒸时间72小时)，无条件处理的严禁调运。

944. 如何防治香椿毛虫？

用白僵菌、苏云金杆菌防治，纯林用放炮 6～8 个/亩，林带可用喷粉法防治；也可根据该毛虫生活习性，白天在树下背荫面用扫把扫下杀死。

945. 如何防治香椿白粉病、叶锈病？

应在冬季清除落叶烧掉。在发病初期，用 0.2°～0.3°的石灰硫磺合剂喷洒，每半月喷 1 次，每次每亩 100 千克左右，约喷 2～3 次，效果良好。

946. 如何防治香椿干枯病？

危害主干，多发生于幼树。对发生干枯病的树，可在病斑上打一些小孔，深达木质部，然后涂上 1∶10～12 的碱水，或 70% 托布津 200 倍液等。

947. 如何防治油茶软腐病？

油茶软腐病又名油茶落叶病，我国各油茶产区都有发生，是油茶的主要病害之一。

密度过大的油茶林要及时整枝修剪或疏伐，使林内通风透光良好。冬季清除病叶、病果，消灭越冬病原。苗圃地要选择排水良好的地方，并加强管理。发病时喷洒 1∶1∶120 波尔多液，或 50% 退菌特可湿性粉剂加水 600～800 倍液，或 100～300 倍多菌灵。

948. 如何防治油茶茶苞病？

油茶茶苞病又称叶肿病、茶桃。防治方法：在担孢子成熟飞散前，在受害部位以下，剪除受害部分，烧毁或深埋。必要时在发病期间喷洒 1∶1∶100 波尔多液或波美 0.5 度石硫合剂 3～5 次，亦可收到防病的效果。

949. 如何防治油茶炭疽病？

(1)在普通油茶林，尤其重病区，选择抗病高产单株，就地繁育，及时推广。

(2)禁止从重病区调种；种子在果壳储藏或播种前，用 0.2% 退菌特可湿性粉剂拌种处理。

(3)冬季之早春前，剪除病枝与带有病蕾、病幼果的小枝至病部以下 5 厘米处；摘除病叶、病果。刮治大枝和干部病斑。刮口和工具经 0.1% 升汞水或

75%酒精消毒，伤口涂敷波尔多液保护。

(4)结合抚育，抹除枝干上不定芽，剪除不定芽萌发梢。

(5)根据当地可能条件，喷药保护。选用药物有：波尔多液1∶1∶100加1%~2%茶枯水；50%多菌灵可湿性粉剂加水500倍液；50%退菌特可湿性粉剂加水800~1000倍液。

950. 如何防治油茶白绢病？

又称菌核性根腐病，防治方法：发病初期，用1%硫酸铜液浇灌苗根，以防止病害继续蔓延，或用萎锈灵10毫克/升，或氧化萎锈灵25毫克/升以抑制病菌生长，也有良好的效果；在菌核形成前，拔除病株，并仔细掘起其周围病土，加入新土；在发病迹地上，每亩施用石灰50千克，可以减轻下一季度的病害；注意排水，消灭杂草，并增施有机肥料，以促使苗木生长旺盛，增强抗病能力。发病严重的圃地，可与禾本科作物，如玉米、高粱等进行轮作，轮作年限应在4年以上。

951. 如何防治油茶藻斑病？

对地下水位高的油茶园要开沟排水，并加强茶园清理，促使通风透光；多施磷钾肥，可以增强树势，提高抗病力；对发病严重的茶园，可以在4~6月或采果季节结束后，喷杀菌剂进行防治，出于藻类对铜素非常敏感，故可用1%波尔多液喷雾防治效果较好。

952. 如何防治油茶毒蛾？

油茶毒蛾又名油茶毛虫、毛辣虫、茶辣子。防治方法：

(1)化学防治。3龄前可用0.2%阿维菌素2500~3000倍液进行防治；烟草水防治：烟草叶0.5千克，加水30千克或烟筋0.5千克加水10千克，浸一天，用时加500~1000克生石灰喷洒；用肥皂水浸泡幼虫，将肥皂或棉油皂切成薄片，用少量水煮溶，加水(不能用井水)配成150~200倍液，将有虫枝叶浸入肥皂水内，随即取出，杀虫率可达100%。

(2)生物防治。4月中、下旬每亩用1.5万亿~2万亿白僵菌孢子喷雾或含孢量100亿/克白僵菌原粉1千克喷粉防治幼虫。

(3)人工防治。越冬卵期结合茶籽收摘进行人工摘卵。此外，进行油茶抚育、蛹期垦复也有一定效果。

953. 如何防治油茶尺蠖?

又名相思叶尺蝶、量尺虫、吊丝虫，是油茶的主要害虫。防治方法:

(1)物理防治。①挖蛹。油茶尺蛾蛹期长达8个月，可在秋、冬季结合复垦挖蛹，把翻出土面的蛹直接杀死，被翻入土内的蛹不易羽化出土。② 培土埋蛹。蛹多分布在树蔸附近，未经复垦的茶山可采取盖上16.5~23 厘米厚的土，用锄打紧，使成虫羽化后不能出土。③捕蛾刮卵。成虫飞翔力弱，易于捕捉；卵产在树枝的干阴凹面，黏附不紧，容易刮下。④捕捉幼虫。4~6 龄幼虫抗药力强，药杀效果差，可人工捕捉。

(2)生物防治。用苏云金杆菌含孢子数0.5 亿~ 1.0 亿个/毫米的菌液防治3~4 龄幼虫；用松毛虫杆菌含孢子数0.5 亿~ 0.7 亿个/毫米的菌液防治4 龄幼虫。

(3)药剂防治。幼龄幼虫期可喷洒阿维菌素、20% 氰戊菊酯乳油 2000~3000 倍液或鱼藤精 300~400 倍液进行防治。

954. 如何防治油茶象?

油茶象又名茶籽象鼻虫，是危害油茶籽实的主要害虫。防治方法:

(1)品种选择。选择抗虫较强的早熟品种和迟熟类型的紫红球、紫红桃等为籽种，并培育新的抗虫品种。

(2)物理防治。冬挖夏铲，林粮间作，修枝抚育，以降低虫口密度，减轻危害；定期收集落果，以消灭大量幼虫；在成虫发生盛期，用盆或瓶盛置糖醋液，诱杀成虫；摘收的茶果堆放在水泥晒场上，幼虫出果后因不能入土而自然死亡。也可堆放在收割后的稻田里，幼虫出果入土，第 2 年放水灌田，也可淹死幼虫。

(3)生物防治。在高温高湿的6 月用白僵菌防治成虫。

(4)药剂防治。在4~7 月成虫盛发期，用绿色威雷 200~300 倍液于成虫羽化前喷1 次。

955. 如何防治茶织镰蛾?

茶织镰蛾，又名油茶蛀茎虫、茶枝蛀蛾、茶钻心虫，是油茶的主要害虫。防治方法:

(1)加强林地管理。7~9 月剪除被害枝，集中烧毁，清洁林地，减少病虫孳生环境。

(2)物理防治。成虫羽化盛期设黑光灯诱杀。

(3)化学防治。必要时用脱脂棉蘸80%敌敌畏乳油40~50倍液，塞进虫孔后用泥封住，毒杀幼虫。

956. 如何防治茶梢蛀蛾？

又称茶蛾、茶梢蛾，主要危害油茶、茗茶和山茶等。防治方法：

(1)加强苗木调运检疫，防止传播蔓延。

(2)剪除被害梢，集中放置林间纱笼内，待寄生蜂羽化后，茶梢蛾成虫羽化之前烧毁。

(3)根据茶梢蛾成虫具有趋光性强的特性，利用黑灯光诱杀。

(4)5~6月对严重受害林分用40%氧化乐果2.0%溶液加适量黄泥制成药泥浆，涂刷树干。

(5)每年4月中、下旬越冬幼虫转蛀时(即转梢危害)，用含孢子2×10^8个/毫升的白僵菌喷雾或喷粉。

957. 如何防治毛竹秆基腐病？

危害嫩竹，初期病斑出现在竹笋基部笋箨包裹着的几节笋壁上，剥开笋箨，可见浅褐色病斑，点状病斑连成不规则的条斑，迅速腐烂，被害竹笋和嫩竹枯萎。发病盛期在4月下旬至5月上旬，即出笋成竹期。

出笋前对病区林地撒生石灰，并用锄头浅翻一遍；4月中旬用15%氟硅酸水剂100倍液喷洒林地和笋，当笋高1.5米左右时，对竹笋基部外壳及笋基2米左右范围内喷施40%拌种双可湿性粉剂(每笋1克)200倍液进行笋基消毒和土壤消毒；低洼积水林地应开沟排水，减轻病情；发现病株后，剥除基部竹箨，加速木质化，并对基部喷施70%甲基托布津200倍液；林内病竹及残林应及时清除出竹林外烧毁。

958. 如何防治毛竹丛枝病？

亦称扫帚病，受害病枝衰弱，叶形变小，节数增多，小枝顶端长出几片小新叶，后小枝上长出数侧枝，侧枝又年复一年不断生出侧枝，形成扫帚状。叶退化成鳞片形，节间缩短，严重时小枝丛集成球，形成“雀巢”。在4~5月间，病枝顶端叶鞘内产生白色米粒状物，即病菌的假菌核。8月份假菌核消失，9~10月份部分丛枝顶端又可产生白色米粒状物，最后导致重病株枯死。病原由子囊菌亚门，核菌纲、球壳菌目瘤座菌屑的瘤座菌侵染。

加强竹林抚育管理，按竹龄合理采伐。防止选取病株母竹造林。发现病株，及时剪除病枝，就地烧毁。3~4月，每公顷用粉锈宁300毫升，500倍液，一周一次，连喷3次。

959. 如何防治竹螟？

（1）5月份和9月份(成虫羽化期)，用黑光灯诱杀成虫。

（2）喷施50%杀螟松乳油800~1000倍液毒杀成虫，密度较大的竹林可用1%速灭灵烟雾剂进行喷烟雾防治。

（3）在产卵盛期释放天敌昆虫赤眼蜂每公顷放蜂1.0万~1.5万只，寄生率可在60%~82%；在幼虫期用白僵菌等进行防治，每亩施放6~10个。

（4）在3月底，4月上旬用动力喷粉机往林地喷洒2.5%敌百虫粉剂，每公顷30~45千克，或在幼虫发生期，用50%久效磷乳油、40%氧化乐果乳油或50%甲胺磷在竹子基部注入，每株竹1~2毫升。

（5）在竹园周围的蜜源植物区发现成虫时，用2.5%敌百虫粉、杀螟粉或80%敌敌畏1000倍液等农药进行喷布。

960. 如何防治竹卵圆蝽？

(1)阻隔法。4~5月份越冬若虫上竹前用黄油、机油、0.1%触杀性农药按2∶1∶5调匀，在竹秆基部涂10~15厘米以上密闭毒环，对若虫起毒杀、阻隔作用。

(2)竹腔注射。利用毛竹输导作用特性及卵圆蝽刺吸式口器的特点，若虫上竹后，用铁钉在毛竹基部打个孔，用兽用注射器注入40%氧化乐果原液1.5~2.0毫升。

(3)地面喷药防治。利用竹卵圆蝽若虫的假死性，把若虫击落地面后喷以2.5%溴氰菊酯(20毫升/亩)，或在4~5月份若虫上竹前地面使用绿色威雷(8%触破式微胶囊水悬剂)200倍液喷雾，或溴氰菊酯喷雾。在竹卵圆蝽上竹前或上竹初期进行喷药，可确保卵圆蝽在上竹取食过程中触碰到农药。

(4)人工捕捉。4月中旬到5月中旬若虫集中竹秆危害期间，利用竹卵圆蝽群集危害的特点，戴手套直接在竹秆上捏死若虫或用细铁丝、塑料袋制成半圆形状，沿竹竿上推，即可捕杀若虫。

(5)垦复除草施肥。破坏越冬场所；保护天敌，若虫捕食性天敌有蜘蛛类、蚂蚁、广腹螳螂和瓢虫等。卵期寄生性天敌有黑卵蜂。

961. 如何防治竹蝗？

做好查卵、查蝻、查成虫三查工作。竹蝗产卵集中，可在11月份上山挖卵块。要注意保护天敌，如红头芫青可捕食蝗卵。螳螂、蜘蛛等可捕食跳蝻；

也可在竹林中套种泡桐，招引天敌。竹蝗猖獗发生时，应做到“治蝗先治蝻”，在多数跳蝻出土未上竹前，于清晨露水未干时，用竹枝扑打，用2.5%的敌百虫粉剂或2.5%溴氰菊酯超低容量（100～300倍液）喷洒未上竹的跳蝻。可在蝗卵地施放白僵菌，使跳蝻刚出土就感染死亡。对已上竹的跳蝻用敌敌畏烟剂防治，用药量15千克/公顷。还可将50千克人尿加适量敌百虫，再加稻草切成长15厘米左右，浸透一昼夜，于清晨堆放竹林内诱杀。

962. 如何防治毛竹枯梢病？

（1）加强竹林的抚育管理，在冬末春初毛竹出笋前，结合常规的砍竹、钩梢两项生产措施，彻底清除竹林内的死竹及病枝、病梢，以减少病害的侵染源。

（2）加强检疫，禁止带病母竹和竹材外运，防止病害扩散。

（3）在病害流行的年份，可用50%多菌灵1000倍或特谱唑、腈菌唑800～1000倍液，或1∶1∶100的波尔多液在新竹发枝放叶期喷洒，隔10～15天连续喷2～3次。

963. 如何防治高节竹枯梢病？

5～6月，用50%多菌灵500倍喷雾，一周一次，连喷3次。

964. 如何防治竹笋象？

危害毛竹的笋象主要有一字竹笋象、大竹笋象、小竹笋象。秋冬雨季对受害竹林进行劈山松土，松土要深，挖掘要细，尤其新竹四周不可遗漏，使越冬幼虫大量死亡，每年或隔年进行1次，也可利用竹笋象的假死性，人工捕捉；在竹笋象产卵的上下方，用刀轻轻剥开笋壳，刺杀或挖出卵和幼虫；5月中下旬，在被害新竹基部钻孔注入50%的甲胺磷乳油原液0.5毫升/株；或用90%敌百虫500倍液或50%敌敌畏1000倍液，或马拉松1200倍液，在出笋前喷洒林地1次，出笋后每隔一周1次，连续2～3次，杀虫效果良好。

965. 如何防治竹笋夜蛾？

每年7～8月除草可消灭越冬虫卵，在大发生年3月上中旬除草1次，用化学除草剂灭草效果更好，不能成竹的退笋应及时挖除；受害竹林在6月用黑光灯诱杀成虫；也可在出笋前后，林地喷洒80%敌敌畏1000倍液，出笋前喷1次，出笋后每隔一周喷1次，连续2～3次，应直接喷洒于竹笋。

966. 如何防治竹笋泉蝇?

在成虫产卵前及后期用鱼肠、死蚯蚓等腥臭物诱杀，产卵盛期以鲜笋内加入少量鱼腥物放在捕笼中诱捕，或在饵料内加入少量农药诱杀。大面积发生时，可选用90%敌百虫2000倍液喷雾，出笋前喷一次，出笋后每星期喷留笋一次，连续2~3次。郁闭度大的竹林，在成虫出现期间，施放敌马烟剂，用药量15千克/公顷。或喷溴氰菊酯油烟剂。

967. 如何防治刚竹毒蛾?

在幼虫盛发期可用白僵菌粉炮或烟剂熏杀；利用成虫的趋光性，用灯光或烧火堆诱蛾。还可用90%敌百虫或50%敌敌畏2000倍液喷雾；也可用3Y-25型脉冲式烟雾机，喷0.05%溴氰菊酯油烟剂。注意保护天敌如黑卵蜂、小茧蜂、寄生蝇、食虫蝽等。

968. 如何防治竹小蜂?

从2月起，每隔5天剥查虫瘿100个，预报羽化盛期，虫害较严重地方不留小年竹，发现虫口密度大的受害竹应及时伐除；竹小蜂羽化盛期，用林丹烟剂或“741”烟剂，用量15千克/公顷，隔5~7天熏杀1次。小面积受害可用高压喷雾器杀死成虫，或在4月底至5月初在离地面3节内的竹秆处注入40%的氧化乐果1~2毫升。

969. 如何防治竹舟蛾?

在低龄幼虫期应用油烟机在夜间或凌晨喷0.05%溴氰菊酯柴油烟剂，或用90%晶体敌百虫1000倍液或80%敌敌畏乳油1000倍液，或用20%氯氰菊酯3000倍液喷洒。也可以在老熟幼虫下竹入土化蛹时，在竹蔸周围撒1605粉，或入土后浅翻垦覆灭蛹。郁闭度0.7以上竹林可在低龄幼虫危害期施放敌敌畏插管烟剂，用量15千克/公顷。

970. 如何防治蠕须盾蚧?

采用水胺硫磷原液+氧化乐果20倍液、快灭磷10倍液等量混合，进行竹腔注射，每株注射2~3毫升；或进行涂秆，在竹秆基部2~3节，涂刷40%氧化乐果20倍液1圈，约20~30厘米长。注意保护利用林间捕食性天敌日本方头甲和七星瓢虫。

971. 如何防治毛竹叶螨？

叶螨的防治重在预防，改善竹林的生态条件，调整竹林结构，坚持竹木合理混交，施用抗螨壮竹的复合肥，适当保留林下灌木和嫩草，保护天敌。坚持合理采伐，砍除重度受害竹和老弱病竹，留新竹、壮竹复壮竹林，对中度和轻度受害竹林可注射内吸性农药和释放捕食螨相结合的综合措施，降低虫口密度，控制暴发成灾。

972. 如何防治竹介壳虫？

（1）若虫期用特效菌巴马乳油。或2.5%功夫乳油1000～2000倍液喷雾。

（2）人工抹杀。

（3）秋冬季节，清除被害枝叶烧毁。

973. 如何防治竹煤污病？

（1）由介壳虫、蚜虫诱发引起。及时防治虫害。

（2）竹林密度合理，通风透光，降低温度。

974. 如何防治竹秆锈病？

（1）3月，用刀刮除冬孢子堆及周围竹青。

（2）5～6月，每公顷用粉锈宁2250毫升，250～500倍液喷雾竹秆。

975. 如何用糖醋诱杀害虫？

用糖醋诱杀成虫。糖醋毒液配制比为糖6份、醋3份、白酒1份，加适量敌百虫。危害期可喷洒50％辛硫磷1000～1500倍液。

976. 如何防治异岐蔗蝗？

6～7月间对未上竹的1～2龄群集若虫，选用2.5%溴氰菊酯乳油2000～3000倍液或90%敌百虫晶体200倍液，进行喷雾防治。在10月至翌年5月结合抚育垦复，在向阳、杂草少、疏松沙壤土的竹林内挖除卵块，做好林地卫生。

977. 如何防治竹蚜虫？

结合抚育管理，伐除老残病竹，改善林内卫生。在竹蚜虫盛发期，用80%敌敌畏液800～1500倍液，选择晴天涂秆或喷洒，每10天一次，连续2～3次。或用敌马烟剂，每公顷10～15千克熏杀。加强检疫，不用带有竹蚜虫的竹种。保护小姬蜂、茧蜂、瓢虫等天敌昆虫。

第十七章　雨雪冰冻灾害后林业恢复技术及其他

978. 毛竹灾后应采取哪些恢复措施?

灾后复壮措施应根据灾害程度、毛竹大小年、竹林结构，因地制宜采取相应措施。

(1) 斫梢。斫梢是减轻冰灾的主要应急措施。竹林损害地区应尽快组织斫梢。严重弯曲的毛竹用劈刀切去竹梢1.5米左右(留竹枝15盘以上)；贴地倒伏的竹株切去竹梢2米左右(留枝10~12盘)。并用木本枝叉将斫梢后的竹秆支离地面0.5米以上。

(2) 林地清理。①大年竹林：只对断裂、竹蔸翻根露出地面的竹株及时砍伐，清理下山，以促进今年发笋长竹(此项工作最好在3月15日前完成)。②小年竹林：清理砍伐受害毛竹的强度可大一些。在上半年换叶长鞭期，除对断裂、竹蔸翻根露出地面的竹株全部伐除外，对竹秆贴地倒伏的可酌情砍去老竹、小竹。每亩只要保留60株以上(包括弯曲毛竹)即可，以利于明年竹林恢复密度。

(3) 施肥。①大年竹林：在清理受灾毛竹后即追肥一次。方法有两种：一是竹蔸施肥。每竹蔸施复合肥250克(或碳氨200克加10%盐巴)，方法是用钢钎打通伐桩节隔，将肥料施入竹蔸后盖上土块。竹蔸施肥养分不流失，见效快、省工成本低。二是逐株穴施肥。每穴施复合肥100克加尿素(或硫铵)100克或氮肥(尿素、硫铵)70%加磷肥30%配比拌匀追肥。方法是距竹蔸上方30~50厘米处挖半月形沟(深10厘米)，施肥后覆土。追肥力争在3月底完成，以降低退笋率。②小年竹林：追肥时间可推迟到4~5月完成，肥料最好用复合肥，施肥方法采用竹蔸施、株穴施或沿等高线挖沟施均可。

(4) 抚育管理。①严格控制挖笋：重灾竹林严禁挖鲜笋，只挖退笋；轻灾竹林在发笋初期原则上不挖鲜笋。3月25日以后进入发笋盛期，在保证留笋养竹前提下，适当疏小笋，挖退笋。②调整竹林结构：原来竹林生长好、密度大于150株/亩的，砍伐受害毛竹的强度可大些，每亩保留受灾轻的毛竹70~80株就能保证孕笋长竹，过多地保留严重受灾的竹株，对更新复壮不利。③推广毛竹林生态培育：对受损严重的毛竹纯林，可在清理受损毛竹后的林间空地中套种5~10株/亩伴生树种。如梧桐、光皮桦、米锥等，使其逐渐形成混交林。对伴生有阔叶树、杉木、马尾松的竹木混交林，应保留 5 ~ 15 株/亩高大乔木，不应改造成毛竹纯林。适当降低人为干扰强度，防止频繁地深翻垦复，使竹林下植被得到及时适度恢复。

（5）受灾竹材处理。受灾竹材可根据当地加工企业的生产能力，因材制宜，特别是部分断裂的毛竹。无法加工利用，可集中烧竹炭或加工小型产品如牙签、香蕊等。①成竹胸径大于 8 ~ 9 厘米，可用于竹地板的原料；8 厘米以下毛竹，破篾后可用于竹水泥模板、竹胶板的原料。②1 ~ 3 年生嫩毛竹竹材可按受损程度，分别作为地板、竹筷、帘席等原料，或作为制浆造纸或竹材纤维板的原料。③翻蔸竹、折断竹和破篾竹中的老竹、竹梢、竹根等竹材，可生产竹炭系列产品或竹制工艺品。

979. 马尾松灾后应采取哪些恢复措施?

（1）受害木的救护处理。断梢、断干林木应及时伐去、清理。防止病虫害侵入形成次生灾害；部分侧枝受损林木。应及早修去断枝残桩，大剪口处要涂石硫合剂或石灰水等，以防伤口腐烂。

（2）清理林地。将清理的林木和枝条及早清出林地，保持林地卫生，防止火灾和病虫害。

（3）停止采脂。受害松林要停止采割松脂，以利树势恢复。

（4）中幼林救护技术。①培土复壮。对轻度雪压造成倾斜、倒地、雪融后仍可恢复生长的幼树，要及时扶正培土，恢复树势。在树体根颈处培土，一般培土厚度 20 ~ 30 厘米；注意从树干基部 50 厘米外取土培用，并将松动或倾斜林木扶正踏实，以免造成根系悬空，必要时捆扎支架支撑。②补植补造。林木受损 50% 以下的林分可在林地清理后，采用相当规格的容器苗进行人工补植，补植时尽量补植阔叶树，以利混交林形成，增加林分抵抗灾害能力。③重新造林。林木受损 50% 以上的林地应进行重造。重造拟选择马尾松以外的其它树种，如杉木、木兰科、壳斗科等阔叶树，或与枫香、马褂木、木荷等阔叶树种以 2:1 的比例营建带状混交林。造林整地时要注意保护林地原生植被，提高林地植被的覆盖度。

（5）成熟林救护技术。①林窗更新。对受害面积较大、形成林窗的林地，补植木荷、枫香等耐荫阔叶树，形成针阔混交林。②重新造林。尽量选用其他抗冰冻良种造林，注意密度管理、立地控制和树种选择，营造多树种混交林，提高林分抗冰冻雪压及其他灾害能力。③生态公益林。在清理马尾松受害木后，应及时采取封禁保护或补播、补植及抚育等措施，人工促进森林植被恢复。④加强主要森林病虫害的常年动态监测。

980. 杉木灾后应采取哪些恢复措施?

根据杉木林木受雪压危害的类型进行不同的救护处理：

（1）断梢(包括断干)。受害林木在冰雪融化后无法恢复生长，要进行卫生伐除清理，及时利用。采伐迹地应尽可能重新造林；不便重新造林的，可利用杉木萌芽更新能力强的特点进行更新。伐除时伐桩应尽可能低，等5~6月份萌芽条长出后，每个树桩选留1~2根健壮萌芽条，并对树蔸进行培土盖住萌芽条基部。

（2）弯斜。受害林木在冰雪融化后大都仍可恢复原状。对生长发育影响较小、需要保留的，应及时最大限度地清除树冠上的冰雪；清除冰雪后林木仍弯斜的，可通过人工扶直；无法扶直且主干与地面的角度小于75°则需伐除。

（3）倒地。树根未离地或根系受损较轻的受害林木，冰雪融后通过扶直能逐渐恢复生长，应该给予保留；应及时最大限度地清除树冠上的冰雪。根系受到严重损伤、扯断或恢复比较困难的，应伐除清理、及时利用，以减少损失。

（4）翻蔸。受害木已经没有存活和恢复希望，雪灾后应予以及时伐除利用。

（5）新造杉木林。受灾严重的可进行平茬萌芽更新或重新造林，尽量避免面积过大的纯林，提倡营造混交林；林分管理上要注意密度管理、立地控制和土壤管理等，最大程度地抵御灾害。

981. 阔叶树灾后应采取哪些恢复措施?

（1）乡土树种中幼林。枫香、木荷、鹅掌柴、桤木、樟科、壳斗科等乡土树种为主的受害阔叶林，应及时进行林分清理，摇落除去林冠积雪积冰，促进自然更新，帮助林分自然恢复。折断、倒伏的林木较少的林地，则砍除已折断、倒伏的林木，促进萌发，并及时清除多余萌条；对折断、倒伏林木较多的林地，根据经营目的，分批砍伐、培育萌芽林或者更换树种、重新造林。

（2）一两年生新造林分。根据受灾情况采取不同方法。倒伏经过扶正可继续培育的幼林幼树，应尽量扶直与培土培育；对部分受冰挂雪压而树干或枝条断裂的林木，应及时摇落林冠积雪积冰，在天气回暖后进行清理修剪；对受冻害严重的幼林，应及时重新造林。造林应选择抗冻性强的乡土树种并加强林木管护，促进林分恢复。

（3）果木经济林。树体管理上，尽早摘除枯萎叶片，保护树干。对受冻害树枝要适时适量晚剪或轻剪，给予枝条一定恢复期；对明显受冻枯死的枝条要及时清除，以利伤口愈合；对一时看不准受害部位的，待发芽后再剪去枯死部分并对大的断枝进行嫁接；对倒伏的林木进行清除和补栽。平地和缓坡地的经济林要进行开沟排水。冻害造成的伤口要及时喷涂白剂预防日灼(用5千克石灰加0.5千克石硫合剂渣加水20～30千克再加盐100克调制而成)，修剪和折枝所留下的伤口应当涂保护剂，如用生黄土牛粪混合泥封闭口，另外为防止伤口感染可以涂抹1∶1∶10的波尔多液和3～5度的石硫合剂等。油茶、果树等中幼林树体、枝叶受害严重的，春季除加强水肥管理外，宜增加叶面喷施氮肥措施，补充树种养分。

（4）桉树。轻微冻害(顶梢受冻)的，对当年生长影响不大，应在留好顶部健壮侧芽的同时，加强管理，促进林分恢复生长；中度以上冻害(1/2主干受冻的)的，应截干促萌更新或选择抗寒性更强的品种品系重新造林。

982. 名木古树灾后应采取哪些恢复措施?

及时对被冰雪冻凌重压的植株和侧枝进行支撑，防止树体倒伏和侧枝折断，对撕裂轻度的侧枝在冰冻融化后及时涂抹植物愈伤液，并用黄泥、草木灰、少许石灰或水泥混制的“三合土”及时封住伤口捆绑包扎，防止伤口感染、树体腐烂和风折。

983. 苗木灾后应采取哪些恢复措施?

（1）大田育苗。及时清除苗冠积雪积冰，注意不要损伤苗木，同时及时清理沟渠、排除积水。对折断的侧枝，要进行修剪；对倒伏的苗木，要进行扶正、培土；对压断的苗木，有萌发能力的，则进行截干；没有萌发能力的，则及时清除。对遭受雪灾生长势衰弱的苗木，要加强保护，防控病虫危害，如用甲基托布津、百菌清800倍液等喷施消毒。对留床苗木，春季叶面增施氮肥，增强苗木抵抗力，减少损失。

（2）大棚及简易温室育苗。及时清除棚顶积雪，及时恢复压塌棚顶。要尽快重建修复不耐寒和珍贵苗木大棚。

（3）绿化苗木。及时剪除道路绿化、庭院绿化等苗木明显受冻害枯死部分，以利伤口愈合。对受冻造成的伤口要及时治疗，应喷白涂剂预防日灼并结合做好病虫害防治和保叶工作；树皮受冻后成块脱离木质部的，要用钉子钉住或进行桥接补救；对因雪压冰冻而造成劈裂或破伤的枝条，应及时采取撑、吊、绑等措施，使其恢复原位并固定，让其愈合。

984. 按功能划分，森林可以分哪些类型？

具体内容见表 17-1。

表 17-1 森林主导功能分类系统

林种	二级林种	主导功能
特种用途林	国防林	保护国界、掩护和屏障军事设施
	科教实验林	提供科研、科普教育和定位观测场所
	种质资源林	保护种质资源与遗传基因、种质测定、繁育良种、培育新品种
	环境保护林	净化空气、防污抗污、减尘降噪、绿化美化小区环境
	风景林	维护自然风光和游憩娱乐场所
	文化林	保护自然与人类文化遗产，历史与人文纪念
	自然保存林	留存与保护典型森林生态系统、地带性顶极群落、珍贵动植物栖息地与系繁殖区和具有特殊价值森林
防护林	水土保持林	减缓地表径流、减少水力侵蚀、防止水土流失、保持土壤肥力
	水源涵养林	涵养和保护水源、维护和稳定冰川雪线、调节流域径流、改善水文状况
	护路护岸林	保护道路、堤防、海岸、沟渠等基础设施
	防风固沙林	在荒漠区、风沙沿线减缓风速、防止风蚀、固定沙地
	农田牧场防护林	改善农区牧场自然环境、保障农牧业生产条件
	其他防护林	防止并阻隔林火蔓延、防雾、护渔、防烟等
用材林	一般用材林	培育工业及生活用材、生产不同规格材种的木(竹)材
	工业纤维林	培育造纸及人造板工业等所需木(竹)纤维材
薪炭林	薪炭林	生产木质热能原料和生活燃料
经济林	果品林	生产干、鲜果品
	油料林	生产工业与民用油加工原料
	化工原料林	生产松脂、橡胶、生漆、白蜡、紫胶等林化原料
	其他经济林	生产饮料、药料、香料、调料、花卉、林(竹)食品等林特产品及加工原料

985. 低产用材林改造的方式有哪些？

皆伐改造，适用于采用任何措施都不能恢复原用材林正常生长的林分；

抚育改造，适用于采用间伐、补植、补造等抚育措施，调整树种组成，提高林分质量，可以培育成较高生产力的林分。

复壮现有林，适用于通过其他技术措施和加强林地管理可以恢复正常生长的中幼林。

986. 低产用材林皆伐改造的方法有哪些？

(1)块状改造法。块形自行规定，随地形布局。每块面积山地条件下一般不超过 45 亩，平川或河滩地不超过 150 亩，每块之间的距离为改造林分平均高的 2 倍以上。及时更新，待幼树生长稳定后，再改造剩余林分。

(2)带状改造法。容易引进水土流失的林分，应斜等高线设置采伐带，带宽度不得超过林分平均高的 2 倍，间隔距离不得小于采伐带宽度。及时更新，待幼树生长稳定后，再改造剩余林分。

987. 低产用材林抚育改造的方法有哪些？

(1)间伐补植改造法。间伐作业时，应保留生长健壮、中幼龄级的目的树种，伐除生长衰退、受害严重、无培育前途的林木；在林冠下或林中空地，选择适宜树种，按照 67～100 株/ 亩的密度补植、补造。对新造幼林和保留木及时进行抚育，协调上下层林木共生关系，形成复层混交林。

(2)林冠下造林改造法。郁闭度较低的林分，可在林冠栽植耐荫、经济价值较高的树种，视幼树生长情况，伐去上层林木，形成高产林分。

988. 低产用材林复壮现有林木改造方法有哪些？

(1)除杂松土法。对长期失抚，林地严重荒芜，杂灌丛生和幼林，铲除影响木林木生长的灌丛阿草，扩穴松土，促进幼林复壮。

(2)施肥间作法。根据林木所缺养分进行施肥，或间作绿肥植物，以改善土壤营养条件，促进林木生长。

(3)排涝、防旱法。对涝湿林地实施挖沟排水工程，排除过多水分。干旱林地采用集水抚育措施，有条件的可灌水抗旱，恢复林木正常生长。

(4)嫁接改造法。对生长不良，无培育前途并适宜嫁接的幼树，可通过优良树种，改造成有培育前途的新林。

(5)平茬改造法。萌生能力强的林分，可在休眠期进行平茬，使其萌发枝条，并对萌发的新枝条及时进行定株、修枝。

(6)封禁改造法。对经常遭受人、畜破坏，导致林木不能正常生长，但已有一定数量目的树种的幼苗幼树的林分，采取封禁措施，使其恢复林分正常生长。

989. 林木如何分级？

林木分级采用克拉夫特林木生长分级法。分为5级。

Ⅰ级：优势木，树高和胸径最大，树冠大且居于主林层以上，受光照条件最好；

Ⅱ级：亚优势木，树高和胸径略次于Ⅰ级木，树冠向四周发育且较均匀对称，树冠略小于Ⅰ级木，处于主林层；

Ⅲ级：中等木，树高和胸径较Ⅰ级和Ⅱ级立木差，属于中等，树冠较窄且能伸到主林层，但侧方受压，树干的圆满度较Ⅰ、Ⅱ级木为大；

Ⅳ级：被压木，树高和胸径生长都非常落后，树冠窄小，受挤压，通常处于主林冠层以下或只有少数能达到主林冠层，多为小径木；

Ⅴ级：濒死木或枯死木，完全处于主林冠之下，得不到直射光，树冠稀疏或枯黄，林木生长极其落后，濒临枯死或已枯死。

990. 哪些林分需要抚育间伐？

(1)郁闭度0.8以上，林木分化明显，出现自然整枝，影响林木冠幅和直径生长的林分。

(2)遭受病虫害、火灾及风折、雪压等自然灾害的林分。

991. 抚育间伐种类有哪些？

(1)透光伐：适用于幼龄林，主要是伐除过密的和质量低劣、无培育前途的林木。

(2)疏伐：适用于中龄林，主要是伐除过密和生长不良的林木，进一步调整树种组成与林分密度。促进保留木快速生长，培育良好干形。

(3)生长伐：适用于近熟林，主要是伐除无培育前途的林木，加速保留木生长，缩短工艺成熟期。生长伐也适合林冠下造林的人工林。

(4)卫生伐：适用于遭受病虫害、风折、风倒、雪压或森林火灾的林分，主要是伐除被危害丧失培育前途的林木。

992. 透光伐的方法如何？

幼林过密、林木分布均匀的，可采用全面透光伐，全面伐除生长较差的过密林木。林分密度有明显差异或林木分布不均匀，采用带状透光伐或团状透光伐。

993. 疏伐方法有哪几种及其效果如何?

（1）下层疏伐。对林木分化明显的林分，坚持砍小留大，砍劣留优，砍密留稀，伐除生长落后的Ⅳ、Ⅴ级木、部分Ⅲ级木、萌芽、双干木、断梢、弯曲木、分叉木、病虫木以及个别过密、受害的Ⅱ级木。

（2）机械疏伐。对株行距整齐的，且林木分化不明显的林分，每间隔一定距离，按事先确定的株行距，机械地确定采伐木。

（3）综合疏伐。对混交林或发生危险病虫害的林分，伐除下层生长不良的被压木和上层霸王树、干形不良木以及有害木。

994. 生长伐的方法及其效果如何?

一般林分采取下层疏伐，对林木分化明显的林分，坚持砍小留大，砍劣留优，砍密留稀，伐除生长落后的Ⅳ、Ⅴ级木、部分Ⅲ级木、萌芽、双干木、断梢、弯曲木、分叉木、病虫木以及个别过密、受害的Ⅱ级木。

需要在林冠下造林的林分，生长伐可采用带状间伐，间伐带与保留带大致相等。

995. 卫生伐的方法如何?

伐除受害林木。

996. 抚育间伐开始期?

(1)当幼林郁闭后，林木竞争明显或目的树种受到压抑时，一般可在造林4年后开始进行透光伐;

(2)进入中龄林，针叶林林分郁闭度0.8以上或林木分化明显，出现自然整枝现象时进行疏伐，阔叶林应根据树种的喜光性和胸径连年生长量的变化，并结合林分外貌特征综合判断;

(3)郁闭度0.7以上的针叶近熟林，可进行生长伐。

997. 抚育间伐强度应如何确定?

抚育间伐强度就综合考虑经营目的、立地条件、造林密度、林分生长状况以及经济条件等因素。培育大径材的林分，早期可采用强度间伐或采取多次间伐的强度小些；培育中、小径材的间伐强度小些。立地条件好，林木生长旺盛，间伐强度大些，反之小些；陡坡地间伐强度小于缓坡，阳坡地小于阴坡地。初植密度大的，间伐强度应大些，初植密度小的，间伐强度相应小些。运输条件便利，可采用中度或弱度多次间伐，反之间伐强度宜大些。

抚育间伐强度的表示方法有两种：一种是根据间伐木的蓄积量表示，一种是根据间伐木的株数计算，即：

$$P_v = (v/V) \cdot 100\% \text{ 或 } P_n = (n/N) \cdot 100\%$$

998. 抚育间伐强度有哪些硬性指标？

根据福建省地方标准《主要针叶造林树种抚育间伐技术规程》(DB35/T76－2003)的规定，

(1)间伐后郁闭度。幼林不得低于0.5；中龄林不得低于0.6；近熟林间伐后采用林冠下造林的可为0.4。

(2)株数强度。首次间伐，按株数计算的间伐强度不得超过60%，以后各次间伐株数不得超过50%。

(3)蓄积强度。采取下层疏伐法或综合疏伐法时，每次间伐按蓄积计算的强度不得超过45%；采取机械疏伐时蓄积强度不得超过50%。

999. 哪些肥料可以混合施用？

具体情况见表16-2。

1000. 主要绿肥品种的栽培特性如何？

具体内容见表16-3。

表 16-2　常用肥料可否混合参考表

1	硫酸铵																				
2	硝酸铵	●																			
3	碳酸氢铵	×	●																		
4	尿素	○	●	×																	
5	石灰氮	×	×	×	×																
6	氯化铵	○	●	×	○	×															
7	过磷酸钙	○	●	×	○	×	○														
8	钙镁磷肥	●	●	×	○	×	×	×													
9	钢渣磷肥	×	×	×		×	×	×	○												
10	沉淀磷肥	○	●	×	○	×	○	×	○	○											
11	重过磷酸钙	○	●	×	○	×	○	○	×	×	×										
12	磷矿粉	○	●	×	○	×	○	●	○	○	○	●									
13	硫酸钾	○	●	×	○	×	○	○	○	○	○	○	○								
14	氯化钾	○	●	×	○	×	○	○	○	○	○	○	○	○							
15	窑灰钾肥	×	×	×	×	×	×	×	○	○	○	×	○	○	○						
16	磷酸铵	○	●	×	○	×	○	○	×	×	×	○	×	○	○	×					
17	硝酸磷肥	●	●	×	●	×	●	●	×	×	×	●	●	●	●	×	●				
18	草木灰	×	×	×	×	×	×	×	○	○	○	×	○	○	○	○	×	×			
19	粪,尿	○	○	×	○	×	○	○	×	×	×	○	○	○	○	×	○	○	×		
20	新鲜厩肥,堆肥	○	×	○	○	○	○	○	○	○	○	○	○	○	○	○	○	×	○	○	
		1	2	3	4	5	6	7	8	9	10	11	12	13	14	15	16	17	18	19	20
		硫酸铵	硝酸铵	碳酸氢铵	尿素	石灰氮	氯化铵	过磷酸钙	钙镁磷肥	钢渣磷肥	沉淀磷肥	重过磷酸钙	磷矿粉	硫酸钾	氯化钾	窑灰钾肥	磷酸铵	硝酸磷肥	草木灰	粪,尿	新鲜厩肥,堆肥

注:“●”表示可以混用,“○”表示混后立即使用,“×”表示不用混用。

表 16-3 主要绿肥品种的栽培特性

品 种	特 性	播种期（月份）	播种量（千克/公顷）	收割期（月份）	一般产量（千克/公顷）
光紫苕子	喜温湿、不耐涝、抗旱耐盐性差	9~10	22.5~45.0	4	15~30
早熟苕子	早熟、宜春播	3	22.5~45.0	5	15~22.5
紫花苕子	抗旱、耐瘠	9~10	22.5~45.0	4	15~30
金花菜	耐寒、耐瘠、较耐旱	9~10	45.0~60.0	4	15~30
蚕豆	耐寒、耐瘠、耐旱	10	112.5	3~4	15~22.5
紫花豌豆	耐寒、耐瘠、耐旱	10	75.0~90.0	4	15~30
紫云英	耐寒、耐旱、较耐瘠、	9~10	22.5~30.0	3~4	22.5~30
印度豇豆	耐瘠、耐旱、耐酸	4~5	37.5~45.0	7~8	30~60
乌绿豆	耐瘠、耐旱、耐酸	3~4	22.5~30.0	7~8	22.5~37.5
乌豇豆	耐瘠、耐旱、耐酸	3~4	22.5~30.0	7~8	15~30
白豇豆	耐瘠、耐旱、不耐涝	4~6	37.5~52.5	6~8	15~30
绿豆	耐瘠、耐旱	4~7	22.5~37.5	7~8	15~30
大叶猪屎豆	耐瘠、耐旱、耐湿	5	30	7~8	30~60
田青	耐旱、耐瘠	4~5	30.0~60.0	7~8	15~30
柽麻	耐瘠、耐旱、耐酸	5~6	75.0	8~9	30~52.5
决明豆	耐瘠、耐旱、耐酸	4~6	22.5~37.5	8~9	22.5~37.5
紫花苜蓿	耐寒、耐瘠、耐旱	4~9	22.5~37.5	7~8	15~30
紫穗槐	耐寒、耐瘠、耐旱	4~5	45.0~60.0	8~9	22.5~37.5
毛蔓豆	耐瘠、耐旱、耐酸	4	7.5~10.5	7~9	22.5~37.5
木豆	耐瘠、耐旱、耐酸	4~5	60.0~75.0	7~9	22.5~37.5
山毛豆	耐瘠、耐旱、耐酸	4~6	7.5	7~9	15~30
金光菊	耐瘠、耐旱、耐酸	4~5	15.0~22.5	6~10	45~60

参考文献

福建省质量技术监督局. DB35/127－2004，主要造林树种苗木质量[S]

国家质量监督检验检疫总局，国家标准化管理委员会. GB 6000—1999，主要造林树种苗木质量分级[S]

中国树木志编委会. 中国主要树种造林技术[M]. 北京：农业出版社，1978

陈存及，陈伙法. 阔叶树种栽培[M]. 北京：中国林业出版社，2000

祁述雄. 中国桉树[M]. 北京：中国林业出版社，2002

周政贤. 中国马尾松[M]. 北京：中国林业出版社，2001

俞新妥. 杉木培育学[M]. 福州：福建科学技术出版社，1997

福建省质量技术监督局. DB35/T 503—2003. 木麻黄水培育苗技术规程[S]

福建省质量技术监督局. DB35/T 815—2008. 林业化学除草技术规程[S]

福建省质量技术监督局. DB35/T 518—2003. 杉木速生丰产林栽培技术规程[S]

福建省质量技术监督局. DB35/T 519—2003. 马尾松速生丰产林栽培技术规程[S]

福建省质量技术监督局. DB35/T 513—2003. 巨尾桉、尾巨桉短周期工业原料林丰产技术规程[S]

福建省质量技术监督局. DB35/T 517—2003. 火炬松速生丰产林栽培技术规程[S]

郑郁善，洪伟. 毛竹经营学[M]. 厦门：厦门大学出版社，1998

周芳纯. 竹林培育学[M]. 北京：中国林业出版社，1998

福建省质量技术监督局. DB35/T 95.1—1999. 毛竹标准综合体体系表[S]

福建省质量技术监督局. DB35/T 95.2—1999. 毛竹育苗技术规程[S]

福建省质量技术监督局. DB35/T 95.3—1999. 毛竹造林技术规程[S]

福建省质量技术监督局. DB35/T 95.4—1999. 毛竹丰产林培育技术[S]

福建省质量技术监督局. DB35/T 95.5—1999. 毛竹中产林培育技术[S]

福建省质量技术监督局. DB35/T 95.6—1999. 毛竹林保护[S]

福建省质量技术监督局. DB35/T 95.7—1999. 毛竹林基地建设工程化管理[S]

福建省质量技术监督局. DB35/T 95.8—1999. 毛竹鲜笋生产与加工[S]

福建省质量技术监督局. DB35/T 95.9—1999. 毛竹原竹生产与副产品利用[S]

福建省质量技术监督局. DB35/T 95.10—1999. 毛竹商品竹[S]

福建省质量技术监督局. DB35/T 95.11—1999. 毛竹竹材防霉防蛀[S]

福建省质量技术监督局. DB35/T 548—2004. 竹笋[S]

福建省质量技术监督局. DB35/T 549—2004. 无公害竹笋生产技术规范[S]

福建省质量技术监督局. DB35/T 550—2004. 无公害竹笋产地环境要求[S]

福建省质量技术监督局. DB35/T 568—2004. 绿竹笋[S]

福建省质量技术监督局. DB35/T 569—2004. 绿竹笋丰产培育技术规程[S]

庄瑞林．中国油茶[M]．北京：中国林业出版社，2008

何方，胡芳名．经济林栽培学[M]．北京：中国林业出版社，2004

高新一．板栗栽培技术[M]．北京：金盾出版社，2001

江由，江凡，高日霞．锥栗栽培新技术[M]．福州：福建科学技术出版社，1999

国家林业局．LY/T 1557－2000．名特优经济林基地建设技术规程[S]

国家林业局．LY/T 1561－1999．杜仲丰产技术[S]

国家林业局．LY/T 1556－2000．公益林与商品林分类技术指标[S]

国家质量监督检验检疫总局．GB/T 18337.1—2001．生态公益林建设导则[S]

国家质量监督检验检疫总局．GB/T 18337.2—2001．生态公益林建设规划设计通则[S]

国家质量监督检验检疫总局．GB/T 18337.3—2001．生态公益林建设技术规程[S]

福建省质量技术监督局．DB35/T 160.1—2002．沿海木麻黄防护林标准综合体体系表[S]

福建省质量技术监督局．DB35/T 160.2—2002．沿海木麻黄防护林标准综合体树种[S]

福建省质量技术监督局．DB35/T 160.3—2002．沿海木麻黄防护林标准综合体栽培技术规范[S]

福建省质量技术监督局．DB35/T 160.4—2002．沿海木麻黄防护林标准综合体生长量及防护效果[S]

国家林业局．LY/T 1560—1999．低产用材林改造技术规程[S]

林业部野生动物和森林植物保护司，林业部森林病虫害防治总站．中国森林植物检疫对象[M]．北京：中国林业出版社，1996

福建省质量技术监督局．DB35/T 502—2003．林业无危险性病虫害种苗繁育基地建设技术规程[S]

国家林业局植树造林司，国家林业局森林病虫害防治总站．森林病虫害防治知识问题[M]．北京：中国林业出版社，1999

马爱国．雨雪冰冻灾害引发的林业有害生物防治知识40问[M]．北京：国家林业局森林病虫害防治总站，2008

刘巧云，黄翠琴．竹类病虫害诊治图谱[M]．福州：福建科学技术出版社，2008

附表　相关法律法规文件

表 1　本书涉及的主要法律法规、规范性文件汇总

序号	公布机关	文件名称	文号（公布时间）
1	全国人民代表大会（以下简称“全国人大”）	中华人民共和国宪法	
2	全国人大五届四次会议	关于开展全民义务植树运动的决议	
3	全国人大常委会	中华人民共和国森林法	
4	全国人大常委会	中华人民共和国野生动物保护法	
5	全国人大	中华人民共和国刑法（1997 年修订）	
6	全国人大常委会	中华人民共和国农村土地承包法	主席令第 73 号
7	全国人大常委会	中华人民共和国农业技术推广法	
8	全国人大常委会	中华人民共和国进出境植物检疫法	
9	全国人大常委会	中华人民共和国土地管理法	
10	全国人大常委会	中华人民共和国种子法	
11	全国人大常委会	中华人民共和国防沙治沙法	
12	全国人大常委会	关于《中华人民共和国刑法》第二百二十八条、第三百四十二条、第四百一十条的解释	
13	全国人大八届四次会议	中华人民共和国行政处罚法	
14	全国人大常委会	中华人民共和国行政复议法	
15	全国人大常委会	中华人民共和国行政诉讼法	

（续）

序号	公布机关	文件名称	文号(公布时间)
16	全国人大常委会	中华人民共和国治安管理处罚法	
17	全国人大常委会	中华人民共和国行政许可法	
18	全国人大十届五次会议	中华人民共和国物权法	
19	全国人大常委会	中华人民共和国电子签名法	
20	全国人大常委会	中华人民共和国国家赔偿法	
21	全国人大常委会	中华人民共和国环境保护法	
22	全国人大常委会	中华人民共和国水土保持法	
23	全国人大常委会	中华人民共和国刑法修正案(二)	
24	全国人大常委会	中华人民共和国刑法修正案(七)	
25	全国人大常委会	中华人民共和国刑法修正案(三)	
26	全国人大常委会	中华人民共和国刑法修正案(四)	
27	全国人大常委会	中华人民共和国刑法修正案(六)	
28		濒危野生动植物种国际贸易公约	
29	全国人大常委会	中华人民共和国消防法	
30	全国绿化委员会	关于加强保护古树名木工作的决定	全绿字〔1996〕7 号
31	中华人民共和国濒危物种进出口管理办公室(以下简称“国家濒管办”)	关于进一步加强野生蛙类出口管理工作的通知	濒办字〔2001〕62 号
32	国务院	中华人民共和国森林法实施条例	

（续）

序号	公布机关	文件名称	文号（公布时间）
33	国务院	中华人民共和国森林防火条例（2008 年）	
34	国务院	中华人民共和国陆生野生动物保护实施条例	
35	国务院	中华人民共和国植物检疫条例	
36	国务院	中华人民共和国野生植物保护条例	
37	国务院	中华人民共和国植物新品种保护条例	国务院令第 213 号
38	国务院	关于开展全民义务植树运动的实施办法	
39	国务院	中华人民共和国退耕还林条例	
40	国务院	中华人民共和国自然保护区条例	国务院令第 167 号
41	国务院	中华人民共和国进出境植物检疫法实施条例	
42	国务院	中华人民共和国森林病虫害防治条例	
43	国务院	中华人民共和国森林和野生动物类型自然保护区管理办法	
44	国务院	中华人民共和国濒危野生动植物进出口管理条例	国务院令第 465 号
45	国务院	中华人民共和国进出境动植物检疫法实施条例	
46	国务院	中华人民共和国草原防火条例	
47	中共中央、国务院	关于加快林业发展的决定	中发〔2003〕9 号
48	中共中央、国务院	关于全面推进集体林权制度改革的意见	中发〔2003〕10 号
49	国务院	关于《国家重点保护野生植物名录（第一批）》的批复	国函〔1999〕92 号
50	国务院	违反行政事业性收费和罚没收入收支两条线管理规定行政处分暂行规定	国务院令第 281 号
51	国务院	国务院对确需保留的行政审批项目设定行政许可的决定	国务院令第 412 号

（续）

序号	公布机关	文件名称	文号(公布时间)
52	国务院	关于深化改革加强基层农业技术推广体系建设的意见	国发〔2006〕30 号
53	国务院办公厅	关于陆生野生动物行政主管部门依法行使处罚权有关问题的函	国办函〔1994〕35 号
54	国务院办公厅	关于进一步加强松材线虫病预防和除治工作的通知	国办发明电〔2002〕5 号
55	国务院法制办公室	对《关于如何理解〈中华人民共和国森林法实施条例〉有关规定的请示》的答复	国法秘字〔2003〕第 106 号
56	国务院法制办公室	对《国家林业局关于请对〈中华人民共和国野生植物保护条例〉有关问题作出解释》的复函	国法函〔2001〕225 号
57	国家林业局、公安部	印发关于森林和陆生野生动物刑事案件管辖及立案标准的通知	林安发〔2001〕156 号
58	国务院法制办公室	关于对《国家林业局关于请对〈森林法实施条例〉第十八条执行中的问题予以解释的函》的复函	国法秘字〔2000〕110 号
59	最高人民法院	关于盗伐、滥伐幼竹或竹笋行为定罪量刑的数量标准如何确定问题的答复	法明传〔1996〕365 号
60	最高人民法院	关于抢夺刑事案件具体应用法律若干问题的解释	法释〔2002〕18 号
61	最高人民法院	关于审理盗窃案件具体应用法律若干问题的解释	法释〔1998〕4 号
62	最高人民法院	关于审理破坏林地资源刑事案件具体应用法律若干问题的解释	法释〔2005〕15 号
63	最高人民法院	关于审理破坏森林资源刑事案件具体应用法律若干问题的解释	法释〔2000〕36 号
64	最高人民法院	关于审理破坏土地资源刑事案件具体应用法律若干问题的解释	法释〔2000〕14 号
65	最高人民法院	关于审理破坏野生动物资源刑事案件具体应用法律若干问题的解释	法释〔2000〕37 号
66	最高人民法院	关于审理抢劫案件具体应用法律若干问题的解释	法释〔2000〕35 号

（续）

序号	公布机关	文件名称	文号（公布时间）
67	最高人民法院	关于审理植物新品种纠纷案件若干问题的解释	法释〔2001〕5 号
68	最高人民法院	关于审理走私刑事案件具体应用法律若干问题的解释	法释〔2000〕30 号
69	最高人民法院、最高人民检察院、海关总署	关于办理走私刑事案件适用法律若干问题的意见	法〔2002〕139 号
70	最高人民法院	关于行政诉讼证据若干问题的规定	法释〔2002〕21 号
71	最高人民法院	关于在林木采伐许可证规定的地点以外采伐本单位或者本人所有的森林或者其他林木的行为如何适用法律问题的批复	法释〔2004〕3 号
72	最高人民法院	关于执行《中华人民共和国刑法》确定罪名的规定	法释〔1997〕9 号
73	最高人民法院、最高人民检察院	关于盗伐、滥伐林木案件几个问题的解答	法研发〔1991〕31 号
74	最高人民法院、最高人民检察院	关于执行《中华人民共和国刑法》确定罪名的补充规定	法释〔2002〕7 号
75	最高人民法院、最高人民检察院	关于执行《中华人民共和国刑法》确定罪名的补充规定（二）	法释〔2003〕12 号
76	最高人民法院、最高人民检察院	关于执行《中华人民共和国刑法》确定罪名的补充规定（二）	法释〔2003〕12 号
77	最高人民法院、最高人民检察院	关于执行《中华人民共和国刑法》确定罪名的补充规定（三）	法释〔2007〕16 号
78	最高人民法院、最高人民检察院	印发《关于办理盗伐、滥伐林木案件应用法律的几个问题的解释》的通知	法研发〔1987〕23 号
79	最高人民检察院	关于对林业主管部门工作人员在发放林木采伐许可证之外滥用职权、玩忽职守致使森林遭受严重破坏的行为适用法律问题的批复	高检发释字〔2007〕1 号
80	最高人民检察院	关于人民检察院直接受理立案侦查案件立案标准的规定（试行）	高检发释字〔1999〕2 号
81	最高人民检察院、公安部	关于经济犯罪案件追诉标准的规定	
82	最高检察院、公安部	最高人民检察院、公安部关于公安机关管辖的刑事案件立案追诉标准的规定（一）	公通字〔2008〕36 号

（续）

序号	公布机关	文件名称	文号（公布时间）
83	最高人民法院	关于审理环境污染刑事案件具体应用法律若干问题的解释	法释〔2006〕4 号
84	财政部	关于印发《森林生态效益补助资金管理办法（暂行）》的通知	财农〔2001〕190 号
85	财政部、国家林业局	关于印发《森林植被恢复费征收使用管理暂行办法》的通知	财综〔2002〕73 号
86	林业部、财政部、国家物价局	关于发布《陆生野生动物资源保护管理费收费办法》的通知	林护字〔1992〕72 号
87	林业部、国家计委、财政部	关于执行《陆生野生动物资源保护管理费收取办法》有关问题的通知	林护字〔1993〕74 号
88	国家计委、财政部	关于调整林木生产许可证和林木种子经营许可证工本费收费标准的复函	计价格〔2002〕2672 号
89	国家计委、财政部	关于林权证工本费和林权勘测费收费标准及有关问题的通知	计价格〔2001〕1998 号
90	国家计划委员会（以下简称国家计委）、财政部	关于第二批降低收费标准的通知	计价格〔1999〕1707 号
91	国家计委、财政部	关于第一批降低 22 项收费标准的通知	计价费〔1997〕2500 号
92	国家计委、财政部	关于陆生野生动物资源保护管理费收取范围有关问题的通知	计价格〔2002〕599 号
93	林业部	林业行政执法监督办法	林业部令第 9 号
94	林业部	林木林地权属争议处理办法	林业部令第 10 号
95	林业部	关于在野生动物案件中如何确定国家重点保护野生动物及其产品价值标准的通知	林策通字〔1996〕8 号
96	林业部	关于核准部分濒危野生动物为国家重点保护野生动物的通知	林护通字〔1993〕48 号
97	林业部	关于确定金丝猴标本价值的函	林函策字〔1995〕86 号
98	林业部	森林植物检疫对象确定管理办法	林策通字〔1995〕83 号
99	林业部	植物检疫条例实施细则（林业部分）	林业部第 4 号令
100	林业部	林木良种推广使用管理办法	林业部令第 13 号

（续）

序号	公布机关	文件名称	文号（公布时间）
101	林业部办公厅	关于实施林业行政处罚有关问题的复函	厅函策字〔1996〕28号
102	国家林业局	关于授权森林公安机关代行行政处罚权的决定	国家林业局令第1号
103	国家林业局	国家林业局行政许可工作管理办法	
104	国家林业局	国家林业局行政许可事项公示内容	国家林业局公告〔2006〕第6号
105	国家林业局	关于调整人工用材林采伐管理政策的通知	林资发〔2002〕191号
106	国家林业局	关于对木材运输有关问题的复函	林函策字〔2000〕208号
107	国家林业局	关于对森林法第十五条规定解释的函	林函策字〔2001〕43号
108	国家林业局	关于发布《国家公益林认定办法》（暂行）的通知	林策发〔2001〕88号
109	国家林业局	关于破坏森林资源重大行政案件报告制度的规定	林资发〔2001〕549号
110	国家林业局	关于如何计算盗伐、滥伐林木造成直接经济损失问题的复函	林函策字〔1999〕190号
111	国家林业局	关于挖掘他人林木据为己有如何定性的复函	林函策字〔1999〕14号
112	国家林业局	关于完善人工商品林采伐管理的意见	林资发〔2003〕244号
113	国家林业局	关于违反森林资源管理规定造成森林资源破坏的责任追究制度的规定	林资发〔2001〕549号
114	国家林业局	关于在查处盗伐、滥伐林木案件中测算立木蓄积有关问题的复函	林函策字〔2001〕45号
115	国家林业局	关于在林区非法收购木炭行为如何定性的复函	林函策字〔2001〕48号
116	国家林业局	林业工作站管理办法	国家林业局令第6号
117	国家林业局	林业行政处罚案件文书制作管理规定	国家林业局令第14号
118	国家林业局	林业行政处罚听证规则	国家林业局令第2号

（续）

序号	公布机关	文件名称	文号（公布时间）
119	国家林业局	林业行政许可听证办法	国家林业局令第 25 号
120	国家林业局	森林资源监督工作管理办法	国家林业局令第 23 号
121	国家林业局	国家林业局关于实行国家重点保护野生植物采集证有关问题的通知	林护发〔2001〕551 号
122	国家林业局	松材线虫病疫木加工板材定点加工企业审批管理办法	国家林业局令 2005 年第 18 号
123	国家林业局	关于《森林法实施条例》第四十三条“责令限期恢复原状”规定具体应用有关问题的复函	林函策字〔2001〕80 号
124	国家林业局	关于毁林案件中被毁坏林木及其伐桩灭失的立木蓄积测算有关问题的复函	林函策字〔2004〕97 号
125	国家林业局	关于加强农田防护林采伐更新管理的通知	林资发〔2005〕217 号
126	国家林业局	关于森林资源采伐、运输管理等有关问题的复函	林函策字〔2002〕18 号
127	国家林业局	关于超强度采伐林木行为如何定性的复函	林函策字〔2002〕48 号
128	国家林业局	关于规范树木采挖管理有关问题的通知	林资发〔2003〕41 号
129	国家林业局	关于严格天然林采伐管理的意见	林资发〔2003〕223 号
130	国家林业局	关于加强工业原料林采伐管理的通知	林资发〔2006〕110 号
131	国家林业局	关于进一步加强松材线虫病发生区松木采伐运输管理工作的通知	林资发〔2004〕30 号
132	国家林业局	关于停止施行林木种子生产经营许可证年检制度的通知	林场发〔2005〕72 号
133	国家林业局	关于印发《国家级森林公园设立、撤销、合并、改变经营范围或者变更隶属关系行政许可申请材料及要求》的通知	林物园字〔2006〕12 号

（续）

序号	公布机关	文件名称	文号（公布时间）
134	国家林业局	国家级森林公园设立、撤销、合并、改变经营范围或者变更隶属关系审批管理办法	国家林业局令第 16 号
135	国家林业局	林木种子经营行政许可监督检查办法	林策发〔2005〕98 号
136	国家林业局	林木种子苗木进口审批	国家林业局公告 8 号
137	国家林业局	林木种子生产经营许可证管理办法	国家林业局令第 5 号
138	国家林业局	林木种子生产经营许可证管理办法	国家林业局令第 5 号
139	国家林业局	林木种子质量管理办法	国家林业局令第 21 号
140	国家林业局	林业建设项目竣工验收实施细则	办计字〔2005〕31 号
141	国家林业局	林业统计管理办法	国家林业局令第 15 号
142	国家林业局	普及型国外引种试种苗圃资格认定管理办法	国家林业局令第 17 号
143	国家林业局	主要林木品种审定办法	国家林业局令第 8 号
144	国家林业局	引进林木种子、苗木及其他繁殖材料检疫审批和监管规定	林造发〔2003〕80 号
145	国家林业局	关于实行全国统一林权证式样的通知	林资发〔2000〕159 号
146	国家林业局	关于依法加强征占用林地审核审批管理的通知	林资发〔2005〕76 号
147	国家林业局	林木和林地权属登记管理办法	林业局令第 1 号
148	国家林业局	占用征用林地审核审批管理办法	国家林业局令第 2 号
149	国家林业局	占用征用林地审核审批管理规范	林资发〔2003〕139 号
150	国家林业局	森林资源资产抵押登记办法（试行）	林计发〔2004〕89 号
151	国家林业局	关于如何区分林地和园地问题的复函	林函策字〔1998〕171 号

（续）

序号	公布机关	文件名称	文号(公布时间)
152	国家林业局	关于征用、占用自然保护区林地采伐林木有关问题的通知	
153	国家林业局	关于发布破坏野生动物资源刑事案件中涉及犀牛角价值标准的通知	林护发〔2002〕130 号
154	国家林业局	关于发布破坏野生动物资源刑事案件中涉及走私的象牙及其制品价值标准的通知	林濒发〔2001〕234 号
155	国家林业局	关于贯彻落实国务院国发〔2001〕2 号文件的通知	林资发〔2001〕37 号
156	国家林业局	国家重点保护野生动物驯养繁殖许可证管理办法	
157	国家林业局	关于规范国家一级保护野生动物《驯养繁殖许可证》批准核发工作的通知	林策发〔2006〕224 号
158	国家林业局	关于实行国家重点保护野生植物采集证有关问题的通知	林护发〔2001〕551 号
159	国家林业局	国务院关于同意将麝调整为国家一级保护野生动物的批复	国家林业局令第 7 号
160	国家林业局	引进陆生野生动物外来物种种类及数量审批管理办法	国家林业局令第 19 号
161	国家林业局	中华人民共和国植物新品种保护条例实施细则(林业部分)	国家林业局令 1999 年第 3 号
162	国家林业局	关于采集(采伐)国家一级保护野生植物(树木)有关问题的复函	林策发〔2008〕189 号
163	国家工商局	关于授予县级以上陆生野生动物行政主管部门行政处罚权的函	工商市函字〔1994〕134 号
164	国家林业局	国家保护的有益的或者有重要经济、科学研究价值的陆生野生动物名录	国家林业局令 2001 年第 7 号
165	国家濒管办	关于野生动植物允许进出口证明书管理有关问题的通知	濒办字〔2000〕26 号
166	国家林业局	关于发布商业性经营利用驯养繁殖技术成熟的梅花鹿等 54 种陆生野生动物名单的通知	林护发〔2003〕121 号

（续）

序号	公布机关	文件名称	文号（公布时间）
167	林业部、农业部	国家重点保护野生动物名录	1989 年第 1 号令
168	国家林业局	关于发布破坏野生动物资源刑事案件中涉及犀牛角价值标准的通知	林护发〔2002〕130 号
169	国家林业局	关于《森林防火条例》第十九条有关问题的复函	林策发〔2009〕115 号
170	国家林业局	关于对进口木材检疫问题的复函	林函策字〔2000〕193 号
171	国家林业局	关于进一步加强林业有害生物防治工作的意见	林造发〔2005〕77 号
172	国家林业局	关于印发《森林病虫害预测预报管理办法》的通知	林造发〔2002〕171 号
173	国家林业局	决定将枣实蝇增列为全国林业检疫性有害生物	国家林业局公告 2008 年第 3 号
174	国家林业局	林业检疫性有害生物名单	国家林业局公告 2004 年第 4 号
175	国家林业局	森林植物检疫技术规程	林护通字〔1998〕43 号
176	国家林业局	松材线虫病疫木加工板材定点加工企业审批管理办法	国家林业局令第 18 号
177	国家林业局	突发林业有害生物事件处置办法	国家林业局令第 13 号
178	国家林业局、铁道部、交通部、中国民用航空总局、国家邮政局	关于国内托运、邮寄森林植物及其产品实施检疫的联合通知	林造发〔2001〕523 号
179	国家林业局办公室	关于对森林植物检疫收费有关问题的复函	办函策字〔2000〕41 号
180	林业部、国家物价局、财政部	国内森林植物检疫收费办法	林护字〔1988〕492 号
181	农业部、国家林业局、国家质量监督检验检疫总局	关于决定将刺桐姬小蜂列为中华人民共和国进境植物检疫性有害生物和全国林业检疫性有害生物的公告	农业部公告 2005 年第 538 号

（续）

序号	公布机关	文件名称	文号（公布时间）
182	国家林业局	产品质量检验检测机构管理办法	国家林业局令第 24 号
183	国家林业局	国务院有关部门所属在京单位从国外引进林木种子、苗木检疫审批	国家林业局公告 2008 年 11 号
184	国家林业局	关于进一步加强林业科技工作的决定	林科发〔2005〕184 号
185	国家林业局	开展林木转基因工程活动审批管理办法	国家林业局令第 20 号
186	国家林业局	林业标准化管理办法	国家林业局令第 9 号
187	福建省人大常委会	福建省村集体财务管理条例	
188	福建省人大常委会	福建省林木林地权属争议处理条例	
189	福建省人大常委会	福建省森林和野生动物类型自然保护区管理条例	
190	福建省人大常委会	福建省森林条例	
191	福建省人大常委会	福建省森林资源流转条例	
192	福建省人大常委会	福建省实施《中华人民共和国农村土地承包法》若干问题的规定	闽常〔2005〕18 号
193	福建省人大常委会	福建省实施《中华人民共和国农业技术推广法》办法	
194	福建省人大常委会	福建省实施《中华人民共和国野生动物保护法》办法	1997 年修订
195	福建省人大常委会	福建省沿海防护林条例	
196	福建省人大常委会	福建省人民政府关于稳定山权林权若干具体政策的规定	闽政〔1981〕73 号
197	福建省人大常委会	福建省实施《中华人民共和国土地管理法》办法	
198	福建省人大常委会法制工作委员会	关于地方性法规适用问题的复函	闽常法〔2002〕函 8 号

（续）

序号	公布机关	文件名称	文号（公布时间）
199	福建省高级人民法院、福建省人民检察院	关于福建省办理盗伐、滥伐林木等案件几个具体问题的规定	闽高法〔1995〕131 号
200	福建省高级人民法院、福建省人民检察院、福建省公安厅	办理盗窃案件适用法律问题座谈纪要	闽高法〔1997〕216 号
201	福建省高级人民法院、福建省人民检察院、福建省公安厅	关于办理盗伐、滥伐等破坏森林资源犯罪案件适用法律问题座谈纪要	闽高发〔1998〕131 号
202	福建省高级人民法院、福建省人民检察院、福建省公安厅	关于福建省盗伐、滥伐林木案件有关具体数量标准的规定	闽高法〔2001〕232 号
203	福建省高级人民法院、福建省人民检察院、福建省公安厅	关于修改故意毁坏财物（林木）案件数额标准的意见	闽高法〔2001〕395 号
204	福建省高级人民法院、福建省人民检察院、福建省公安厅	关于执行《关于办理盗伐、林木等破坏森林资源犯罪案件适用法律问题座谈纪要》失火罪中“情节较轻”问题的意见	闽高法〔2000〕92 号
205	福建省人民政府	福建省森林防火实施办法	闽政〔1989〕55 号
206	福建省人民政府	福建省野生药材资源保护管理实施细则	闽政〔1990〕18 号
207	中共福建省委、福建省人民政府	关于加快林业发展建设绿色海峡西岸的决定	闽委发〔2004〕8 号
208	中共福建省委、福建省人民政府	关于加快造林绿化，大力发展林业的决定	
209	中共福建省委、福建省人民政府	关于深化集体林权制度改革的意见	闽委发〔2006〕19 号
210	福建省人民政府	批转省林业厅关于进一步加强珍贵树木保护实施意见的通知	闽政〔2001〕文 198 号
211	福建省人民政府	关于推进集体林权制度改革的意见	闽政〔2003〕8 号
212	福建省人民政府办公厅	关于转发省林业厅推广南平市规范木材和笋竹税费征收项目及标准意见的通知	闽政办〔2001〕75 号

（续）

序号	公布机关	文件名称	文号（公布时间）
213	福建省人民政府	关于继续实行保护和发展森林资源责任制的通知	闽政〔2002〕32 号
214	福建省人民政府	批转省林业厅关于福建省生态公益林规划纲要的通知	闽政〔2001〕文 21 号
215	福建省人民政府办公厅	福建省调整商品林采伐管理政策的意见	闽政办〔2003〕86 号
216	福建省人民政府办公厅	关于印发福建省调整商品林采伐管理政策意见的通知	闽政办〔2003〕86 号
217	福建省人民政府	福建省加快人工用材林发展的若干规定	闽政〔2002〕52 号
218	福建省人民政府	福建省开展全民义务植树运动实施细则	闽政〔1989〕53 号
219	福建省人民政府	关于调整林地使用费稳定国有林场和林业采育场经营区的通知	闽政文〔2005〕50 号
220	福建省人民政府	关于印发福建省加快人工用材林发展的若干规定的通知	闽政〔2002〕52 号
221	福建省人民政府	福建省关于加快自留山造林种果的规定	闽政〔1988〕58 号
222	福建省人民政府	关于《福建省集体林业用地和林木承包管理办法》的通知	闽政〔1988〕68 号
223	福建省人民政府	关于进一步稳定、落实自留山政策实施办法	闽政〔1996〕28 号
224	福建省人民政府	关于开展登记发换全国统一式样林权证的通知	闽政文〔2002〕74 号
225	福建省人民政府办公厅	转发省林业厅关于限期完成全省国有山林定权发证工作意见的通知	闽政办〔1990〕109 号
226	福建省人民政府办公厅	关于加强湿地保护管理的通知	闽政办〔2005〕56 号
227	福建省人民政府办公厅	关于印发《福建省森林火险预警响应状态暂行规定》的通知	闽政办〔2006〕96 号
228	福建省财政厅、福建省林业厅	关于印发《福建省森林生态效益补助资金管理办法实施细则（暂行）》补充意见的通知	闽财农〔2002〕20 号
229	福建省财政厅、福建省林业厅	关于印发《福建省森林生态效益补助资金管理实施细则（暂行）》的通知	闽财农〔2001〕119 号

（续）

序号	公布机关	文件名称	文号（公布时间）
230	福建省林业厅、省经贸委、农业厅、省工商行政管理局	转发国家林业局国家经贸委农业部国家工商行政管理总局关于开展木材经营（加工）单位清理整顿工作的通知	闽林〔2002〕政 71 号
231	福建省物价委员会、财政厅、林业厅	关于贯彻国务院对征占用林地收取四项费用的实施办法	闽价〔1993〕费字 78 号
232	福建省物价局	福建省涉农行政事业性收费公示目录	闽价〔2004〕费 372 号
233	福建省物价局	关于重新核定林业服务机构中介服务费收费标准的通知	闽价〔2003〕服 398 号
234	福建省林业厅	福建省林业厅行政征收依据	
235	福建省林业厅	关于公布全省林区范围的通知	闽林〔2002〕策 1 号
236	福建省林业厅	关于公布行政执法行为的执法依据的通告	
237	福建省林业厅	关于同意将莆田市涵江区秀屿区荔城区确定为林区的批复	闽林〔2002〕策 11 号
238	福建省林业厅	关于印发福建省林业行政执法管理规定（试行）的通知	闽林综〔2008〕96 号
239	福建省林业厅	政务公开详细分类目录一览表	闽林综〔2006〕164 号
240	福建省林业厅	福建省木材经营加工批准和监督办法	闽林〔2002〕6 号
241	福建省林业厅	福建省木材凭证运输管理办法	闽林政〔2002〕46 号
242	福建省林业厅	福建省森林采伐管理办法	闽林〔2002〕4 号
243	福建省林业厅	福建省生态公益林管理办法	闽林〔2005〕1 号
244	福建省林业厅	关于《福建省森林条例》施行后有关林政资源管理若干问题的通知	
245	福建省林业厅	关于插花山林木采伐审批有关问题的批复	闽林政〔2007〕40 号
246	福建省林业厅	关于皆伐山场树种设计误差问题的复函	闽林策法〔1998〕13 号

（续）

序号	公布机关	文件名称	文号（公布时间）
247	福建省林业厅	关于柳杉胸径80厘米以下可视同一般树种的批复	闽林〔2002〕政92号
248	福建省林业厅	关于下发实施《福建省伐区调查设计质量检查办法（试行）》的通知	闽林资管〔2000〕17号
249	福建省林业厅	关于印发福建省生态公益林管理办法的通知	闽林〔2002〕2号
250	福建省林业厅	关于印发贯彻省委省政府林业决定中有关林政资源管理政策意见的通知	闽林综〔2004〕168号
251	福建省林业厅	关于启用《福建省珍稀树木特许采伐许可证》的通知	闽林政资〔1996〕1号
252	福建省林业厅	关于采伐规划及其报批工作有关问题的通知	闽林政〔2006〕政33号
253	福建省林业厅	福建省森林采伐技术规范	闽林〔2006〕政41号
254	福建省林业厅	关于印发森林资源经营管理和采伐利用若干意见的通知	闽林综〔2006〕66号
255	福建省林业厅	关于森林采伐和竹材运输若干问题的通知	闽林政〔2006〕87号
256	福建省林业厅	关于生态公益林保护和经营利用有关问题的通知	闽林政〔2007〕13号
257	福建省林业厅	关于生态公益林采伐管理有关问题的通知	闽林〔2003〕政函5号
258	福建省林业厅	关于涉及批准生态公益林采伐有关问题的通知	闽林〔2003〕政函35号
259	福建省林业厅	福建省林木种子生产经营许可证管理办法	闽林种〔2007〕13号
260	福建省林业厅	福建省收购珍贵树木种子的限制收购的林木种子管理办法	闽林种〔2007〕13号
261	福建省林业厅	福建省营造林工作管理办法（试行）	闽林〔2002〕造2号
262	福建省林业厅	关于鼓励企业办工业原料林基地的若干意见	闽林〔2004〕9号
263	福建省林业厅	关于加快森林资源培育的意见	闽林〔2005〕4号
264	福建省林业厅	关于加强伐区调查设计质量管理若干问题的通知	闽林〔2002〕资6号

（续）

序号	公布机关	文件名称	文号（公布时间）
265	福建省林业厅	关于印发《福建省森林公园管理办法》的通知	闽林综〔2001〕68 号
266	福建省林业厅	福建省林地管理办法	闽林〔2002〕政 70 号
267	福建省林业厅	关于林权登记与发证工作有关规定的通知	闽林调〔2001〕7 号
268	福建省林业厅	关于印发福建省林地管理办法的通知	闽林〔2002〕政 70 号
269	福建省林业厅	印发《关于城乡电网建设工程征占用林地有关问题请示的批复》的通知	闽林政资〔2000〕294 号
270	福建省林业厅	关于开展核发自留山林权证工作的通知	闽林政资〔1997〕2 号
271	福建省林业厅	关于《关于咨询如何把握自留山政策的函》的复函	闽林策法〔1996〕21 号
272	福建省林业厅	关于印发《关于进一步稳定、落实自留山政策几个问题的解答》的通知	闽林策法〔1997〕9 号
273	福建省林业厅	福建省古树名木保护管理办法	闽林〔2003〕15 号
274	福建省林业厅	福建省陆生野生动物猎捕管理规定	闽林政〔1993〕096 号
275	福建省林业厅	福建省陆生野生动物驯养殖管理规定	闽林政〔1993〕096 号
276	福建省林业厅	关于加强蛇类资源保护的通知	闽林〔2001〕动植 95 号
277	福建省林业厅	关于进一步规范非正常来源陆生野生动物及其产品处理办法的通知	闽林动〔2000〕5 号
278	福建省林业厅	关于进一步加强对野生动物许可证的审批管理及日常监督工作的通知	闽林动〔1999〕65 号
279	福建省林业厅	关于印发《福建省陆生野生动物经营加工管理规定》的通知	闽林动〔1999〕86 号
280	福建省林业厅	转发国家林业局关于加强野生动物外来物种管理的通知	闽林〔2002〕动植 18 号
281	福建省林业厅	关于公布《福建省一般保护野生动物名录》的通知	闽林政〔1993〕88 号
282	福建省林业厅	转发国家林业局关于加强松科植物产品检疫管理的紧急通知	闽林〔2002〕防 24 号

（续）

序号	公布机关	文件名称	文号（公布时间）
283	福建省财政厅、福建省物价局	转发财政部、国家计委关于批准收取林权证工本费和林权勘测费的通知	闽财综〔2001〕78号
284	福建省林业厅、福建省公安厅	关于印发《福建省森林和陆生野生动物刑事案件管辖及立案标准》的通知	闽林〔2002〕公4号
285	福建省林业厅、福建省交通厅、福建省邮政局、中国民用航空福建省管理局、上海铁路局福州铁路分局	关于加强陆生野生动物及其制品和衍生物运输、邮寄、携带管理的联合通知	闽林动〔1999〕58号
286	福建省林业厅、福州铁路分局、福建省交通厅、福建省民航管理局、福建省邮政局	转发国家林业局铁道部交通部中国民用航空总局国家邮政局关于国内托运邮寄森林植物及其产品实施检疫的联合通知	闽林〔2002〕防12号
287	福建省林业厅	关于加强林业科技推广能力建设的意见	闽林〔2005〕5号
288	福建省人民政府农村工作办公室、福建省林业厅等十三个部门	福建省农村“六大员”管理办法	闽农办〔2009〕43号